RANGA YOGESHWAR

Nächste Ausfahrt Zukunft

RANGA YOGESHWAR

Nächste Ausfahrt Zukunft

Geschichten aus einer Welt im Wandel

Kiepenheuer & Witsch

MIX
Papier aus verantwortungsvollen Quellen
FSC® C083411

Verlag Kiepenheuer & Witsch, FSC® N001512

1. Auflage 2017

Umschlaggestaltung: Rudolf Linn, Köln
Umschlagmotiv: © privat
Gesetzt aus der ITC Garamond
Satz: Buch-Werkstatt GmbH, Bad Aibling
Druck und Bindung: CPI books GmbH, Leck
ISBN 978-3-462-05113-1

Für Frank Schirrmacher,
den ich jeden Tag vermisse

Ich suche nicht – ich finde.
Suchen – das ist Ausgehen von alten Beständen und ein Finden-Wollen von bereits Bekanntem im Neuen.
Finden – das ist das völlig Neue!
Das Neue auch in der Bewegung. Alle Wege sind offen, und was gefunden wird, ist unbekannt.
Es ist ein Wagnis, ein heiliges Abenteuer!

Die Ungewissheit solcher Wagnisse können eigentlich nur jene auf sich nehmen, die sich im Ungeborgenen geborgen wissen, die in die Ungewissheit, in die Führerlosigkeit geführt werden, die sich im Dunkeln einem unsichtbaren Stern überlassen, die sich vom Ziele ziehen lassen und nicht – menschlich beschränkt und eingeengt – das Ziel bestimmen.

Dieses Offensein für jede neue Erkenntnis im Außen und Innen: Das ist das Wesenhafte des modernen Menschen, der in aller Angst des Loslassens doch die Gnade des Gehaltenseins im Offenwerden neuer Möglichkeiten erfährt.

Pablo Picasso[1]

Inhalt

Einleitung

Alles Gewesene welkt dahin
vor dem heißen Atem der neuen Zeit

– Stefan Zweig –

Als Kind wollte ich einen Regenbogen fangen. Ich schlich mich an und rannte auf ihn zu, doch stets war er schneller als ich und hielt sich, wie ein scheues Tier, auf Distanz. Egal wie weit ich mich ihm näherte, er blieb für mich unerreichbar, so als wolle er sein Geheimnis für sich behalten.

Mit der Zukunft verhält es sich ähnlich. So gewissenhaft wir uns mit ihr auseinandersetzen und so präzise wir einzelne Entwicklungen vorherzusagen versuchen, die Zukunft selbst lässt sich nicht fassen. Beim Regenbogen begriff ich später, dass er eine optische Erscheinung ist, die man nicht mit Händen greifen kann. Das Sonnenlicht wird durch die unzähligen Regentropfen in seine Spektralfarben gebrochen und reflektiert. Die Bogenform ergibt sich aus der festen Winkelbeziehung von Sonne, Wassertropfen und Betrachter. Dieser feste Winkel ist die Ursache seiner Unnahbarkeit, aber auch seiner Einzigartigkeit, denn es gibt ihn nicht: *den* Regenbogen. Jeder von uns sieht in diesem optischen Wechselspiel seinen eigenen Regenbogen. Wenn zwei Menschen also gemeinsam das Naturphänomen bewundern, sieht jeder einzelne Mensch, streng genommen, etwas anderes.

Ebenso unterschiedlich wird die Zukunft betrachtet. Während der eine sich davon großartige Chancen erhofft, fürchtet der andere sich vor einer düsteren Dystopie. Fragt man, ob diese Welt, alles in allem, in Zukunft eine bessere wird, dann ist die überwiegende Mehrheit davon überzeugt, dass sich die Dinge eher zum Schlechteren hin entwickeln. Einer internationalen Studie entnehme ich, dass gerade mal vier (!) Prozent der Befragten in Deutschland daran glauben, dass sich in Zukunft unser Leben verbessern wird.[2] Ähnlich pessimistisch fallen die Antworten in den USA, in Frankreich, Großbritannien oder Dänemark aus.

Wieso aber blicken wir derart verunsichert in die Zukunft? Bewegen wir uns tatsächlich auf ein Zeitalter der Auflösung zu, in dem der Mensch sich selbst durch den technischen Fortschritt als aktiven Produktionsfaktor abschafft? Werden Maschinen uns eines Tages beherrschen, und erweist sich der Fortschritt selbst als Bedrohung? Ist es um unsere Zukunft tatsächlich so schlecht bestellt, oder ist diese düstere Sicht vielleicht auch das Ergebnis unserer begrenzten Perspektiven?

In der Geschichte ging das Neue anfänglich stets mit Orientierungslosigkeit einher. Nach der Einführung der Eisenbahn oder des Automobils herrschten zunächst auch Skepsis und Furcht vor. Auch das Zeitalter der Moderne war geprägt von tiefer gesellschaftlicher Verunsicherung. Doch mit dem Aufkommen der Turbomoderne – unserer Zeit – reißt das verbindende Band zwischen Vergangenheit und Zukunft gänzlich. Zukunft, so formuliert es der Literaturprofessor Hans Ulrich Gumbrecht, »ist für uns kein Horizont von Möglichkeiten mehr, sondern eine Dimension, die sich zunehmend allen Prognosen verschließt und die zugleich als Bedrohung auf uns zuzukommen scheint«.[3]

In diesem Buch beschreibe ich, wie unsere Gegenwart durch die Digitalisierung zu einem Provisorium wird, zu einem Auslaufmodell mit baldigem Verfallsdatum, denn morgen schon erwachen wir in einer neuen Welt. Doch was ändert sich, und was bleibt? Wohin führt uns das Neue? Welche Gesetzmäßigkeiten bestimmen diesen Wandel? Wo ist unser Platz in dieser Zukunft? Oder zählen wir zu einer Scharniergeneration, die im Übergang vom Gestern zum Übermorgen verloren geht?

Das alles sind keine abstrakten Fragen. Ich zeige an konkreten Beispielen, wie Algorithmen nicht nur Prozesse verändern, sondern zunehmend unser Verhalten prägen. Sie könnten sogar unsere Gesellschaft erschüttern und die Demokratie gefährden.

In fast allen Lebensbereichen erleben wir eine wachsende Verunsicherung. Obwohl es den meisten Menschen hierzulande materiell gut geht, machen sich diffuse Zukunftsängste breit. In einer Studie von 2015 heißt es: »In Deutschland sagen 57 Prozent der Befragten, die Geschwindigkeit, mit der neue Geschäftsideen entwickelt werden und sich Produktwelten verändern, sei ihnen zu hoch. Auch global stehen die Menschen der sich immer schneller verändernden Technologielandschaft skeptisch gegenüber: 51 Prozent der Meinungsführer von insgesamt 33 000 Befragten in 27 Ländern gehen Veränderungen zu schnell.«[4] Heute, so scheint es, steht die Zukunft selbst auf dem Prüfstand.

Als Wissenschaftsjournalist habe ich seit Jahren einen direkten Blick auf die Quellen dieses Wandels: vom Forschungslabor für künstliche Intelligenz in Schweden bis hin zur Ruine eines Atomkraftwerks in Japan, vom Klonlabor in Südkorea bis hin zur Fahrt im Prototyp eines autonomen Fahrzeugs in Hannover. Manchmal stehe ich unmittelbar an der Bugwelle des Fortschritts und kann verfolgen, wie das Neue sich ausbreitet und unsere Lebenswelten erfasst. Diese Direktheit und das unmittelbare Erleben haben meine Perspektive geprägt.

Allen Zukunftsängsten und allem Alarmismus zum Trotz ist es an der Zeit, wie ich finde, dass wir einen neuen und frischen Blick auf unsere Welt im Wandel werfen. Genau dieses versuche ich in diesem Buch. Ausgehend von vielen persönlichen Erfahrungen blicke ich nicht nur auf die digitalen Umbrüche oder die Veränderungen der Medien, sondern hinterfrage auch unsere Sicht auf eine zunehmend globalere Welt, betrachte die neue Rolle der Frau oder den Wert alter Kulturgüter. Bei dieser thematischen Vielfalt stoße ich auf frappierende Gemeinsamkeiten. Es gibt zum Beispiel erstaunliche Parallelen zwischen dem Boom im Silicon Valley und der Entstehungsgeschichte der historischen Vakuumpumpe.

In dieser Welt des Umbruchs begegnen uns durchaus besorgniserregende Entwicklungen, auch darauf will ich ausführlich eingehen. In einigen Bereichen wird es dringend Zeit, dass wir den momentan eingeschlagenen Kurs überdenken und ändern. Doch ein reflektierter Fortschritt birgt, wie ich finde, auch eine großartige Chance: Zum ersten Mal in der Geschichte ist es uns möglich, die eigene Welt auf direkte Weise zu verändern. Wo alle Generationen vor uns sich noch in Geduld üben und häufig Jahrzehnte, wenn nicht Jahrhunderte warten mussten, bis etwas Neues in die Welt kam, werden wir mit einer neuen Freiheit beschenkt.

Wenn wir also den Mut besitzen, unsere Perspektive zu verändern, dann entdecken wir im Umgang mit dem Neuen aussichtsreiche Chancen. Es gibt gute Gründe, optimistisch zu sein. Wir werden zu Gestaltern unserer Welt, und genau darin liegt unsere Chance.

1
DAS NEUE
Zukunft – eine Frage der Perspektive

Ein defekter Kaffeeautomat

»Warum braucht diese blöde Kaffeemaschine einen Mikroprozessor? Das ist mir alles viel zu kompliziert!« Meine Frau ist sauer, denn der Automat funktioniert nicht mehr und muss schon wieder zur Reparatur.

Ich ziehe den Netzstecker, warte einen Moment und schließe das Gerät wieder an. Manchmal hilft das, doch diesmal bleibt das Display dunkel. Keine Aufforderung »Kaffee bereit«, kein Surren der Mühle, kein Glucksen der Wasserpumpe. Der Elektronikhändler vor Ort kann auch nichts machen. Die Maschine muss eingeschickt werden, so wie vor anderthalb Jahren, als sie schon einmal aus unerklärlichen Gründen aufhörte, ihrer Bestimmung zu gehorchen und Kaffee zu machen.

Auf dem Herd kocht Wasser. Eine Filtertüte, eine Kaffeekanne, aufschütten. Geht doch! Während mir der Kaffeeduft in die Nase steigt, frage ich mich, warum wir den Vollautomaten überhaupt angeschafft haben. Chic sieht er aus, silbern glänzend, und der Kaffee wird frisch gemahlen, per Knopfdruck kann man sogar auswählen, wie stark er werden soll. Eine Tasse darunterstellen – und fertig.

Doch unser Wunderteil macht keinen Mucks und schon gar keinen Kaffee. Ich schütte erneut Wasser nach. Das Fließgeräusch des durchlaufenden Filterwassers ist mir vertraut, von früher. Zunächst strömt es schnell und dann immer langsamer, bis es anfängt zu tropfen. Der angefeuchtete Kaffee im Filter sieht aus wie nasse Blumenerde.

Mir fällt auf, dass ich beim Vollautomaten nichts vom Prozess des Kaffeemachens mitbekomme. Das Mahlen der Bohnen, das Aufheizen des Wassers, das Dosieren und Filtern, alles geschieht im Verborgenen. Was ich bekomme, ist lediglich das Endprodukt. Vielleicht soll das ja so sein, denn so wird jeder Kaffee zu einem kleinen Wunder. Doch bei aller Bequemlichkeit werde ich um ein vertrautes Ritual gebracht. Wer selbst Kaffee aufschüttet, ist beteiligt an einem Prozess, ist aktiv und gestaltet; doch der Automat macht mich zu einem bloßen Knopfdrücker.

Überhaupt steht die Ordnung von Subjekt und Objekt plötzlich auf dem Kopf: Der Automat befiehlt, und ich muss gehorchen. Manchmal fordert er mich auf, das Wasser nachzufüllen. Das geht ja noch, doch wehe, es heißt im grünen Display: »Trester leeren«. Dann gilt es, eine kleine Schublade mit den Überresten vorheriger Kaffeebereitungsfreuden herauszunehmen. Das Tropfgefäß will ebenfalls ausgeleert werden. Beim Gang zur Spüle verschütte ich dann regelmäßig das braune Restwasser. Danach muss ich also auch noch den Boden wischen. Übrigens passiert das wohl vielen Menschen, und vielleicht hat das sogar System: Bei dieser einzig verbleibenden Aktion soll uns Menschen die eigene Fehlbarkeit vorgeführt werden. Es ist so, als würde mir der Vollautomat zuflüstern: »Siehst du, lieber Mensch, du bist viel unbeholfener als ich. Es ist besser, du überlässt mir das Kaffeemachen, bevor du noch mehr herumkleckerst!«

Niemand aus meiner Familie steht auf »Trester leeren«. Es ist die Loser-Karte des Vollautomaten. Besonders irritierend ist die schicksalhafte Zufälligkeit, mit der diese Nachricht auftaucht. Keine Vorwarnung, kein Indiz, es passiert immer unerwartet und meistens dann, wenn man ohnehin in Eile ist. Oder die erste Tasse füllt sich problemlos, und dann blinkt plötzlich »Trester leeren«, und der Nächste hat das Nachsehen.

»Wieder mal typisch! Immer trifft es mich«, höre ich dann von meiner Frau. Wir haben uns deshalb schon fast gestritten, weil mein Kaffee durchging und ihr Kaffeewunsch mit einem »Trester leeren« quittiert wurde. Sie unterstellt mir, ich hätte ganz genau gesehen, dass die Maschine geleert werden musste! Beim Wassertank kann ich das nachvollziehen, doch »Trester leeren« bleibt ein Geheimnis. Ich glaube auch nicht an diskriminierende Präferenzen des Apparates, glaube nicht, dass er zum Beispiel etwas gegen Frauen hat. Es trifft mich genauso häufig wie sie; ich sollte vielleicht mal eine Strichliste führen.

Am leidigsten ist die Prozedur des »Tresterleerens« am frühen Morgen. In diesen Momenten verfluche ich den Vollautomaten. Absurd, oder? Ein neuer Tag bricht an, ich stehe auf, und das Erste, was mir passiert: Ich werde von einem Vollautomaten herumkommandiert: »Leere mich, sonst kriegst du keinen Kaffee!« Ich gebe zu, ich bin ein Morgenmuffel, das habe ich wahrscheinlich von meiner Mutter geerbt. Nach dem Aufstehen sagte sie immer: »Rede mit mir, aber frage mich nichts!« Doch der Kaffeevollautomat fragt nicht nur, er erpresst mich, und das vor meiner ersten Tasse Kaffee!

Der Kaffeevollautomat ist nur ein kleines Beispiel für die übertechnisierte Welt, die uns immer mehr umgibt. Automotoren werden heute so abgekapselt, dass man nicht mehr daran herumschrauben kann. Selbst Scheinwerferlampen lassen sich ohne Spezialwerkzeug nicht auswechseln, sodass man gezwungen ist, eine Fachwerkstatt aufzusuchen.

An Mobiltelefonen sucht man vergeblich nach Schrauben, und ohnehin ist die technische Entwicklung so rasant, dass sich jede Reparatur erübrigt. Die Apparate wehren sich gegen den Versuch einer Reparatur mit splitternden Plastikteilen oder reißenden Membranen. Wir Konsumenten werden rausgehalten aus der Innenwelt des Fortschritts, werden degradiert zu Tastendrückern und Mausbedienern. Das alles geschieht bewusst: Steve Jobs, der Apple-Gründer, ließ Spezialwerkzeuge entwerfen, damit niemand das Macintosh-Computergehäuse mit einem gewöhnlichen Schraubenzieher öffnen konnte.[5] Niemand außerhalb der Apple-Welt sollte Einblick in diesen Kasten bekommen. Die Zauberer des Neuen lassen sich nicht in die Karten schauen, denn die Magie ihrer Maschinen lebt vom Geheimnis um deren Innenleben.

In nur ein, zwei Generationen sind wir als ehemals fast autarke Selbstversorger zu abhängigen Konsumenten geworden. Dies ist nur *ein* Symptom eines Fortschritts, wie ihn die Welt in dieser Tiefe und in dieser Geschwindigkeit noch nie erlebt hat.

Unsere Mütter, Großmütter und Urgroßmütter haben Zukunft noch als langsamen Prozess erlebt. Ihre Welt wurzelte in der Vergangenheit, und sie konnten sicher sein, dass Gegenwart und Zukunft kontinuierlich aus dem Gegebenen erwachsen würden. Die Menschen hatten also viel Zeit, sich anzupassen. Die Stetigkeit der Zeit verband dabei Alt und Neu zu einem Kontinuum.

Innovationen wie das elektrische Licht brauchten Jahrzehnte, bis sie sich in den Gesellschaften verbreiteten. 1882 erhellten erstmals elektrische Straßenlaternen die Leipziger Straße in Berlin. 30 Jahre später waren jedoch erst 3,5 Prozent der Berliner Wohnungen an das Stromnetz angeschlossen, und noch Ende der Zwanzigerjahre verfügte nur jeder zweite Berliner Haushalt über Elektrizität.[6] Selbst ein halbes Jahrhundert nach dem Aufkommen der ersten elektrischen Straßenlaternen in Berlin lebte noch immer ein Viertel der dortigen Bevölkerung ohne Strom.[7] Es dauerte manchmal Generationen, bis das Neue die Welt eroberte. Es gab eine Synchronität zwischen dem individuellen Altern und der Veränderung der Welt, die uns umgab. Die Zyklen der Technik verliefen in vergleichbaren Zeiträumen wie die Generationenfolge der Menschen. Die Zukunft wuchs aus der Vergangenheit empor, ein organisches Wachsen, so wie junge Bäume, die sich zaghaft nach oben recken, um sich nach Jahrzehnten ihren festen Platz im Wald zu sichern.

Aus einer Zukunft, die noch gestern eine Projektionsfläche für unsere Sehnsüchte und Hoffnungen war, ist inzwischen ein »disruptiver« Wandel geworden, bei dem Innovationen bestehende Realitäten nahezu schlagartig verdrängen. Niemand nimmt ihn wahr, bis er plötzlich mit aller Heftigkeit in unsere Realität einschlägt, wie ein Blitz aus dem Nichts.

2007 wurde das erste Smartphone eingeführt. Nur zehn Jahre später wird es bereits von der Hälfte der Weltbevölkerung genutzt. Das klassische Telefon brauchte noch 75 Jahre, bis 100 Millionen Menschen es nutzten. Zum Vergleich: Beim Mobiltelefon waren es nur noch 16 Jahre, bei Facebook lediglich 4,4 Jahre, bei WhatsApp und Instagram 2,2 Jahre, und das Online-Videospiel Candy Crush Saga benötigte gerade einmal 1,3 Jahre, um die 100-Millionen-Nutzergrenze zu durchbrechen.[8] Die Zahl der Facebook-Nutzer überschritt in nur sechs Jahren seit der Einführung des sozialen Netzwerks die Milliardengrenze. Dieses Tempo der Veränderung ist eine neue Qualität. Bei diesem globalen Hyperwachstum greifen selbstverstärkende Netzwerkeffekte, und so verändern sich ganze Geschäftszweige innerhalb einer Zeitspanne von weniger als einem Jahrzehnt.

Das, was wir für beständig hielten, löst sich auf: Unsere bisherige Arbeitswelt zerbricht, ganze Wirtschaftszweige geraten ins Wanken, Berufsbilder werden über Nacht ersetzt, und die neue Kommunikation verändert das Miteinander von Familien. Plötzlich legt sich über alles ein beschleunigter Alterungsprozess, und manche zerbrechen fast an dem rasenden Fortschritt.

Wir erleben einen nie da gewesenen Umbruch. Es gibt keinen geschützten Raum mehr, in dem wir uns darauf vorbereiten könnten, was auf uns zukommen wird, keine Zeit mehr, die Vor- und Nachteile des Neuen zunächst abzuwägen, bevor es bei uns Einzug hält. Moderne Entwicklungen erfassen alle Industrienationen auf unserem Planeten gleichzeitig. Wir erleben in dieser Hinsicht keinen Unterschied mehr zwischen den Metropolen New York, Berlin, Dubai, Singapur, Tokio oder Shanghai.

Die Strahlkraft der digitalen Revolution reicht in nahezu alle Bereiche hinein. Wie ein Virus infiziert sie die Medizin, den Finanzsektor, Medien, Maschinenbau oder den Dienstleistungssektor. Hierbei kommt es zu wechselseitigen Verstärkungsprozessen, die das Tempo des Umbruchs nochmals beschleunigen. Der Einfluss der Digitalisierung auf Entwicklungen in der Genforschung, den Fortschritt in den Materialwissenschaften oder auf die elektronische Miniaturisierung im Medizinsektor sind Beispiele dieser synergetischen Beschleunigungseffekte. Die Innovationen verändern die Arbeitsweisen, und diese wiederum fördern weitere Innovationen. Das eine bedingt das andere, und so erleben wir neuartige Resonanzeffekte des Fortschritts. Eben deshalb wird jede Prognose schwierig, denn niemand vermag die Folgen dieser gegenseitigen Beeinflussung vorherzusagen.

Zukunft bedeutet Veränderung. Der Einfluss der Elektrifizierung führte dazu, dass mehr Menschen lesen und schreiben lernten, und hatte somit einen Einfluss auf die Bildung unserer Gesellschaft. Die Nutzung des Kühlschranks verbesserte nachweislich unsere Ernährung. Das waren gravierende, aber einfache Vorgänge im Vergleich zur Komplexität des heutigen Wandels. Noch vor wenigen Jahrzehnten las man auf Telefonzellen den Spruch: »Fasse dich kurz!« Heute, im Zeitalter der Dauerkommunikation, mutet dieser Satz an wie ein Relikt aus einer längst vergangenen Epoche und macht deutlich, wie schnell technische Innovationen auch unser eigenes Verhalten beeinflussen. Der Mensch der Zukunft denkt und fühlt anders, seine Träume und Ideale werden anders sein, ebenso seine Sprache, seine Gepflogenheiten und seine Selbstsicht. Das künftige Betriebssystem unseres Miteinanders wird so grundverschieden sein von heutigen Gepflogenheiten, dass schon allein aus diesem Grund Zukunftsprognosen unmöglich erscheinen.

Der »Klebstoff« unserer Gesellschaft löst sich auf, wenn wir in Gruppen zerfallen, in »Digital Natives« und »Digital Immigrants«, in Generation X, Y oder Z. Schon die Differenz weniger Lebensjahre bedeutet einen relevanten Unterschied im Verhalten, bei den Vorlieben oder der Erwartung der jeweiligen Gruppe. Binnen weniger Jahre werden ganze Verhaltensmuster zu einer neuen Selbstverständlichkeit. Wie zum Beispiel verändert der Onlinehandel die Struktur unserer Innenstädte? Wir unterschätzen die normative Kraft des Entstehenden. Mütter verstehen ihre Töchter nicht mehr, und die Träume unserer Väter lösen sich mit einer unfassbaren Rasanz auf.

Die digitale Auflösung der Privatheit, der wachsende Gebrauch von Algorithmen in allen Lebensbereichen, vom Bankkredit bis zur Partnerwahl, oder die fundamentale Veränderung des Menschenbildes durch die fortschreitende Medizin, all das geschieht, ohne dass wir gefragt werden. Die Zukunft ist plötzlich da.

Können wir also überhaupt den Lauf der Dinge beeinflussen, oder sind wir inzwischen Gefangene einer verborgenen Logik, deren Kraft jeden Folgeschritt bestimmt und die keine Abweichungen mehr duldet? Ist Zukunft zu einem Zwang geworden, zu einem verpflichtenden Automatismus für uns alle? Schaffen wir die Zukunftsvisionen, oder erschafft sich die Zukunft selbst und macht uns zu einem bloßen Passagier auf einer Reise ins Ungewisse?[9]

Wir erleben diese schrille Dissonanz zwischen dem Gestern und dem Morgen, zwischen Beharren und Erneuerung, zwischen Alt und Neu. Alte Regeln und Konventionen verlieren ihre Gültigkeit, ohne dass es im Vorfeld zu einer gesellschaftlichen Diskussion darüber kommt. Wir werden hinausgeworfen aus unserem vertrauten Haus voller Traditionen und Konventionen und stehen plötzlich orientierungslos mitten auf der Straße des Fortschritts. Der neue Mensch muss sich »im Ungeborgenen geborgen wissen« (Picasso), und diese paradoxe Anforderung ist für viele von uns kaum erträglich.

Manche bleiben an der Abrisskante des Neuen stehen, andere springen aus Verzweiflung. Ist es nicht sonderbar? Wir scheinen diesen Wandel als gegeben hinzunehmen wie ein Erdbeben oder einen Vulkanausbruch, gegen den wir nichts ausrichten können. Der Fortschritt erscheint vielen von uns wie ein Naturgesetz. Seine Regeln scheinen unverrückbar. Wie sagte der US-Wissenschaftsberater John Gibbons schon in den Neunzigerjahren: »Go online or decline«, gehe ins Netz oder stirb. Jedes Zögern oder Abwarten löst Ängste aus, man könne als Individuum, Unternehmen oder als Nation den Anschluss verpassen oder wirtschaftlich das Nachsehen haben, und so laufen wir dem Fortschritt hinterher, ohne recht zu wissen, wohin sein Weg uns führen wird.

In den letzten Jahren wurden unsere Gene entschlüsselt, und die Mauern unserer körperlichen Privatheit werden eingerissen. Im stillen Einverständnis geben wir unsere Kundendaten preis und räumen den Arbeitsplatz für seelenlose Maschinen.

Unser Freiheitskorridor scheint sich immer mehr einzuengen, unsere Arbeitsabläufe werden immer genauer quantifiziert und evaluiert. Unser Leben wird in einzelne Prozesse aufgespalten, und jeder davon wird bis ins Letzte optimiert. Gefangen im globalen Wettstreit, geben wir das Heft immer mehr aus der Hand. Das Machbare zwingt uns in eine Schablone, und die völlige Transparenz offenbart jenen schwindenden Rest, der uns von Automaten unterscheidet. Haben wir das Streben der Aufklärung nach der Freiheit und der Gestaltungsmacht des Einzelnen aufgegeben, oder pocht womöglich eben diese Aufklärung auf ihre eigenen Gesetze und macht uns zu Gefangenen einer höheren Logik?

Ohne Zweifel hat es noch nie in der Geschichte eine Zeit solch radikaler Umbrüche und Zäsuren gegeben; Berechenbarkeit, Effizienz oder Effektivität haben sich zu Werten an sich entwickelt, zu Selbstläufern. Das ökonomische »Höher, Schneller, Weiter« wird auf die Spitze getrieben. Der Zeittakt hat sich vom Herzschlag gelöst und wird unhörbar durch unsere Maschinen bestimmt: High-frequency trading, Just-in-time-Produktion, Fast Lane, Express Delivery, Highspeed … und das 24/7, ohne Atempause, ohne Bedenkzeit, ohne Ausstiegsmöglichkeit. Fortschritt heißt schneller – aber was tun in der ersparten Zeit?

Unsere Kaffeemaschine jedenfalls ist defekt und geht für die nächsten Tage in Kur. Wir filtern wie früher, als es noch keine Mikroprozessoren gab, keine Maschinen, die Menschen herumkommandieren, und keine grünen Anzeigen, auf denen »Trester leeren« aufblinkt.

Vielleicht haben diese Maschinen eine heimliche Abneigung gegenüber bestimmten Menschen? Meine Mutter jedenfalls glaubte fest daran, dass ihr kleines Auto eine »Seele« habe. Als sie den Wagen kaufte, veranstaltete sie eine kleine Zeremonie, ein »Pujaa«: In Indien ist es üblich, Busse, Lkws oder Motorräder zu segnen, und so streute meine Mutter etwas Currypulver und Reis auf ihren neuen Wagen und fuhr anschließend in Anwesenheit der ganzen Familie über eine Zitrone. Das sollte Glück bringen. »Leilaloo«, wie sie den Wagen taufte, wurde sehr alt und setzte mit der Zeit Rost an, doch meine Mutter brachte es nicht übers Herz, sich von ihrem beseelten Gefährt zu trennen. An kalten Tagen, wenn der Motor beim Starten hustete, sprach sie »Leilaloo« gut zu, zog Zündhebel, betätigte Schalter, tätschelte das Lenkrad, bis der Wagen irgendwann keuchend ansprang. »Braves Mädchen!« Wahrscheinlich hätte meine Mutter auch mit unserem Kaffeevollautomaten geredet …

Die digitale Revolution[10]

Mein Vater schrie, meine Mutter weinte, und im Telefonhörer vernahm ich durch das Rauschen die ferne Stimme meiner Großmutter: »Frohe Weihnachten, mein Junge!« In meiner Kindheit waren Ferngespräche von Luxemburg nach Indien sündhaft teuer. Man musste jedes Gespräch anmelden, erst nach mehreren Stunden Wartezeit kam die verrauschte Verbindung zustande, und für wenige Minuten stand der direkte Draht zwischen den Kontinenten. An Ostern und Weihnachten wurde telefoniert, ansonsten schrieben wir uns Briefe, die erst nach wochenlanger Reise ihr Ziel erreichten.

In der digitalen Welt hingegen sind wir ständig »on«, egal auf welchem Kontinent wir uns gerade befinden. Selbst in den entfernten Regenwäldern Vietnams hatte ich einen passablen Handyempfang und erschrak, als ein Teamkollege mit seinem Anruf die Exotik der Wildnis entweihte.

Kommunikation, Einkaufsverhalten, Bankgeschäfte, Reisen, Medien, Fertigungstechniken, Politik oder Produktionsabläufe … überall verändern sich Prozesse auf fundamentale Weise. Wir stehen gerade am Anfang dieser digitalen Revolution. Wohin das Ganze führen wird, vermag niemand zu sagen, denn die Zukunft lässt sich nicht in die Karten blicken, und selbst Experten liegen mit ihren Prognosen meist daneben. Wir betrachten das Neue mit alten Augen und unterschätzen, dass diese Entwicklung uns selbst verändert, unsere eigene Sicht und unser Bild von uns selbst.

Verhaltensmuster, Einkaufsroutinen, Such-, Interessens- und Bewegungsprofile werden protokolliert – der Run auf »Big Data« hat begonnen. Wir alle füttern bereitwillig die hungrige Datenmaschinerie mit unseren intimsten Geheimnissen. 84 Prozent der Smartphonebenutzer geben inzwischen an, unmittelbar nach dem Aufwachen eine App auf ihrem Mobiltelefon zu checken.[11] Fitnessbänder übertragen Herzschlag und tägliches Laufpensum an die Cloud, und die allgegenwärtige Spracherkennung entziffert unsere Wünsche und merkt sich unsere Muster. *Darf diese App auf Ihren Aufenthaltsort zugreifen?* Täglich fallen so 2,5 Milliarden Gigabyte an Daten an: Abbuchungen, besuchte Webseiten, Kurznachrichten, Bestellungen, Reiserouten, Musiktitel, Suchergebnisse ...[12]

Der größte Teil der Daten wird gesammelt, und noch sind 80 Prozent davon unstrukturiert, doch der weltweite »Analytics«-Boom belegt, welches Potenzial dieser Datenrohstoff besitzt. Unser Verhalten wird durch aufwendige Rechenprozesse zunehmend vorhersagbar, mehr noch, die Daten werden unser Verhalten immer genauer beeinflussen. Wenn Sie also demnächst von schönen Kleidern oder Fernreisen träumen, dann sollten Sie einen Moment darüber nachdenken, ob es wirklich ihr eigener Traum ist oder vielleicht doch ein eingepflanzter Wunsch. Der Google-Chef Eric Schmidt brachte es auf den Punkt: »Wir wissen, wo Sie sind, wir wissen, wo Sie waren, und wir wissen mehr oder weniger, woran Sie denken.«[13] Schon heute kennen Internethändler ihre Kunden so gut, dass sie die gezielte Werbung mit ein paar Zufallsinseraten verschleiern, da sich die Kunden sonst beobachtet fühlen.

Big Data ist im 21. Jahrhundert das, was im 18. Jahrhundert die Dampfkraft oder im 19. Jahrhundert die Elektrizität war: eine fundamentale Revolution. Die Vernetzung erfasst dabei nicht nur Smartphones oder Laptops, sondern potenziell sämtliche Apparate, die uns umgeben. Dank der stets schrumpfenden Elektronik können Sensoren in jedem beliebigen Gegenstand verbaut werden – die Kosten dafür liegen im Centbereich. Man schätzt, dass schon heute über zehn Milliarden Objekte und Apparate auf unserem Planeten miteinander vernetzt sind, vom Thermostat bis zum Ersatzreifen, vom Kaffeeautomaten bis zum Staubsauger, von den Schuhen bis zum Automobil, von der Werkzeugmaschine bis zum Sturmgewehr.

Mediziner werden bislang nur aktiv, wenn der Patient erkrankt; Strafverfolgung setzt erst ein, wenn eine Straftat vorliegt. Doch die Reihenfolge könnte sich umkehren, denn die Datenalgorithmen haben unsere Welt auf den Kopf gestellt: Gesunde Menschen werden operiert, nur weil medizinische Daten auf ein mögliches Krankheitsrisiko hinweisen, und unschuldige Bürger werden verdächtigt, weil sie demnächst angeblich straffällig werden könnten. So der Ansatz des EU-Forschungsprogramms CAPER, das sich auf der Basis von »offenen und privaten Informationsquellen« der Prävention von organisierter Kriminalität widmet.[14] Als die Versicherungsgruppe Generali ankündigte, als erster großer Versicherer in Europa Fitness, Ernährung und Lebensstil ihrer Kunden über eine App zu erfassen, wirkte das wie ein Tabubruch.[15] Doch die Logik ist nachvollziehbar: Wer gesund lebt, kostet den Krankenversicherer weniger, und willige Kunden werden mit Rabatten gelockt. Die totale digitale Transparenz wird unseren Lebensstil nachhaltig beeinflussen. Schon bald joggen wir, weil die App uns dazu auffordert, und essen Obst statt Pommes, weil sonst die Krankenversicherungstarife steigen. Aus dem »freiwilligen Datenteilen« wird so allmählich ein Zwang zur Selbstoptimierung.

Ist es nicht eine Frage der Zeit, bis Autos die Geschwindigkeitsprofile ihrer Fahrer weiterleiten? Radarfallen gehören dann der Vergangenheit an. Steuererklärungen erfolgen automatisch, da doch jede Finanztransaktion elektronisch erfasst werden kann. Das wahre Potenzial von Big Data versteckt sich in diesen unzähligen kleinen Datenschnipseln, die miteinander kombiniert und korreliert werden können. Eine tiefe Auswertung lässt erahnen, ob ein Mensch etwa zu Depressionen neigt, ein Ehepaar sich auseinanderlebt oder ein Arbeitnehmer sich zunehmend weniger für sein Unternehmen engagiert. Zum ersten Mal in der Menschheitsgeschichte würden Maschinen uns dann besser verstehen, als es uns selbst gelingt. Die Entwicklung läuft im Eiltempo in diese Richtung, und Analytics-Firmen sprießen wie Pilze aus dem Boden. Alleine IBM hat in den vergangenen Jahren über 24 Milliarden Dollar in diesen Bereich investiert, und auch die Internetgiganten Google, Amazon und Facebook verfolgen ähnliche Ziele.

Die digitale Revolution wurzelt in der tiefen Annahme, dass sich die Vielfalt unseres Lebens auf messbare Zahlenströme übertragen lässt. Diese Abstrahierung der Wirklichkeit, bei der Algorithmen natürliche Prozesse nachbilden, macht aus einer erfahrbaren Realität einen berechenbaren Prozess.

Die Ursprünge dieses Denkens liegen in ferner Vergangenheit. Historikern ist es bislang nicht gelungen, den genauen Ort und das Datum für die Erfindung der ersten mechanischen Uhr eindeutig festzulegen, doch es muss ein magischer Moment gewesen sein. Zum ersten Mal erschuf der Mensch einen Apparat mit einem eigenen Herzschlag. Wo Sonnenschatten und Sterne einst den Lauf des Lebens bestimmten, war es nun ein raffiniertes Gefüge aus Zahnrädern, Federn und Zeigern, welche in sich einen regelmäßigen Takt erzeugten. Anfangs fehlte es den Zeitmaschinen noch an Genauigkeit, doch mit der Umsetzung des Pendelprinzips verband Christiaan Huygens Mitte des 17. Jahrhunderts das mechanische Zählwerk mit einem universellen Naturphänomen, der Bewegung des Pendels. Seine Periode ist konstant und wird lediglich durch seine Länge bestimmt. Jede Pendeluhr zählt also nur die Schwingungen und überträgt diese auf ein Zählwerk, das dann durch abgestimmte Übersetzungen die Zeiger der Uhr weiterbewegt. In der Pendeluhr vereinen sich so die Naturgesetze mit der Handwerkskunst, verschmelzen Realität und Künstlichkeit. Auf einen Schlag war Huygens' Zeitmesser allen anderen Uhren überlegen.

Diese Bändigung der Zeit faszinierte mich derart, dass ich mehrere Tage damit zubrachte, Zahnräder zu berechnen und aufzuzeichnen. Erst nach einigen Anläufen verstand ich das genaue Prinzip der Hemmung, welche die Energie des Gewichts in einem Stop-and-go-Prozess aufspaltet, um sie auf die einzelnen Zähne des Zahnrads zu übertragen und dabei gleichzeitig die Schwingung des Pendels am Leben zu halten. Ich verschwand eine ganze Woche in meiner Werkstatt, sägte Zahnräder aus Holz, baute mit großer Vorsicht eine Hemmung und experimentierte stundenlang, bis ich schließlich eine funktionierende Pendel-»Uhr« aus Holz hergestellt hatte. Das Motiv meiner handwerklichen Eskapade war mein tiefer Wunsch, diesen magischen Moment des künstlichen Herzschlags bis ins letzte Detail nachzuvollziehen. Während ich feilte und bohrte, wuchs mein Respekt für die frühen Uhrmacher, die mit bescheidenen Mitteln ihre ersten Apparate bauten.

Die Pendeluhr trat im 17. Jahrhundert ihren Siegeszug an. Turmuhren erhielten, nachdem sie zuvor lediglich die Stunde anzeigten, einen Minutenzeiger. Aufschlussreich übrigens, wie unterschiedlich damals die Nationen auf diese folgenreiche Innovation reagierten. In seinem Buch: *Leibniz, Newton und die Erfindung der Zeit* beschreibt Thomas de Padova[16], wie die in Zünften organisierten Uhrmacher in Deutschland aufgrund ihrer starren Regeln diese Möglichkeit der fruchtbaren Synergie von Wissenschaft und Handwerk verpassen. Augsburg, wo zwischen 1550 und 1650 mindestens 182 Uhrmachermeister zugelassen waren, verliert seine führende Stellung, und London wird zur neuen Metropole der Zeitmaschinen. Dort erschaffen der Physiker Robert Hooke und der Handwerker Thomas Tompion eine präzise tickende Taschenuhr und übertragen dabei das Pendelprinzip auf eine hin- und herschwingende Feder. Die Zeitmaschine wird also mobil, und ihr universeller künstlicher Herzschlag wird fortan zum Motor des Fortschritts.

Das einstige Kontinuum der Zeit wird zerschnitten in abzählbare Teile. Der Lauf der Sonne wird in einem linearen Prozess durch diskrete Zahlen abgebildet. Den diffusen Zeitbegriffen wie Dämmerung, Einbruch der Nacht, Mitternacht oder Morgengrauen werden präzise Zahlen in Form der Uhrzeit zugeordnet. Die Zeitkultur der Menschen wird digitalisiert, die Zeit wird zur Zahl. Dieser fundamentale Wechsel vom Diffusen zum Diskreten verändert unseren Alltag. Er wird fortan mit Terminkalendern geordnet, Geschäfte, Fabriken und öffentliche Einrichtungen richten ihre Aktivitäten nach dem numerischen Zeittakt, und die Anzeigen der Bahnhofsuhren werden zur Referenz wachsender Mobilität. Bei sportlichen Wettkämpfen wird die digitalisierte Zeit selbst zum Gegner. Rekorde werden von nun an in Zahlen formuliert. Ende des 19. Jahrhunderts testet der Ingenieur Frederick Taylor mit einer Stoppuhr, wie sich Fertigungsprozesse effizienter gestalten lassen, und legt damit die Grundlagen für die industrielle Fließbandfertigung. Der Zeittakt beschleunigt sich immer weiter und mündet ein Jahrhundert später in den unhörbaren Takt des Hochfrequenzhandels.

Die Uhr wurde zum ersten Apparat, den Menschen ständig bei sich tragen – bis sie vom Smartphone ersetzt wurde. Beide folgen demselben Grundgedanken: Die Wirklichkeit wird in einer Zahlenwelt abgebildet. Heute entstehen ganze Flugzeuge zunächst im Computer. Jedes einzelne Teil des Rumpfes oder des Flügels wird dabei als Mosaik aus diskreten Einzelelementen zusammengesetzt. Kein Mensch wäre alleine in der Lage, die Belastungen und Festigkeiten eines derartig komplexen Gebildes zu überschauen, geschweige denn vorherzusagen. Erst durch die Übertragung realer Phänomene in das Universum der Zahlen werden diese gigantischen Objekte möglich. Mit der Digitalisierung, also der Übertragung der Wirklichkeit in die Welt der Zahlen, kommt es so zu einer Überhöhung. Das Berechenbare übertrifft unsere kühnsten Fantasien. Es prägt unser Denken, und der künstliche Herzschlag des Apparats bestimmt unser Miteinander.

Wir erleben derzeit eine epochale Scharnierphase so wie einst, als das Mittelalter durch die Renaissance abgelöst wurde oder die Moderne die Gesellschaft erschütterte. In solchen historischen Epochen veränderten technische Neuerungen die Gesellschaft und die Selbstsicht des Menschen. Die digitale Revolution wird uns ebenfalls verändern, und es liegt bei uns selbst, ob wir diesen Fortschritt als Getriebene erleben oder als Gestalter. Vielleicht werden spätere Generationen uns um diese Phase des Umbruchs beneiden und mit derselben Bewunderung zurückblicken wie wir auf die Renaissance.

Und sie irren sich doch

Wer Visionen hat, soll zum Arzt gehen.

– Helmut Schmidt –[17]

Wie werden wir in Zukunft wohnen? Was ändert sich durch die zunehmende Globalisierung? Werden Roboter uns kontrollieren? Stehen wir am Anfang einer neuen Ära der künstlichen Intelligenz?

Es gibt viele Zukunftsinstitute, Vordenker, Futurologen und Experten für das Übermorgen. In bunten Vorträgen erzählen sie uns von dem, was auf uns zukommt. Hierbei hört man neue Modewörter wie z.B. »Over-novation«, »Medien-Exodus«, »Response Shift« oder »Digital Shapers«[18], und so mancher im Publikum fühlt sich anschließend wie ein stehen gebliebener Ignorant, dem gerade dämmert, dass er die Zukunft verschläft. Kein Tag vergeht, ohne dass Innovationsworkshops, Transformationsseminare oder Changekonferenzen zur Teilnahme einladen unter dem Motto »Willkommen in der Welt von morgen!«

Natürlich vergessen wir irgendwann, was die Apologeten des Neuen uns prophezeit hatten. Doch wäre es nicht eine reizvolle Idee zu prüfen, ob ihre Thesen tatsächlich zutreffen? Vielleicht könnte man eine Geld-zurück-Garantie einführen, die nach zehn Jahren fällig wird, falls es doch anders kommt als behauptet. Ich stoße jedenfalls auf viele Beispiele, die belegen, dass selbst ausgewiesene Fachleute bei der Einschätzung der Zukunft grundlegend irrten.

Ein Klassiker ist das Zitat von Ken Olsen aus dem Jahre 1977: »Es gibt keinen Grund, warum jeder einen Computer zu Hause haben sollte.«[19] Olsen hatte 1957 die Computerfirma Digital Equipment Corporation (DEC) gegründet; in Forschungsinstituten waren die DEC-Minicomputer, wie etwa das Modell PDP-11, weitverbreitet. In den Achtzigerjahren war Digital Equipment der zweitgrößte Computerhersteller der Welt mit über 100 000 Angestellten.[20] Als junger Student war ich fasziniert von den leistungsstarken und lauten Schränken voller Lüfter und blinkender Leuchtdioden. DEC-Rechner waren der Standard, und Olsen wurde vielfach ausgezeichnet. Wie aber konnte ein Profi wie er dennoch die Zukunft seiner Branche so falsch einschätzen? Wenn einer Einblick in die neuesten Entwicklungen hatte, dann doch er!

Anfang der Neunzigerjahre gab es bei DEC einen »unerwarteten« Umsatzrückgang. Acht Jahre später wurde der Computergigant aufgelöst. Man hatte die Zukunft falsch eingeschätzt, geblendet vom Erfolg und von der eigenen Größe. David hatte Goliath bezwungen, der Personal Computer veränderte die Welt der Großrechner, und nur ein Jahr nach dem Verschwinden von DEC überschritt die Zahl der weltweit verkauften PCs erstmals die 100-Millionen-Marke.[21]

Der Untergang von Digital Equipment ist kein Einzelfall. In dem großartigen Roman »Hundert Jahre Einsamkeit« meines Lieblingsautors Gabriel García Márquez macht der Zauberer Melchíades den Sonderling José Arcadio Buendía mit einem besonderen Geheimnis bekannt: einem Block Eis. Man begreift Buendías Erstaunen, denn Eis war inmitten der tropisch schwülen Welt von Macondo vollkommen unvorstellbar.

Doch beim Blick in die Geschichtsbücher stieß ich auf ein bemerkenswertes Kapitel: Im 19. Jahrhundert etablierte sich in den USA eine gigantische Natureis-Exportindustrie. Der Kühlschrank war noch nicht erfunden, und Eis war in den schwülen Metropolen der tropischen Kolonien nicht vorhanden. Frederic Tudor, Sohn eines Anwalts aus Boston, kam mit gerade 23 Jahren auf die spleenige Idee, Natureis aus den gefrorenen Seen um Boston zu ernten, um es dann in die ganze Welt zu exportieren. Nach mehreren Versuchen gelang ihm das Unmögliche: Die Eisblöcke überstanden in Heu, Sägemehl und Decken eingewickelt selbst die lange Reise nach Indien. An der Ganges-Mündung angekommen, war zwar ein Teil der Ladung geschmolzen, doch die verbleibenden 100 Tonnen Eis sorgten für Furore. Wahrscheinlich bestaunten die Hafenarbeiter das kalte Wunder so, wie es die Figuren im Roman von Márquez tun.

Tudor perfektionierte seine Ernte- und Lagertechnik und besaß weitreichende Konzessionen. Eine große Flotte lud in den nächsten zwanzig Jahren ihre eisige Fracht in den Häfen von Madras, Bombay und Kalkutta ab, wo sie in speziell dafür errichteten Eishäusern zwischengelagert wurde. In der Blütezeit verfügte der »Eiskönig« über 150 Schiffe und machte alleine mit seinen Eislieferungen nach Kalkutta innerhalb von zwei Jahrzehnten eine Viertelmillion Dollar Gewinn. Andere folgten seinem Beispiel, und Ende des 19. Jahrhunderts zählte die Eisindustrie zu den größten Exportindustrien der USA.

Die Spezialisten verschätzten sich allerdings. Trotz des Aufkommens erster Kühlmaschinen hielt man an der alten Technologie fest. Um die Jahrhundertwende hatten sie das Rennen verloren. Die Natureisindustrie brach zusammen. Hundert Jahre später sollte es dem Fotofilm ähnlich ergehen.

Eastman Kodak, das weltbekannte Unternehmen, das einst die Fotografie revolutionierte, verpasste ebenfalls die Ausfahrt in die Zukunft. Vielleicht erinnern Sie sich an die gelbe Verpackung der Filmrollen, die wir auf unseren Urlaubsreisen mitführten. 1988 beschäftigte das Unternehmen 144 000 Menschen, und noch zur Jahrhundertwende prahlte man mit exorbitanten Umsätzen. Ich erinnere mich, wie Fachverkäufer damals auf mich einredeten und mir versicherten, dass Digitalkameras niemals das Auflösungsvermögen und die Empfindlichkeit eines Films erreichen würden. Unvorstellbar, dass auch hier nach über 110 Jahren die traditionsreiche Firmengeschichte enden sollte. 2013 stellte Kodak die Filmproduktion komplett ein.

Je schneller die Entwicklung wird, desto wichtiger ist eine realistische Einschätzung der Zukunft, doch offensichtlich versagen viele bei diesem Unterfangen. Ich erinnere mich an einen Bekannten, der durch den Verkauf von Großrechneranlagen reich geworden war. Er beschäftigte über zweihundert Mitarbeiter und belieferte viele Institutionen in Deutschland. Auch er verkannte die Zeichen der Zeit, und der Siegeszug des PCs ließ seine Geschäfte einbrechen. Als ich ihn traf, hatte er nur noch einen einzigen Mitarbeiter. Die beiden bauten gemeinsam die Großrechner ab, die sie einst verkauft hatten. Die schwere körperliche Arbeit beim Schleppen der großen Technikschränke setzte dem Mann sichtlich zu. Als Sechzigjähriger demontierte er seine eigene Biografie. Warum hatte er sich derartig geirrt? Warum hatte er nicht rechtzeitig umgestellt?

Die Fehlbarkeit der Prognosen hat damit zu tun, dass wir unsere Zukunft nicht mehr als linearen Entwicklungsprozess begreifen können, der sich aus der Vergangenheit heraus entwickelt, sondern mit Brüchen konfrontiert werden. Das Neue ist ein Außenseiter, der oft nicht dem Kerngeschäft entspringt.

Dem Natureislieferanten Tudor war die Welt der thermodynamischen Kältemaschinen genauso fremd wie den Filmproduzenten von Kodak die Welt der digitalen Sensoren. In ihrer Welt chemischer Emulsionen und großer Entwicklungsapparate gab es kein Verständnis dafür, dass man Bilder auch mithilfe von elektronischen Bauteilen einfangen konnte. Die Erfolge der Vergangenheit machen blind für den nötigen Perspektivwechsel, zumal das Neue zunächst als unvollkommener Entwurf einen alternativen Weg aufzeigt.

Die ersten PCs wirkten im Vergleich zu den glänzenden Großrechnern zusammengeschustert, und niemand ahnte, wie rasant der Wechsel kommen würde. Ob wir wollen oder nicht, wir halten uns an Bewährtes und trauen uns nicht loszulassen. Wie oft höre ich den Satz: »Wenn ich in Rente gehe, könnt ihr ja alles verändern!« Innovation wird als Bedrohung der eigenen Position und der eigenen Kompetenz empfunden.

Plötzlich verändern sich die Spielregeln, und ehemalige Fachleute werden zu Ignoranten des Neuen. Kodak besaß sicherlich ausgezeichnete Chemiker, doch ihr Wissen war wertlos für die Digitaltechnik. Sollte der Chef plötzlich zum Lehrling werden? Welch ein Statusverlust! Unser ganzes Arbeitsleben, all die Stationen unseres Aufstiegs, das gesammelte Know-how, die Netzwerke unserer Industriepartner, all das kann doch nicht von heute auf morgen überflüssig werden. Veränderung ist ein schmerzhafter Prozess, für ganze Unternehmen und für jeden Einzelnen von uns, und zwingt uns, herabzusteigen vom Thron vergangener Erfolge. Wer will schon sein bisheriges Berufsleben auf den Müll werfen, um ganz von vorne anzufangen?

Diese verständlichen Beharrungskräfte verhindern einen Neuanfang und sperren sich gegen jede Störung von außen. Wir leben alle in einer »Ingroup«, einer unsichtbaren Blase an Gleichgesinnten, verkehren mit Kollegen aus demselben Stall, die alle unter denselben Ängsten leiden. Unbewusst beginnen wir also damit, uns selbst zu täuschen. Wir reden die fremde Entwicklung klein und finden damit Zuspruch bei unseren Kollegen. Mit der Zeit stimmen alle in denselben Chor ein. Nein, das wird nicht kommen, das kann gar nicht kommen! Wir können uns beim Anblick der großen Maschinenhallen und Fertigungsanlagen partout nicht vorstellen, dass all dies schon morgen vorbei sein könnte. Ganze Branchen unterliegen diesem Mechanismus der Selbsttäuschung, und dasselbe Lied ist bei Banken, Medienunternehmen oder der Autoindustrie zu hören.

Wäre es möglich, dass ein gewaltiger Zweig wie die Automobilindustrie verschwindet oder zumindest dramatisch schrumpft? Alleine in Deutschland sind in diesem Industriesektor rund 750 000 Menschen direkt beschäftigt.[22] Wenn ich in der Generation meiner Kinder den Wandel hin zu Carsharing und anderen Mobilitätskonzepten betrachte, werde ich nachdenklich. Die nächste Generation nutzt sporadisch ein Fahrzeug, ohne es besitzen zu müssen.

Autos sind kein natürliches Bedürfnis von uns Menschen, sonst würde die deutsche Autobranche wohl kaum jedes Jahr etwa zwei Milliarden Euro für Werbung ausgeben.[23] Auf bunten Werbetafeln und in Fernsehspots läuft das ewige Auto-Mantra und erzählt uns das Märchen von Freiheit und Selbstverwirklichung. Doch wie viel CO_2 muss ein Mensch produzieren, um glücklich zu sein?

Der Autokauf ist, wie ein befreundeter Händler mir mal sagte, eine rein emotionale Sache, doch Emotionen können sich eben auch ändern. Manche Menschen stottern ihr Auto ab und machen sich nicht klar, dass sie mehrere Monate im Jahr nur dafür schuften. Autos sind teuer in ihrer Anschaffung und auch im Gebrauch. Die Benzin-, Versicherungs- und Wartungskosten summieren sich. Bei rationaler Betrachtung verändert sich das Bild vom eigenen Pkw. Zudem wird die wachsende Stau- und Umweltproblematik in Megastädten den Individualverkehr ohnehin in den kommenden Jahren stark einschränken. Die Zeichen der Zeit weisen in eine andere Richtung, doch die Autobranche gibt sich immer noch zuversichtlich und verweist auf die momentan guten Umsätze. Ironischerweise akzeptieren wir den Wandel in anderen Branchen, doch dann, wenn es uns selbst betrifft, mangelt es uns an Vorstellungskraft.

Mit jeder Innovation verschieben sich zudem Schwerpunkte, ändern sich Sichtweisen, und dieser Perspektivwechsel macht es uns so schwer, vom Heute in das Morgen zu extrapolieren.

Stellen Sie sich einen Moment vor, Sie lebten am Ende des 19. Jahrhunderts, Sie sind geprägt von den Werten und Konventionen der Zeit. Und nun blicken Sie auf eine Szene an einem Urlaubsstrand des 21. Jahrhunderts: Mädchen in Bikinis bräunen sich, Urlauber joggen am Strand, während andere zum Klang ihrer Kopfhörer tanzen. Fast alles, was Sie sehen, widerspricht den Konventionen des zu Ende gehenden 19. Jahrhunderts. Die Bikinis zeigen so viel Haut, dass Ihnen die Badegäste fast nackt vorkommen. Ende des 19. Jahrhunderts war sittsame Kleidung angesagt, die Bademode bestand aus Röcken und Blusen mit langen Ärmeln. Zudem widerspräche das Bräunen dem damaligen Schönheitsideal. Noble Blässe war angesagt, während sonnengebräunte Haut das Merkmal armer Menschen war, die sich ihren Lebensunterhalt mit körperlicher Arbeit z. B. auf dem Feld verdienen mussten. Das Joggen käme Ihnen völlig abwegig vor. Warum laufen Menschen ohne jede Notwendigkeit? Sport war im 19. Jahrhundert, abgesehen von Turnverbänden, noch nicht en vogue. Die grellen Leuchtfarben der Badehosen würden Ihnen auffallen und vielleicht die kleinen Ohrstöpsel, aus denen auf wundersame Weise Musik erklingt. Nur das regelmäßige Anrollen der Wellen käme Ihnen vertraut vor.

Aus der Perspektive des späten 19. Jahrhunderts ist unsere heutige Welt radikal anders. Betrachtet man ältere Darstellungen, die eine Vision der Zukunft ausmalen, spürt man, bei aller Kühnheit der Autoren, wie sehr die jeweiligen Fiktionen in ihrer Zeit verwurzelt bleiben. Fliegende Autos, rasende Dampfschiffe, gigantische Unterseeboote oder Ferienkolonien auf dem Mars – immer übertrug man die zeitgebundene Sicht der Dinge auf ein Übermorgen. Man träumte zum Beispiel von Autos mit Atomantrieb, die mit 1000 km/h auf Überlandstraßen unterwegs sind[24], doch in den Darstellungen tragen die Damen in diesen Atomgefährten der Zukunft noch dieselben Kleider, mit denen sie einst in Postkutschen unterwegs waren. Das Neue lässt sich nicht aus dem Alten entwickeln, und die Zukunft von gestern zeigt uns, wie sehr wir irren bei diesen Extrapolationen.

Es ist noch gar nicht so lange her, dass Lehrer ihre Schüler mit dem Schlagstock züchtigten, Chirurgen auf Klinikfluren rauchten, Kinder ohne Sicherheitsgurt auf der Autorückbank saßen, oder dass Atommüll einfach im Meer versenkt wurde. Was selbstverständlich schien, hat sich verändert, und das wird auch in Zukunft so sein. So sehr wir uns die Kristallkugel, mit der wir in die Zukunft blicken, auch wünschen, wir würden ihre Bilder nicht deuten können, weil auch wir im Übermorgen zu anderen Menschen geworden sein werden.

Von Ochsenkarren und Supercomputern

Die Frage ist, wissen Sie, wieso Sie hier sind?

– Der Merowinger in »Matrix Reloaded« –

Während meiner Kindheit in Indien erlebte ich eine einzigartige Gleichzeitigkeit: Das dortige Straßenbild war ein Sammelsurium verschiedenster Zeitepochen, die alle ineinanderzufließen schienen: Hupende Autos überholten Rikschas, halb nackte Sadhus reckten sich, während Geschäftsleute im Anzug in ihre Büros eilten. Straßenhändler verkauften geröstete Erdnüsse wie vor Hunderten von Jahren, während direkt daneben moderne Stores in ihren klimatisierten Räumlichkeiten westliche Waren anpriesen.

Sieht man in Indien eine Frau im Sari, die gerade ein Mobiltelefon benutzt, ist man sich wahrscheinlich nicht bewusst, dass diese Szene gleich mehrere Jahrhunderte überspannt. Ein Mobiltelefon in der Hand und noch immer die gleiche Kleidung wie vor 4800 Jahren? Wer sich auf der dritten Etage des Nationalmuseums in Delhi die historischen Sarisammlungen ansieht, wird überrascht sein, denn man hat den Eindruck, man blicke in das Schaufenster eines heutigen Stoffgeschäfts. Saris sind offenbar zeitlos.

In Indien scheint das Neue das Alte zu ergänzen, anstatt es zu ersetzen. Manche Häuser verfügen über Elektrizität, wohingegen man in einfachen Tonhütten die Dunkelheit noch mit Öllampen vertreibt. Archaische Holzpflüge lassen sich ebenso wenig von modernen Landwirtschaftsmaschinen vertreiben, wie Barden ihren Gesang angesichts lärmender

Transistorradios einstellen. Diese Koexistenz unterschiedlicher Epochen durchzieht den gesamten Subkontinent bis heute mit einer irritierenden Selbstverständlichkeit.

Als ich 1985 ein knappes Jahr in Indien verbrachte, stand ich eines Abends an der Mahatma Gandhi Road in Bangalore. Ein bunter Ochsenkarren zog vorbei, dessen Ladung aus Dutzenden nagelneuen Computern bestand. Welch ein Anachronismus: Die Vergangenheit beförderte die Zukunft! Diese Kombination erschien mir derart grotesk, dass ich später einen meiner Vorträge an der Universität Mysore »from bullock carts and supercomputers« (»von Ochsenkarren und Supercomputern«) betitelte.

Diese Koexistenz von Alt und Neu ist auch Ausdruck einer Zweiklassengesellschaft. Die einen sind reich, genießen eine gute Ausbildung, orientieren sich eher an westlichen Maßstäben, wohingegen an anderen der Fortschritt vorbeigeht. Die Hälfte der Bevölkerung arbeitet in der Landwirtschaft, und in manchen Dörfern kommt es einem vor, als stünde die Zeit seit Jahrhunderten still.

Auf dem Subkontinent erlebt man eine Welt der Gegensätze: Mittelalter neben Hightech, Armut neben Reichtum, Gier neben Großherzigkeit, Maschinen neben Göttern, Kühe neben Luxuslimousinen, Blechhütten neben Luxushotels. Manchmal hat man den Eindruck, als würden alle Seiten eines Geschichtsbuchs gleichzeitig zum Leben erwachen. Man begegnet Sultanen, die von Dorfbewohnern mit derselben Hingabe verehrt werden wie zu Zeiten der Mogulherrscher, oder trifft auf Kamelkarawanen, die noch immer die Wüsten Rajasthans durchqueren, so als hätten sie sich im Jahrhundert geirrt. In klimatisierten Räumen programmieren IT-Ingenieure an selbstlernenden Maschinensteuerungen, und wenn sie aus dem Fenster schauen, fällt ihr Blick auf ein Flussufer, an dem Frauen bunte Stoffe waschen und dabei das feuchte Tuch auf den glatten Fels klopfen, so wie man es schon vor tausend Jahren tat.

Während die Fischer in Kerala sich in ihren winzigen Einbäumen aufs offene Meer hinauswagen, summt im benachbarten Krankenhaus ein Kernspintomograf. In den Tempeln duftet es nach Jasmin und Rosen, und Öllampen beleuchten mit Blumen geschmückte, bunt glänzende Steinfiguren. Dazu erklingen die gleichen Gebete wie vor Tausenden von Jahren, und über dem Ganzen zerteilen die Kondensstreifen vorüberziehender Flugzeuge den Himmel.

Zugegeben, die Infrastruktur ist marode, die Armut oft unerträglich und die chaotische Ineffizienz kaum auszuhalten, doch während im Westen die Zeugnisse vergangener Kulturen oft abgerissen wurden, um dem Fortschritt Platz zu machen, hat sich das Neue in Indien dazugesellt wie ein Feriengast, der geblieben ist. Fortschritt und Wohlstand werden im Einklang mit Kultur, Ökonomie, Spiritualität, Ethik und Natur als ein Ganzes begriffen. Wachstum und Effizienz sind nicht die allein bestimmenden Werte. Für manchen Besucher ist dieser Mix befremdlich: Inmitten des dichten Straßenverkehrs schläft eine Kuh auf der Fahrbahn, und niemand stört sich daran. Eine neue Maschinenfabrik wird eingeweiht unter Berücksichtigung des Horoskops, Konferenzen beginnen mit dem Ritual der Öllampe, und wichtige Gäste werden mit Blumengirlanden begrüßt. Die Stimme des Gelehrten wird in der Gesellschaft ebenso gehört wie die des Geschäftsmanns oder des Priesters. Mahatma Gandhi ist vielleicht der prominenteste Vertreter dieser vielschichtigen spirituellen Haltung, die einem in Asien noch heute begegnet. Hier zählt nicht alleine die Ökonomie.

1972 wurde im Nachbarland Bhutan nicht Wachstum, sondern Glück zum obersten Ziel der nationalen Politik ausgerufen. Das »Bruttonationalglück« ist in der Verfassung verankert und ruht auf vier Pfeilern: der Bewahrung traditioneller kultureller Werte, einer gerechten wirtschaftlichen Entwicklung, der Förderung einer guten Regierungsführung und dem erklärten Schutz der Umwelt. Trotz ihrer Armut fühlen sich die Menschen eingebunden in die Entwicklung ihrer Zukunft.

In vielen unserer Industrienationen wird Zukunft hingegen als konsequente Folge des technisch-ökonomischen Fortschritts verstanden. Die Mehrdimensionalität der Optionen mit ihrer zugrunde liegenden Spiritualität weicht zunehmend der Eindimensionalität wirtschaftlicher Kategorien. Der säkulare Fortschritt durchtrennt unsere Nabelschnur zur Vergangenheit und begründet diesen Schritt mit dem Versprechen einer zukünftigen Verbesserung unserer Lebensverhältnisse.

Vergangene Erfolge bei der Bekämpfung von Krankheiten, die beachtliche Steigerung der Produktivität und der sichtbare materielle Wohlstand begründen diesen Ansatz. Es gibt also gute Gründe, diesen Weg fortzusetzen. Das ehemalige Heilsversprechen der Religion, die unsere irdischen Mühen mit dem himmlischen Paradies belohnt, wurde ersetzt durch das technisch-ökonomische Versprechen einer besseren Zukunft auf Erden.

Wir sollen also die Turbulenzen des Wandels aushalten, im Vertrauen darauf, dass wir nach der schmerzlichen Reise in einer besseren Welt landen werden. Wir sollen an diesen Fortschritt glauben wie an einen Gott, auch wenn wir seine Konturen nicht genau erkennen können. Wie ein Reisender, der seine Heimatstadt zurücklässt, trennen wir uns von unseren Wurzeln und Traditionen und begeben uns auf eine Reise ins Ungewisse. Selbst die Rückbesinnung auf unsere eigene Geschichte erscheint sinnlos, da sie keine Antworten in der völlig veränderten Welt geben kann.

Wir folgen dem Kompass des Wirtschaftswachstums. Die Ökonomie wird dabei zum Religionsersatz. Bankenhochhäuser überragen Kathedralen. Jeder noch so schmerzliche Schritt, den man uns auf dem Weg zu mehr Wachstum abverlangt, wird mit der ökonomischen Notwendigkeit begründet. Hier schwingt stets auch die Sorge mit, im globalen Wettbewerb zu unterliegen. So warnt man uns, dass wir den Anschluss verpassen, wenn wir den Wandel nicht rasch genug gestalten. Zögern oder gar innehalten bedeuten den Untergang.

Wir erleben einen Modernisierungszwang. Unsere Zukunft ist also keine Option mehr, kein offenes Angebot einer Weiterentwicklung, kein Ergebnis eines breiten Dialogs über Werte und Qualitäten, dem dann Taten folgen. Die getroffenen Entscheidungen leiten sich weniger nach unseren Bedürfnissen ab, fragen nicht nach der Sinnhaftigkeit der Folgeschritte, sondern werden uns als notwendig und alternativlos vorgegeben. Diese Eindimensionalität, bei der die Ökonomie das Steuer übernimmt, führt allmählich zu einem demokratischen Kontrollverlust. Kulturzentren, Hochschulen, Kunst oder Medien unterliegen immer mehr einem wirtschaftlichen Diktat. In diesem Prozess verblassen alternative Zukunftsentwürfe, und so verlieren wir allmählich jegliche Gestaltungsfreiheit.

Im Zentralgebäude der Kernkraftwerksanlage in Tschernobyl hängt neben dem Treppenaufgang zur Kantine ein überdimensionales Gemälde. Es zeigt Arbeiter in heroischer Pose, die Strommasten errichten. Hier wurde Fortschritt als kollektive Leistung dargestellt, als Gemeinschaftswerk aller. Die Botschaft, die das Propagandabild ausdrücken soll: Erfüllt von einer gemeinsamen Utopie erdenken und erschaffen wir unsere Zukunft gemeinsam. Unternehmen wie Apple oder Google hingegen *offenbaren* die Zukunft als ein uns noch unbekanntes Wunder: Die Keynote des Vorsitzenden während der alljährlichen Entwicklerkonferenz gleicht einem religiösen Akt. Uns Sterblichen werden die neuen Produkte wie heilige Objekte präsentiert, so als gewähre man uns Einblick in den heiligen Schrein des Neuen. Verzückt nehmen die Anwesenden an der Kommunion des Kommenden teil: »It's awesome!«

Wer sich südlich von San Francisco im Silicon Valley umsieht und hinter die Kulissen der Buzzwords blickt, erkennt schnell, dass hier nicht die Idee im Vordergrund steht, sondern die lukrative Idee. »What is good is what pays off«, gut ist, was sich auszahlt.

Erlauben Sie mir einen kurzen Ausflug in das »Tal der Zukunft«, wie man es gerne nennt. Seine Erfolgsgeschichte begann mit William B. Shockley, der durch die Erfindung des Transistors in den Vierzigerjahren den Grundstein für die heutige Computerindustrie legte. Shockley erhielt dafür 1956 den Nobelpreis für Physik. Nach einer Karriere bei den Bell Labs verließ er das Unternehmen. Er wollte seine Technologie weiterentwickeln, versuchte es zunächst erfolglos bei einigen Unternehmen an der Ostküste, um dann nach Kalifornien zu ziehen. Er gründete 1956 das Shockley Semiconductor Laboratory in Mountain View. Seine Personalführung war jedoch derartig katastrophal, dass acht seiner Mitarbeiter, die »verräterischen Acht«, bereits ein Jahr später sein Unternehmen verließen, um eine eigene Firma, Fairchild Semiconductor, zu gründen. Hier wurde der erste integrierte Schaltkreis entwickelt, und mit der Zeit setzte ein bemerkenswerter Boom ein. Immer mehr Elektronikfirmen entstanden und produzierten elektronische Bauteile, Leiterplatten und Schaltkreise.

Zwei der »verräterischen Acht«, Gordon Moore und Robert Noyce, gründeten 1968 das Unternehmen Intel und präsentierten 1971 der Welt den ersten Mikroprozessor. Gordon Moore hatte früh erkannt, dass die Branche einem eindeutigen Trend folgt: Die Komplexität integrierter Schaltkreise, also ihre Dichte, Speicherkapazität oder Rechenleistung, verdoppelt sich alle 12 bis 24 Monate. Dieses nach ihm benannte »Mooresche Gesetz« beschreibt die tatsächlich rasante Leistungssteigerung der Computerindustrie.

Die Begeisterung für die ersten Mikroprozessoren, Mikrocomputer und Softwareentwicklungen erfasste zu Beginn eher Insider. In Garagen bastelten Computerfreaks an Prototypen, und manche, wie die Apple-Gründer Steve Jobs und Steve Wozniak, waren die Vorhut eines neuen jungen Unternehmertums. Aus der spielerischen Freude am Entwickeln wurde ein Business, aus Spaß wurde Ernst.

Die modernen Elektronikfirmen, die Vielzahl junger Softwareunternehmen und die im Epizentrum liegende Stanford University beflügelten sich gegenseitig und machten das Valley zum Nährboden einer revolutionären IT-Branche. Aus einem Biotop von Hippies und Vietnamkriegsgegnern erwuchs eine neue Generation des innovativen Unternehmertums und zog immer mehr kluge Köpfe an. Als dann das Internet den Planeten eroberte, gab es kein Halten mehr. Über 40 Prozent des Risikokapitals der USA landen hier im Tal der Zukunft.

Zu den Giganten wie Google, Facebook, Apple, Oracle oder Cisco gesellen sich unzählige Start-up-Firmen; über sechzig haben bei ihrer Marktbewertung bereits die magische Schwelle von einer Milliarde Dollar überschritten.[25] Diese *Unicorns*, Einhörner, wie sie genannt werden, sind ein Beleg für die Rasanz des Fortschritts. Der Erfolg des Valley wirkt wie ein Magnet für Ingenieure und Techniker aus aller Welt. Die Hälfte der Tech-Arbeitskräfte im Valley sind inzwischen Asiaten. 35 Prozent der Unternehmensgründer stammen aus Indien.[26] Der derzeitige Google-Chef Sundar Pichai wurde 1972 im indischen Chennai geboren.[27] Bis Sundar 12 Jahre alt war, besaß seine Familie kein Telefon! Heute leitet er eines der fortschrittlichsten Unternehmen auf unserem Planeten.

Allein die Wachstumserwartungen entfalten eine nie da gewesene Anziehungskraft auf Start-up-Geldgeber, Hedge- und Anlagefonds, Wagniskapitalfirmen und Investoren wie Union Square Ventures oder Sequoia Capital und Fondsgesellschaften wie Blackrock oder Fidelity Investments. Der Erfolg der Großen wie Google, Apple, Facebook oder Uber erzeugt Gier, und in einer Spirale gegenseitiger Selbstverstärkung werden trotz aller Risiken gute oder gut klingende Ideen im Geld ertränkt. Christoph Keese, der ein halbes Jahr ins Valley zog, um das bunte Treiben zu studieren, vergleicht in seinem Buch die dortige Boom-Haltung mit der Zögerlichkeit hierzulande: Venture Capital gegen Sparkassenkredit![28] Durchschlagende Ideen benötigen eben auch entsprechendes Kapital, und das findet sich im Valley im Überfluss.

Doch bei aller Euphorie über die Unicorns, bei aller Faszination für disruptive Veränderungen, bei all den revolutionären Gedanken, es geht im Valley längst nicht darum, wie gerne behauptet wird, unsere Welt zu verbessern. Der Kompass des Fortschritts orientiert sich am Geld und am Gewinn der Investoren.

Überhaupt divergieren Image und Realität auf fulminante Weise. Google-Mitarbeiter zum Beispiel sind keinesfalls ein bunter Haufen kreativer Köpfe, die zwischen Tischtennisplatten und bunten Sofas herumturnen. So wird es gerne in den Medien vermittelt. Das Unternehmen agiert jedoch hochprofessionell. Die Großraumbüros gleichen Legebatterien, in denen die Mitarbeiter auf engstem Raum an ihrem Bildschirm sitzen und an ihrem jeweiligen Teilproblem arbeiten. Jede Zeile Code wird geprüft, optimiert, in ersten Untergruppen auf ihren gemessenen Mehrwert getestet und erst nach gründlichen Reviews ins System eingespeist. Was sich hier offenbart, ist kein Spiel, sondern ein bis ins kleinste Detail strukturierter industrieller Prozess, der mit aller Konsequenz durchgeführt wird.

Als ich einen Freund besuchte und mit ihm durch die Büros von Google streifte, spürte ich, wie zurückhaltend man war. Es fehlte nur noch, dass man die Monitore verhängte, damit ich als Outsider ja nichts hätte ausspionieren können.

Bei anderen Unternehmen der Branche ist es kaum besser: Eines Tages kontaktierte mich ein Mitarbeiter von Facebook, um mit mir über eine mögliche Zusammenarbeit zu sprechen, doch noch vor unserem Telefonat schickte er mir ein Non-disclosure Agreement, ein Abkommen über »beiderseitiges« Stillschweigen. Gerichtsstand war Kalifornien, und der juristische Inhalt las sich aus meiner Sicht sehr einseitig. Ich verzichtete daraufhin dankend auf das Gespräch.

In der Welt der Wissenschaft zählen Offenheit und Austausch, doch in dieser Branche schweigt man sich derartig aus, dass selbst Freunde untereinander nicht einmal über die grobe Zielsetzung ihrer Arbeit sprechen. In einem besonders herabwürdigenden Fall wurde einem guten Bekannten von mir sogar explizit verboten, anderen Menschen überhaupt mitzuteilen, bei welchem Softwareunternehmen er beschäftigt war! Er arbeitet übrigens in Europa, und es handelt sich nicht um eine Geheimdienst- oder Spionagetätigkeit, sondern um ein ziviles Softwareunternehmen.

Mit etwas Abstand betrachtet, setzt Desillusionierung ein: Die großartigen Neuerungen, die ihr Potenzial zum Wohle aller entfalten könnten, dienen nur als Werkzeuge ökonomischer Gier. Das Tal des Fortschritts gleicht inzwischen einem undurchschaubaren Destillationsapparat, wo die Firmen mit cleveren Produkten, Plattformen und Apps aus allem und jedem Gewinn herauszupressen suchen. Die von hier ausgehenden Innovationen zerstören die alte Welt der Taxifahrer, Hoteliers, Medienhäuser oder Reisebüros und versuchen mit rücksichtsloser Penetranz selbst in den nichtökonomischen Bereich unserer Privatsphäre einzudringen. In ihrer Hemmungslosigkeit überschreiten sie rote Linien. Wenn ich in Urlaub fahre und die Nachbarn meine Blumen gießen, so ist dieses ein Akt der Hilfsbereitschaft im Verständnis gegenseitiger Nachbarschaftshilfe. Doch wie lange wird es dauern, bis eine App an alles ein Preisschild hängt und aus der Nettigkeit der Mitmenschen ein weiteres Geschäftsmodell wird? Bald bezahlen meine Freunde, wenn sie bei mir übernachten, denn Gastfreundschaft könnte in der weiterentwickelten Welt von Airbnb schon bald als geldwerter Vorteil eingestuft werden.

Die neuen Plattformen prägen unser gesellschaftliches Selbstverständnis. Selbst in Indien kann man inzwischen die dreirädrigen Rikschas mit diversen Apps per Smartphone bestellen und bezahlen. Natürlich wird die gefahrene Route dabei genau verfolgt. Vorbei also die schönen Zeiten des Feilschens und der abenteuerlichen Umwege.

Das Rezept der Taxiplattformen ist denkbar einfach: Überlege, was die Leute nervt, und entwickle eine App, die das Problem löst. Greife aggressiv mit großflächiger Werbung und intensivem Marketing die Branche an, umwirb dabei den Fahrer, skaliere dein Unternehmen, setze auf die Kurzsichtigkeit deiner Fahrgäste und schwärme ihnen vor, wie einfach es jetzt wird. Sei schnell und nutze die Trägheit des Gesetzgebers. Anfangs kostet das dich viel Geld, aber keine Sorge. Bist du einmal drin, und die Menschen haben sich daran gewöhnt, dann kannst du deine Provision saftig erhöhen. Dein Vorteil: Während die Fahrer dort draußen in der Sommerhitze für dich schwitzen, macht deine Software ganz alleine den Rest, vermittelt Fahrten, rechnet ab und beschert dir unermesslichen Reichtum. Du brauchst nur wenige findige Mitarbeiter, vor allem gute Rechtsanwälte. Wenn der arme Fahrer mal krank ist oder einen Unfall baut, hast du vorgesorgt, denn in den Allgemeinen Geschäftsbedingungen hast du jegliche Haftung für dich ausgeschlossen. Du musst auch kein Taxi kaufen, das erledigt der Fahrer für dich. Du brauchst dich also nur noch zurückzulehnen und zuzusehen, wie die anderen dich immer reicher machen. Dann denkst du dir eine neue App aus. Und noch ein Tipp: Expandiere, was das Zeug hält, erobere andere Länder und Kontinente. Wachse, wachse, wachse! Wenn du diese Investments klug verrechnest, dann zahlst du nicht einmal Steuern! Und hör nicht auf, den anderen ständig zu sagen, dass du die Welt verbesserst. Irgendwann glauben sie dir und werden dich dafür lieben.

Einige werden durch diesen Wandel immer reicher, während andere um ihren Job bangen. Wir unterschätzen das disruptive Potenzial neuer Technologien, denn in fast allen Berufszweigen könnte sich Grundlegendes ändern. Alleine die Auswirkungen der künstlichen Intelligenz und der Automatisierung auf unseren Arbeitsmarkt könnten unser Gesellschaftsgefüge tief greifend erschüttern. Irgendwann regt sich Widerstand, und der hält sich nicht mehr an die bisherigen Spielregeln. Der entdemokratisierte Fortschritt macht winzige Minderheiten zu Gewinnern und lässt die Mehrheit zurück. Irgendwann entlädt sich die aufgestaute Wut, dann, wenn die Abgehängten ihr Recht einfordern.

Im Rahmen des World Economic Forum 2017 stellte Oxfam, der internationale Verbund von Hilfs- und Entwicklungsorganisationen, fest, dass acht Menschen auf diesem Planeten inzwischen so viel Vermögen besitzen wie die gesamte ärmere Hälfte der Menschheit.[29] Insbesondere das Internet erweist sich als Gelddruckmaschine, denn keine andere Industrie erlaubt es, mit so geringem Einsatz von Menschen und Ressourcen so gewaltige Gewinne zu erzeugen. Softwareprogramme und Apps erreichen über die weltumspannenden Netzwerke binnen kürzester Zeit riesige Kundenzahlen, sodass die neuen Produkte rasch millionenfach ausgeliefert werden. Über Nacht entstand so eine neue Generation von Internetmilliardären.

Chrystia Freeland untersucht in ihrem Buch das Phänomen dieser »Superreichen«.[30] Ich traf sie 2014 auf einer Konferenz in Berlin.[31] Wir beide waren Vortragende, und in einer Pause unterhielten wir uns. Chrystia hatte brisante Zahlen parat: Noch in den Siebzigerjahren verdiente das oberste Prozent der Einkommensbezieher in den USA etwa zehn Prozent des nationalen Einkommens. 35 Jahre später hatte sich der Verdienst dieser Gruppe bereits verdreifacht und war auf 30 Prozent des nationalen Einkommens angestiegen. Von den Innovationen profitieren die Menschen also sehr unterschiedlich; die Schere zwischen Arm und Reich geht immer weiter auf.

Umso wichtiger wären daher eine starke Politik und entsprechende Institutionen, die dieser rein ökonomischen Logik entgegenwirken. Doch was wir beobachten, ist ein bemerkenswerter Rückzug: Die Mitgliederzahl der großen Volksparteien geht in Deutschland seit den Neunzigerjahren kontinuierlich zurück und hat sich in diesem Zeitraum halbiert.[32] Milliardäre machen Politik, bestimmen immer stärker die Agenda, erhalten Zugang zu den höchsten Ebenen und werden inzwischen wie Staatsgäste hofiert. Dabei ist es egal, ob es um angeblich philanthropische Entwicklungshilfe geht oder um rein wirtschaftliche Interessen.

Die Politik selbst agiert zögerlich und beruft sich gerne auf die dafür nötigen globalen oder europäischen Gesetze. Vergleicht man jedoch die Effektivität und Vernetzung eines globalen Unternehmens mit dem zähen Ringen um Mehrheiten bei transnationalen politischen Entscheidungen, wird ein fulminantes Ungleichgewicht deutlich. Die Politik scheint geradezu machtlos im Umgang mit globalen Playern; wir erleben eine Kapitulation nach der anderen. Wo etwa sind die politischen Antworten auf Steuerparadiese, Ausspähung, Finanzmarktmanipulationen oder Abbau von Arbeitnehmerrechten?

Die Akteure des ökonomisch getriebenen Fortschritts haben freie Hand. Niemand kontrolliert sie, hinterfragt die Sinnhaftigkeit der Innovationen oder prüft deren Folgen. Das Ausscheiden des Bürgers aus der aktiven politischen Gestaltung, sein Ausschluss aus der Gestaltung der eigenen Zukunft ruft früher oder später Gegenwehr hervor. Im Schlussdialog seines Theaterstücks »Leben des Galilei« bringt Bertolt Brecht diesen Gedanken so zum Ausdruck: »Ihr mögt mit der Zeit alles entdecken, was es zu entdecken gibt, und euer Fortschritt wird doch nur ein Fortschreiten von der Menschheit weg sein. Die Kluft zwischen euch und ihr kann eines Tages so groß werden, dass euer Jubelschrei über irgendeine neue Errungenschaft von einem universalen Entsetzensschrei beantwortet werden könnte.«

Dass die Menschen sich abwenden, ist bereits heute spürbar. Das beginnt beim Rückzug ins Irrationale, bei der Ablehnung von »Eliten« und dem wachsenden Glauben an »alternative Fakten« und reicht hin bis zur völligen Umorientierung ganzer Gesellschaften, etwa der verstörenden Rückwärtsgewandtheit in manchen Ländern. Man kehrt dem Fortschritt den Rücken und sucht sein Glück in archaischen Kulturen und im Fundamentalismus. Die »schöpferische Zerstörung«, die der Ökonom Joseph Schumpeter einst als notwendiges Element des ökonomischen Fortschritts beschrieb, wird in Gesellschaften nur dann ertragen, wenn dem Einzelnen dabei auch in Zukunft ein würdiger Platz gewiss sein kann.

Der wachsende Druck ruft nach einer Kurskorrektur: Der Zukunftsentwurf muss wieder zu einer Gemeinschaftsaufgabe werden. Was wir brauchen, ist eine Kultur des Neuen, die offen, selbstbewusst und undogmatisch ist und sich für das Menschliche einsetzt.[33] Nicht jede Innovation muss zwingend umgesetzt werden; ein Fortschritt, von dem eine Handvoll profitieren, ist kein Gewinn für die Gemeinschaft. Auch in Zeiten des globalen Vergleichs dürfen wir uns nicht in die Zukunft der anderen hineinhetzen lassen. Wer immer noch meint, *Business as usual* betreiben zu können, spielt mit dem Feuer.

2
ENTDECKEN
Gibt es Grenzen des Wissens?

»Wer jemals die Kamelglocken hörte, den lassen sie nie wieder los!«

Bereits im Sommer des Jahres 1410 gelang Carlos Miguel Santara, einem aus Madrid stammenden Offizier, die Überquerung des Atlantischen Ozeans auf einem Zweimaster namens Benedición del Cristo. Nach 64 Tagen auf See entdeckte er am 23. September das heutige Amerika und ankerte vor der Insel Kuba. Sechs Monate später betraten Santara und seine Mannschaft das Festland von Mexiko. In nur drei Monaten hatte er die Sprache der dort lebenden Indios erlernt. Wie seine Mannschaft schien er begeistert von diesem unbekannten Kontinent mit seinen herzlichen Bewohnern. Santara hatte in weiser Voraussicht die Konsequenzen seiner Entdeckung im fernen Spanien bedacht. Aus Furcht vor der Vernichtung dieser idyllischen neuen Welt sprengte er in der Nacht des 18. August 1411 gemeinsam mit seinem ersten Offizier das Schiff Benedición del Cristo in die Luft und machte damit eine Heimkehr unmöglich. Entgegen seiner Befürchtung wurde die Versenkung des Schiffes von seiner 34-köpfigen Mannschaft gelassen, fast schon mit Freude hingenommen. Im Mai 1413 wurde die Benedición del Cristo im Heimathafen San Fernando endgültig für verloren erklärt. In den darauffolgenden sechs Wochen wurde eine Reihe von Totenmessen für die Verschollenen gehalten.

Santara selbst starb erst im Jahre 1454 im stattlichen Alter von 78 Jahren. Er hinterließ fünf Söhne und sieben Töchter, doch keines seiner Kinder trug einen christlichen Namen. Selbst die älteste Tochter schien kein Spanisch zu sprechen. In einem vor Kurzem entdeckten Tagebuch fand man einen einzigen spanischen Satz: »Todo parecía un mundo en flor.«

In der Übersetzung heißt das: Alles schien wie eine blühende Welt. Dieser Satz steht auch auf Santaras Grabstein, der kürzlich von Wissenschaftlern der Universität Miami freigelegt wurde. Man vermutet, dass die Tochter diesen Satz aus dem Tagebuch übernommen hat, ohne ihn zu verstehen.

Angesichts dieses Fundes ist unter Historikern ein Streit ausgebrochen, wer nun der wahre Entdecker Amerikas sei: Kolumbus oder Santara. Der Madrider Geschichtsprofessor Santo Medingera bezog in einem Artikel in der Zeitung *El País* eine eindeutige Position: »Entdeckungen haben nur dann einen Wert, wenn man sie rapportiert. Auch wenn Santara etwa achtzig Jahre vor Kolumbus seinen Fuß in die Neue Welt gesetzt hat, bleibt Kolumbus der wahre Entdecker. Nur durch Kolumbus erfuhren wir von der Existenz des neuen Kontinents. Santaras Reise hingegen hat den Lauf der Geschichte nicht verändert.«

Verehrte Leserin oder Leser – es ist nun an der Zeit, Ihnen zu verraten, dass an der soeben geschilderten Geschichte nichts Wahres dran ist. Sie ist frei erfunden. Ich habe sie vor etwa fünfzehn Jahren geschrieben; damals verbrachte ich ein knappes Jahr in einem abgeschiedenen Bergdorf inmitten des Himalaja und befasste mich mit den Konsequenzen des Entdeckens. Mich störte dieses verzerrte Bild des maskulinen Entdeckers, der nach harter und lebensbedrohlicher Reise seine Fahne in einen neuen Kontinent rammt und damit jeder existenten Kultur den Garaus macht. Die Entdecker der Indios und Eingeborenen waren häufig auch ihre Ausbeuter und Mörder. Das romantische Bild des Helden, der nur aus wissenschaftlicher Neugier und dem Drang nach Wahrheit Segel setzt in Richtung Ungewissheit, ist falsch und versüßt.

Klassische Entdecker waren oft auch die willigen Handlanger spekulierender Geschäftsleute. Expeditionen erweisen sich so als wohlbedachte Investitionen von Risikokapital, genährt von der Hoffnung auf ein Eldorado. Das romantische Bild des Entdeckers hat sich bis in unsere Tage erhalten, und auch der Kolumbus der Schwerelosigkeit, Neil Armstrong, stellte unmittelbar nach seiner Landung auf dem Mond im Sommer 1969 eine klapprige Fahne auf. Ein kleiner Schritt …

Entdecken – ein Synonym für Besitznahme? Nein – die possessive Lust erklärt nicht allein, warum sich vermummte Männer mit einem Rudel von Hunden in die eisigen Regionen der Pole begeben oder andere für viele Jahre die nächtlichen Attacken blutrünstiger Moskitos und die Unbequemlichkeiten von Zeltlagern inmitten tropischer Urwälder ertragen. Aus heutiger Sicht scheinen diese Feldforscher von einer großen Portion Abenteuerlust getrieben. Gerne folgen wir ihren Spuren und rüsten uns in Outdoorläden mit Polarjacken, GPS-Geräten und atmungsaktiver Sportwäsche aus, doch wir verkennen die fundamentalen Motive der einstigen Entdecker. Drei Wochen tropischer Regenwald sind für einen gestressten Büroangestellten eine willkommene Abwechslung, Salamander und Nashörner ein willkommener Kontrast zu Formularen und Sitzungsprotokollen. Touristen schmücken sich gerne mit besonderen Routen, die durch unbekanntes Urlaubsterrain führen, doch mit den wahren Entdeckungstouren haben diese Ferienexpeditionen nichts gemeinsam. Männer wie Darwin, Humboldt, Amundsen oder Henry Morton Stanley wurden von anderen inneren Kräften in die Ungewissheit der Fremde getrieben. Der Himalaja-Forscher Sven Hedin formulierte es treffend: »Wer jemals die Kamelglocken hörte, den lassen sie nie wieder los!«

Entdecken – eine unheilbare Sucht? Neuland ist auf unserem Globus verschwunden; unsere Karten weisen im Zeitalter von Laser-Sextanten und Fernerkundungssatelliten keine weißen Flecken mehr auf. Es gibt kein Land, das wir noch taufen dürfen, und keinen Fluss, nach dessen Quellen wir suchen müssten. Trotzdem: The show must go on! Alte Routen, neue Motive. Die heutigen Entdecker bahnen sich mit Macheten einen Pfad durch das Dickicht der Wälder, um in wochenlanger Kleinarbeit das Balzverhalten afrikanischer Wanderameisen zu untersuchen oder um in sengender Hitze anhand steiniger Funde den Bewegungsapparat des Krokodils im Tertiär zu rekonstruieren. Ihre Besessenheit, mit der sie den aktivsten Teil ihres Lebens dem genauen Studium einer exotischen Wurmart widmen, ist für den Laien unverständlich und mitunter sogar unheimlich. Den wissenschaftlichen Entdeckern haftet auch immer eine Spur Wahnsinn an, denn die Quelle ihrer Beharrlichkeit bleibt Außenstehenden verborgen. Die Skepsis gegenüber dem Entdecker wächst noch, wenn es sich nicht um hemdsärmelige Feldforscher jenseits von Afrika handelt, sondern um kurzsichtige Laborbewohner. Inmitten von brodelnden Kolben und rauchenden Reagenzgläsern wird der Prozess des Entdeckens noch undurchsichtiger, und bei der theoretischen Physik reißt wohl auch die letzte Verbindung zum staunenden Fußvolk. Die schwere Eingangstür zum Elfenbeinturm ist mit kryptischen Formeln beschrieben – zu kompliziert, Eintritt verboten!

Mitunter bemühen sich Wissenschaftler, uns Laien in »verständlichen Worten« von ihrer Entdeckerlust zu berichten: *Wir versuchen mit diesen Experimenten die Wechselwirkung von Quark-Lepton-Kollisionen bei hohem Transversalimpuls zu analysieren. Solche Prozesse spielten nach dem Urknall eine wichtige Rolle …*

Aha.

Ein besonderes Phänomen ist in diesem Zusammenhang der britische Kosmologe Stephen W. Hawking. Von einer unaufhaltsamen Nervenkrankheit gelähmt und an einen Rollstuhl gefesselt, durchdringt er die unermesslichen Weiten von Raum und Zeit und erzählt uns Erdenbewohnern von schwarzen Löchern und wundersamen Superstrings, die nur in einer Welt existieren, in der die Raumzeit 26 Dimensionen hat. Sein Buch »Eine kurze Geschichte der Zeit« ist ein internationaler Bestseller und hat einen festen Platz im

Bücherregal der Gebildeten. Obwohl sie gerne davon erzählen – gelesen haben es wahrscheinlich die wenigsten!

Entdecker sind wie geistreiche Bauern, die sich vom Baum der Erkenntnis ernähren. Doch diese Früchte bekommen nicht jedem. Wer von ihnen kostet, wird immer hungriger! In unserer aufgeklärten Welt hat das Wissen übermenschliche Dimensionen eingenommen – der Universalist wird verschüttet von den anrollenden Lawinen menschlicher Erkenntnis. Dennoch – wir erleben zugleich das Goldene Zeitalter der Entdeckungen! Dieses Jahrhundert hat uns mit neuen Kontinenten des (Un-)Wissens beschenkt: mit schwingenden Atomkernen, springenden Genen oder expandierenden Galaxien.

Das »Erkenne dich selbst« hat eine neue Qualität erreicht, denn in einem weltweiten Projekt hat man inzwischen unser Erbgut entschlüsselt. Das menschliche Genom gleicht einer gigantischen Landkarte, deren Konturen täglich schärfer werden. Und auch hier schlummern Eldorados – Regionen, deren genaues Verständnis von immensem Nutzen sein könnte. Das Studium der Immunabwehr von Bakterien führte zur Entwicklung der »Genschere« CRISPR/Cas, und diese ermöglicht sogar den Austausch ganzer Gensequenzen. Der Mensch kann das Leben umprogrammieren. Schon bald nach der zentralen Entdeckung im Jahre 2012 begann ein internationaler Run auf Patente und Schutzrechte.

Überall hat sich die menschliche Neugier hineingewagt, und selbst in den kleinsten Ritzen stoßen wir auf verblüffende Erkenntnisse. Einfachste Vorgänge des Alltags, wie ein tropfender Wasserhahn oder der kräuselnde Rauch einer Zigarette, entpuppen sich als komplexe nichtlineare Vorgänge, deren exakte Berechnung jeden Supercomputer überfordert. Das Neue verbirgt sich auch in unbekannten Zusammenhängen, Beziehungen, die sich dem staunenden Mitdenker nur schwer offenbaren, und auch da gibt es weit Reizvolleres als den Flügelschlag des Schmetterlings, der am anderen Ende der Welt einen Orkan auslöst. In seinem Buch »What Remains to Be Discovered« beschreibt John Maddox, der emeritierte Chefredakteur der ehrwürdigen Fachzeitschrift *nature,* auf welche wunderbaren Entdeckungen wir in Zukunft hoffen dürfen. In seinem Werk skizziert er, wie neue genauere Analyseinstrumente zu neuen, noch überraschenderen Fragen führen werden. Der Fortschritt, so Maddox, misst sich nicht an der Zahl der Entdeckungen, sondern an der Verfeinerung unserer Fragestellung. Aristoteles stellte sich die Frage nach dem Aufbau des Universums; wir wiederholen seine Frage auf der Basis unserer Entdeckungen und fragen nach Superstrings und Wurmlöchern, die sich die kessen Vorsokratiker nie hätten träumen lassen.

Ja – Entdeckungen sind wichtig, und kompliziert sind sie auch. In der Regel jedenfalls. Manchmal stößt man auch auf Irrelevantes; Forschungsprojekte, deren Unsinn so offensichtlich ist, dass der Laie Rache übt. Ein Beispiel hierfür ist die Arbeit von R.S. Ryback. Er fand heraus, dass Goldfische in einer 3,1-prozentigen Alkohollösung innerhalb von sechs bis acht Minuten ihre Balance verlieren und umkippen. In einer Serie von bemerkenswerten Versuchen untersuchte Ryback den Gedächtnisverlust durch übermäßigen Alkoholkonsum. Und siehe da: Volltrunkene Goldfische können sich an nichts erinnern! Der nach dem Rausch einsetzende Kater scheint ältere Fische übrigens stärker zu treffen, denn »junge Goldfische reagieren weniger empfindlich auf die depressiven Nebenwirkungen des Alkohols«. Jawohl – auch Hunden macht der Kater zu schaffen! Nachzulesen in einer weiteren Studie.[34]

Und jetzt: Überraschung! Der Nobelpreisträger für Genetik, Thomas Hunt Morgan, kam eines Tages auf die Idee, dass der Säuregehalt des Wassers die Fruchtbarkeit von Meereslebewesen beeinflussen könne. Er ging in den nächsten Gemüseladen, kaufte Zitronen und drückte den Saft über seinem Aquarium aus. Sein Experiment schlug Wellen, denn er wies nach, dass schon geringste Veränderungen der Umwelt die Fruchtbarkeit wesentlich beeinflussen können! Natürlich sind solche Ausreißer belustigend, doch die genaue Trennlinie zwischen Relevanz und Unsinn so mancher Entdeckung ist unscharf – oder haben Sie etwa vergessen, wie wichtig die Flatulenz der Rinder für die globale Klimaerwärmung ist?

Der Prozess des Entdeckens wird oft im Nachhinein geschönt. Ist sie nicht wunderbar, die Geschichte des exzentrischen Chemienobelpreisträgers Kary Mullis, dem in einer lauen kalifornischen Frühlingsnacht auf der Fahrt zu seinem abgelegenen Wochenendsitz das Prinzip der Polymerase-Kettenreaktion einfällt, während seine Freundin Jennifer Barnett auf dem Beifahrersitz schlummert? Solche Storys sind guter Stoff für eine Friseurzeitschrift, doch mit dem Alltag der Entdecker haben sie nichts zu tun. Entdeckungen sind selten und das Ergebnis einer eisern durchgehaltenen Routine in trostlosen Labors mit kaltem Neonlicht und unentwegt laufenden Kompressoren. Hinter jeder einfachen Chemieformel verbergen sich Jahre der Askese und Entbehrungen, in denen das Schütteln halb gefüllter Reagenzgläser an das Abbeten klösterlicher Rosenkränze erinnert. In den meisten Fällen reicht die neue Einsicht gerade mal für einen bescheidenen Vortrag im Rahmen einer namenlosen Fachkonferenz, der mit den Worten schließt: »further research is needed«. Im Klartext: Wir wissen nicht viel mehr als vorher.

Wahre Entdeckungen sind die Ausnahme und Auszeichnungen für Einzelne ein Anachronismus. Im Zeitalter des Teamwork, wo Tausende fleißiger Teilchenphysiker ein einziges Experiment betreiben, gibt es keinen Raum für heroische Einzelgänger – und doch will davon niemand etwas hören. Die Gesellschaft sieht im preisgekrönten Entdecker den Beweis für die Kraft des Individuums. Und die Wissenschaft schweigt, da sie sonst ihr Image der Genialität verlöre. Wir lieben Einsteins und keine Forscherameisen, und so nährt sich beharrlich das romantische Bild des Entdeckers. Die Motive dieses homo inquisitoris reichen von kindlicher Neugier über eine unersättliche Lust am Sammeln bis hin zu einem unerklärlichen Trieb, immer wieder Fragen zu stellen und nach befriedigenden Antworten zu suchen. Dass diese Geisteshaltung nicht immer zum Erfolg führt, belegt die englische Volksweisheit »curiosity kills the cat«, Neugier tötet die Katze – und manchmal eben auch den Entdecker! Es gibt unzählige Beispiele, von der Unkenntnis der Gefahren der neu entdeckten radioaktiven Strahlung bis zu unbekannten giftigen Schimmelpilzen beim Erkunden alter Grabstätten.

Entdeckungen sind riskant. Adam und Eva wurden nicht umsonst aus dem Paradies verbannt, nachdem sie vom Baum der Erkenntnis gegessen hatten. Ihre irdischen Nachfolger stehlen im griechischen Mythos das göttliche Feuer des Prometheus. Sie werden mit der verführerischen Pandora bestraft, deren geöffnete Büchse das Übel über die Menschheit verbreitet. In allen Mythologien und Religionen haben die Götter keine besondere Sympathie für neugierige Entdecker. Diese Angst hält sich hartnäckig, und auch in unserer aufgeklärten Gesellschaft will keiner auf die schöne Pandora hereinfallen, wie einst der geblendete Epimetheus es tat, der »zu spät Bedenkende«.

Wie weit dürfen wir gehen beim Erkunden unserer Gene und der Erforschung des Lebens? Wo sind die Grenzen des Entdeckbaren und wo die Tabuzonen menschlicher Neugier? Wird es je verbotene Inseln des Denkens geben, Reservate des Unerforschten, die sich jedem Entdecker entziehen? Gibt es Fragen, die wir niemals stellen dürfen? In der Quantenmechanik wurde die Grenze der Erkenntnis zu einem Prinzip: der sogenannten Unschärferelation. Sie besagt, dass der Beobachter das System stört, das er erforschen will.

Diese Erkenntnis machte die Hoffnung auf eine zumindest prinzipiell erklärbare Welt zunichte. Doch ist dieses wirklich eine feste Grenze?

Als Carlos Miguel Santara im Jahre 1410 seine Reise antrat, setzte er Segel und nahm Kurs auf das Ende der Welt!

Wie ich beschloss, Mondastronaut zu werden[35]

Im Sommer 1969 landete Neil Armstrong auf dem Mond. Ich war damals zehn Jahre alt. Die Mondlandung begeisterte unsere gesamte Familie. Meine Mutter hängte im Wohnzimmer eine Mondkarte auf, wir bekamen unser erstes Fernsehgerät, und ich verschlang unzählige Bücher und Artikel über Raumfahrt und Mondmissionen. In der Nacht vom 20. zum 21. Juli 1969 war es dann so weit. Ich durfte aufbleiben. Im Rauschen des miserablen Fernsehbildes verfolgte ich, wie der erste Mensch seinen Fuß auf einen anderen Himmelskörper setzte. Welch ein großer Sprung für die Menschheit! Am Morgen des 21. Juli 1969 beschloss ich, Mondastronaut zu werden. Ich wickelte diverse Werkzeuge wie Hammer, Zange und Schaufel in Staniolpapier und trainierte mit meinem Bruder erste Missionen, wie z. B. das Graben nach Mondgestein in unserem Garten. Roger. Doch Houston – wir hatten ein Problem. Noch bevor ich mit dem Gymnasium fertig war, wurden die Mondmissionen eingestellt.

Insgesamt haben gerade mal zwölf Menschen den Mond betreten. Am 14. Dezember 1972 verließ Eugene Cernan als letzter Mensch die Mondoberfläche, die bis heute nicht wieder von einem Erdbewohner besucht wurde. Die Apollo-Euphorie legte sich, die Mondkarte in unserem Wohnzimmer wurde abgehängt, mein Mondastronautentraum verblasste, und der irdische Alltag zog wieder ein.

Heute sind alle zwölf Mondastronauten im Rentenalter oder schon verstorben. Vor seinem Tod hatte ich noch das unverschämte Glück, einige Stunden mit dem Helden meiner Kindheit zu verbringen. Neil Armstrong war inzwischen Brillenträger und leicht übergewichtig. Ein älterer Herr, sehr höflich und bescheiden. Rein äußerlich hätte er genauso gut früher Bankkaufmann oder Vertriebsleiter gewesen sein können; auf den ersten Blick deutete nichts auf den Mann hin, der einst die Mondlandefähre tollkühn durch das Mare Tranquillitatis gesteuert hatte. Das änderte sich, als wir über sein einzigartiges Abenteuer sprachen. Er teilte seine Beobachtungen während seines knapp eintägigen Mondbesuchs mit mir: zum Beispiel die seltsamen Lichtblitze, hervorgerufen durch die kosmische Strahlung, die ungeschützt den Mond erreicht. Wenn sie auf die Augenflüssigkeit trifft, kommt es zu einer bläulichen Leuchterscheinung! Tscherenkow-Strahlung heißt das Phänomen.

Wer auf dem Mond steht, sieht also nicht nur etwas anderes, er sieht auch anders!

Armstrong schwärmte vom Dunkel des Weltraums, in dem die Sterne nicht wie von der Erde aus gesehen funkeln, und natürlich berührte ihn die Schönheit der aufgehenden Erde. Manche seiner Beobachtungen hatten fast etwas Irreales, und es schien eher so, als erzähle er von einem Science-Fiction-Film. Vermutlich waren die Daheimgebliebenen von Christopher Kolumbus' und James Cooks Erzählungen ähnlich befremdet. Auch wenn viele von uns die Expedition von Neil Armstrong am Bildschirm mitverfolgt haben, fehlt uns das entscheidende Element des eigenen Erlebens. Kein Foto und kein Film können das kalte Grau der Mondkrater fassen, und trotz aller Dokumentationen behält der Mond sein Geheimnis für sich.

An manchen Abenden überkommen mich beim Blick in den Abendhimmel sogar Zweifel: Sind Menschen tatsächlich dorthin gereist? Fotos und Filme kann man fälschen, und die verrauschten Funksprüche hätten auch von der Erde stammen können. Doch Neil Armstrong ist kein Aufschneider gewesen. Er sah nicht aus wie ein Mann, der die Menschheit sein Leben lang anlügen könnte. Armstrong hat den Mond betreten und seine Gefolgsmänner wohl auch. Der Zweite – der bedauernswerte Zweite –, nämlich Buzz Aldrin, verriet in einem Interview, dass er beim Weg nach unten, auf der Leiter der Mondfähre stehend, zunächst seine Blase entleerte, bevor er auf den Mond hüpfte. Mit dem Mondauto sind die Astronauten durch die staubigen Landschaften gefahren, haben wie Kolumbus Nationalfahnen in den Boden gerammt, Golf gespielt, sind zwischen Kratern hin und her gehüpft und haben am Ende jede Menge Müll hinterlassen. Das mitunter kindische Verhalten der Mondastronauten war vielleicht so etwas wie eine gezielte Entweihung, eine Entladung aufgestauter Demut. Homo sapiens hat häufig zunächst Angst, und wenn er sie verliert, folgt oft Respektlosigkeit. »Yes, we can!«

Entdecker haben dann noch diese sonderbare Lust am Sammeln. Statt einfach zu betrachten, zu bewundern und sich in Kontemplation zu versenken, wird abgerissen, ausgebuddelt, eingefangen, erschossen, zerlegt und eingepackt. Hotelgäste tun nichts anderes und nehmen schon mal neben Seife, Shampoo, Badeschlappen auch noch Handtücher, Aschenbecher und Bademäntel mit.

Als Christopher Kolumbus von seiner Seereise zurückkehrte, präsentierte er der Alten Welt mitgebrachte exotische Pflanzen, Tiere, Gold und sogar verschleppte Indios. Die Beute der heimkehrenden Mondastronauten war hingegen bescheiden: 382 Kilogramm Gestein und abgepackter Mondstaub; mehr war da nicht zu holen. Keine Mondfrauen! Anfangs hoffte man noch auf Mikroorganismen. Sie erinnern sich, die Mondastronauten kamen nach der Landung zunächst in Quarantäne, doch kein Pilz, kein Bakterium, kein Virus war zu finden – nur Staub und Gestein. Ja, es gäbe dort seltene Metalle zu holen, wie z. B. das auf der Erde äußerst seltene Iridium oder das hierzulande ebenfalls extrem seltene Helium-3-Isotop, aber Luna scheint derzeit ökonomisch nicht interessant zu sein. Und so sind die kosmischen Conquistadores nie wieder zurückgekehrt. Die kühnen Visionen belebter Mondkolonien lösten sich auf. Zu viel Staub; der Mond ist eben kein Eldorado. Und ich bin kein Mondastronaut.

Die Geschichte unseres Trabanten begann spektakulär. Vor etwa 4,5 Milliarden Jahren schlug ein gigantischer Brocken ein Stück aus der noch jungen Erde heraus. Dieses Gesteinsgemisch war gefangen im Schwerefeld der Erde, und so bildete sich der Mond. Der Mond ist also auch ein Stück Erde, eine kosmische Eva, die aus dem Erd-Adam geschaffen wurde. Und die gegenseitige Anziehung dieses tanzenden Himmelspaars sorgt zum Beispiel dafür, dass unsere Erdachse nicht ins Trudeln kommt.

Physikalisch betrachtet stabilisiert der kreisende Mond die rotierende Erde. Ohne Mond würde die Erdachse durch den Raum taumeln, und statt unserer vier Jahreszeiten – die sich eben der stabilen Erdachse verdanken – herrschte auf einer trudelnden Erde ein derart extremes Klima, dass das Leben, wie wir es kennen, unmöglich wäre.

Das Paar Erde – Mond ist inzwischen eingespielt: Der Mond dreht sich z.B. in 27 Tagen einmal um die eigene Achse, genau in der Zeit, in der er einmal die Erde umkreist. Dadurch zeigt uns Luna immer nur die eine Seite.

Auch andere Planeten – abgesehen von Merkur und Venus – besitzen Monde. Als Galilei vor 400 Jahren sein Fernrohr erstmals in den Himmel richtete, erkannte er, dass manche Punkte sich sonderbar bewegten. Es waren die Jupitermonde. Da ihre Umlaufzeiten sehr kurz sind – der Mond Io braucht gerade mal 1,7 Tage für eine Jupiterumrundung –, konnte Galilei die veränderten Positionen der Monde mit seinem bescheidenen Teleskop gerade noch ausmachen und ihre Umlaufzeiten bestimmen. Die Cousins von Luna, die Monde des Jupiter, brachten das geozentrische Weltbild endgültig zu Fall. Und auch der Erdmond mit seinen Kratern widersprach der damaligen Vorstellung einer glatten Sphäre im Äther. Der Blick durchs Fernrohr offenbarte eine Revolution.

Seit Galilei wurde der Erdtrabant immer genauer vermessen. Immer wieder umkreisen Missionen den Mond. Doch trotz spektroskopischer Analysen, Radarkartierungen, geologischer Messungen und der akribischen Aufbereitung des Mondgesteins bewahrt Luna ihr Mysterium.

Der Mond ist himmlisch. In allen Kulturen nördlich und südlich des Äquators wird er besungen und verklärt. Liebende küssen sich, und er schaut wissend zu. Auf zahlreichen Staatsfahnen, der Türkei, Pakistans oder Mauretaniens etwa, finden wir ihn, als Halbmond. Religiöse Feste weltweit richten sich nach dem Mond, wie das indische Ganesha-Fest oder der islamische Fastenmonat Ramadan, der mit der Sichtung der Neumondsichel beginnt. Oder Ostern, das am ersten Sonntag nach dem Frühjahrsvollmond stattfindet, womit auch die davorliegende Fastenzeit und natürlich auch der Rosenmontag terminiert sind. Der Mond ist also auch der Taktgeber des Kölner Karnevals.

An Vollmond heulen Werwölfe, Abergläubische pflanzen Kräuter, und Sensible geben ihm die Schuld am gestörten Schlaf. Obwohl die Wissenschaft den Mond zwar immer wieder freispricht, hält sich die Überzeugung von magischen Mondkräften beharrlich. Im Internet finden Sie z.B. gut besuchte Mondkalender, nach denen Sie Ihr Leben und Ihren Tagesablauf ausrichten können. Die Tagesempfehlung für heute, der abnehmende Mond steht im Sternzeichen Fische, lautet: Fußmassage, Zahnsteinentfernen und Schuhpflege besonders günstig, wohingegen von Dauerwellen, Fußnagelpflege und Brotbacken abzuraten ist.

Luna beleuchtet ein sehr menschliches Nebeneinander von Wissenschaft und Esoterik, von Aufklärung und Romantik, von Spuk und Staub. Der Mond leuchtet eben nicht selbst, er ist ein Spiegel und wirft lediglich das Licht der Sonne zurück, genauso wie das Selbstbild seiner Betrachter.

Wenn wir den Mond betrachten, erkennen wir auch immer ein Stück von uns selbst.

Was bleibt vom Menschen?[36]

Selten hat sich mir in einem Gespräch ein derartiger Kontrast offenbart. Meine Diskussionspartner auf dem Zukunftsforum in Dresden hätten nicht unterschiedlicher sein können: Tim Berners-Lee, der Erfinder des World Wide Web, ein zurückhaltender und fast schüchtern wirkender Mann, ihm gegenüber Ray Kurzweil, perfekt gekleidet, provokant und erfüllt von tiefem Glauben an das technisch Machbare.[37] Der überzeugte Technokrat traf auf den nachdenklichen Idealisten, und gemeinsam diskutierten wir über die zukünftige Entwicklung der digitalen Welt.

Während Berners-Lee offen darüber sprach, dass er sich die fulminante Entwicklung des Internets nie hätte vorstellen können, als er 1989 am europäischen Forschungszentrum CERN den Grundstein für das World Wide Web legte, schien Kurzweil die weitere digitale Entwicklung als eine logische und durchaus kalkulierbare Folge von Einzelschritten zu begreifen. Mit der kalten Präzision des Mathematikers, der eine Gleichung auflöst, beschrieb er, wie durch die fortlaufende Verdopplung von Rechnerleistung und Speicherkapazität Computer bereits in den Zehnerjahren des 21. Jahrhunderts ein menschliches Gehirn vollständig simulieren werden. Wenige Jahre später können Maschinen dann die Gehirne sämtlicher auf der Erde lebender Menschen digital nachbilden. Berners-Lee verwendete Wörter wie »könnte«, »möglich«, »vielleicht«, ein Duktus, geprägt vom Zweifel und von der Vorsicht eines Wissenschaftlers, der eine Entwicklung als offenen Prozess begreift, voller Überraschungen und unvorhersehbarer Wendungen. Das Vokabular, das Ray Kurzweil benutzte, offenbarte hingegen, dass ihm Zweifel vollkommen fremd sind: Es wird so kommen!

Die Visionen, die er an diesem Nachmittag beschrieb, beschränkten sich nicht nur auf intelligente Algorithmen, selbstlernende Roboter, exponentiell anwachsende Leistungsdichten und Supercomputer im Mikroformat, sondern mündeten in der Feststellung, dass wir Menschen dank Gentechnik, Nanochirurgie und weiterer zu erwartender medizinischer Fortschritte um das Jahr 2099 unsterblich würden! Maschinen und Menschen würden dann ein neues Zeitalter einläuten. Der Fortschritt ließe sich nicht bremsen, und schon bald würden Maschinen uns im Alter pflegen, bis unsere Körper dann per Update die Fesseln des biologischen Alterungsprozesses überwinden und Computer unser Bewusstsein, unser Ich per Upload in die digitale Unsterblichkeit überführen würden. Während Tim Berners-Lee die Dominanz der Maschine als Bedrohung und Irrweg abtat und Themen wie Privatheit, die Offenheit des Webs oder die ökonomische Gier der Digitalkonzerne ansprach, blieb Kurzweil zuversichtlich wie ein Jünger, der seinen Messias erwartet. Auch wenn an diesem Nachmittag mit den beiden Protagonisten zwei Kulturen, die europäische und die amerikanische, auf irritierende Weise aufeinanderprallten, blieb das Gespräch doch überaus inspirierend. In der Vergangenheit hatte Kurzweil immer wieder Entwicklungen vorhergesagt, die dann zur Überraschung aller auch eintraten. Seine konsequenten Extrapolationen wirken mitunter wie Science-Fiction-Szenarien, doch in vielen Aspekten gibt ihm die Entwicklung recht.

Sein Buch »The Age of Spiritual Machines« (in Deutschland als »Homo S@piens. Leben im 21. Jahrhundert – was bleibt vom Menschen?« erschienen und kürzlich unter dem Titel »Die Intelligenz der Evolution« neu herausgebracht) ist ein Beleg für seinen großartigen Instinkt, ein Lackmustest für seine Vorhersagekraft. Es kam bereits 1999 in den

USA heraus, und bei der Lektüre mag man sich wundern, wie aktuell seine Thesen noch immer sind. Als dieses Buch erschien, gab es weder Facebook noch YouTube, es existierte noch kein Smartphone, und Google war gerade erst gegründet worden.

Es scheint so, als teilen Kurzweils Gedanken nicht das Schicksal vieler historischer Zukunftsprognosen, über die man heute oft nur lächeln kann. Das mag damit zu tun haben, dass solche Szenarien meist am Folgenden kranken: Sie versuchen sich an einem Zukunftsentwurf und verlassen doch nie die Perspektive und die Kategorien ihrer jeweiligen Gegenwart. Sie sind eingesperrt im Denken ihrer jeweiligen Zeit und stellen so am Ende lediglich eine Zukunft von gestern dar, die mit den Wendungen und Sprüngen des realen Fortschritts nicht mithalten kann. Ausgeblendet bleiben dabei nämlich meist die Konsequenzen des Fortschritts für uns und unser Denken. Das Neue ist kein »Erweiterungspaket« in einer Welt, die ansonsten so bleibt, wie sie ist. Das Neue verändert uns selbst – unser Denken, unsere Gefühle, unser Selbstbewusstsein, unsere Bedürfnisse und unsere Träume.

Mit dem Neuen werden also auch wir selbst zu anderen Menschen, und genau dies macht Zukunftsprognosen so schwer. Die digitale Revolution führt uns auf eindrucksvolle Weise vor Augen, wie fundamental sich selbst elementare menschliche Interaktionen verändern. Wer hätte 1999 schon geahnt, dass inzwischen Algorithmen mit einer beängstigenden Treffsicherheit Paare zusammenbringen, über Bankkredite entscheiden oder dass selbstlernende Software unsere Konsumwünsche erahnt. Die Trägheit unseres Denkens erweist sich als Falle, denn wir sind unfähig, uns eine radikal andere Welt vorzustellen. Ganze Industriezweige wurden zum Opfer ihrer vermeintlichen Sicherheit, die sich auf den gewesenen Erfolg berief. Doch wenn wir gestern reüssierten, ist das keine Garantie für die zukünftige Entwicklung. Die Falle der linearen Extrapolation schnappt gerne zu im Zeitalter disruptiver Entwicklungen, und die Geschichte nennt uns viele Beispiele von Giganten, die plötzlich von der Bühne abtreten mussten. Es gibt kein »too big to fail«, wie manche annehmen. Hätten die Verantwortlichen damals die Thesen von Ray Kurzweil ernst genommen, wäre ihnen dieses Schicksal womöglich erspart geblieben.

Kurzweils Prognosen besitzen eine bemerkenswerte Treffsicherheit: Das Internet der Dinge, die Entwicklung des Cloud Computing oder die Spracherkennung moderner Smartphones werden von ihm klar vorhergesagt. Im Oktober 2010 veröffentlichte er ein Papier mit dem Titel »How My Predictions Are Faring«, in dem er seine eigenen Thesen von 1999 überprüfte.[38] Die Trefferquote liegt bei beachtlichen 86 Prozent!

Was ist Kurzweils Geheimnis? Zunächst ist er kompetent. Er versteht die moderne Technologie, hält selbst zahlreiche Patente und hat mehrfach gezeigt, wie man technische Neuerungen auch kommerziell lukrativ umsetzen kann. Sein Name glänzt in der National Inventors Hall of Fame, und seit 2012 ist er Director of Engineering bei Google. Ray Kurzweil zählt also nicht zu den Blendern, die einem modischen Trend folgen und ihr Publikum mit einem Arsenal von »buzzwords« beeindrucken. Er begreift, analysiert, extrapoliert und vollzieht diesen Prozess auf eine dogmatisch rationale Weise. Für ihn sind exponentielle Wachstumsraten ein Gesetz. Technische Innovationen scheinen sich in seiner Welt frei von gesellschaftlicher Skepsis und Angst entfalten zu können. In diesem geschlossenen Raum, den er selbst setzt, vollzieht sich der Fortschritt in ungestörten Bahnen. Er wird nicht von Menschen gelenkt oder gezügelt, sondern entwickelt sich aus sich selbst heraus. Homo sapiens selbst ist bloßer Ermöglicher des allmächtigen Fortschritts, der seine eigenen Regeln einfordert und irgendwann seinen Erschaffer zum Zuschauer einer sich autonom fortsetzenden Schöpfung machen wird. In Rays Welt wird das Machbare ohne Zögern oder gar Verzicht auch umgesetzt. Er fragt nicht, ob diese oder jene Evolution wünschenswert oder gar bedrohlich ist, sondern akzeptiert die innere Notwendigkeit der technischen Entwicklung. Was machbar ist, wird auch realisiert.

Vielleicht mag man also die fulminante Trefferquote seiner Vorhersagen als Maß für den ungehemmten Fortschritt selbst deuten, den wir momentan als globales Phänomen erleben. Weder ethische Tabus noch Moratorien oder Regularien scheinen die galoppierende digitale Revolution aufzuhalten. Die Debatte um den Schutz unserer Privatsphäre, Manifeste namhafter besorgter Wissenschaftler, Appelle warnender Intellektueller – sie alle scheinen zu verpuffen in der Glut der digitalen Revolution, und manche fragen sich, ob sich dieser galoppierende Fortschritt überhaupt noch steuern lässt. Das politische Establishment hat bereits kapituliert vor der Komplexität des Neuen, und wir Bürger lassen uns allzu leicht von der Bequemlichkeit lenken, die uns die neuen Apparate bieten. Wir vertrauen uns Maschinen an und tun dieses so bereitwillig, dass wir den Blick für Alternativen verlieren. In diesem Szenario würden wir – Homo sapiens – uns selbst entmündigen, und spätestens um das Jahr 2099 würde das menschliche Denken verschmelzen mit der ursprünglich von der menschlichen Spezies erschaffenen Maschinenintelligenz. Bei diesem epochalen Takeover mag man dann spekulieren, was noch übrig bleiben wird von uns mitunter irrationalen und gefühlsbetonten organischen Wesen. Man mag sogar fragen, ob es dann noch eine Notwendigkeit für unsere eigene Existenz gibt. Vielleicht erhalten wir noch ein Gnadenbrot, so wie alte Unternehmenslenker, die man in eine ungefährliche Beiratsposition lobt.

Was bleibt vom Menschen? Ray stellt diese Frage in seinem Buch, das – ohne moralische Ausrufezeichen – ein Narrativ unserer selbst verschuldeten Unmündigkeit ist. Es ist kein Appell, keine Mahnung vor einer drohenden Zukunft, die zur Umkehr im Hier und Jetzt aufruft, sondern die Blaupause einer möglichen, vielleicht sogar einer wahrscheinlichen Zukunft.

Großen Umbrüchen und Veränderungen begegnet unsere Gesellschaft stets mit Skepsis und Zukunftsangst. Viele von uns halten am Alten fest, vertrauen auf Bewährtes und scheuen sich vor der Ungewissheit des Neuen. Unsere ganze Kultur ist durchsetzt von diesem Sicherheitsdenken. Kurswechsel verlangen Mut und Überzeugung. Disruptive Entwicklungen versetzen die meisten Menschen in einen sonderbaren Zwischenzustand von Angst und Faszination. Bei genauerer Betrachtung feiern wir erst im Nachhinein die großen Visionäre und Innovatoren dieser Meilensteine, doch zu Lebzeiten tun wir sie ab, als exzentrische Spinner, als Nerds oder weltfremde Exoten. Früher landeten manche gar als Ketzer auf dem Scheiterhaufen. Doch dann, wenn das Neue zur Selbstverständlichkeit wird und der Fortschritt in die Gesellschaft hineindiffundiert, können wir uns kaum mehr eine Welt »ohne« vorstellen.

Manchmal frage ich mich, ob unsere kulturellen Kategorien überhaupt noch geeignet sind, die fulminanten Zukunftsexplosionen unserer Zeit zu erfassen. Unser Denken läuft der Entwicklung stets hinterher – egal, ob es sich um die digitale Revolution oder um biochemisches Neuland handelt. Die unzähligen ethischen Debatten, die Anpassung unserer Gesetze, die Regelwerke neuer Arbeitsprozesse, sie alle finden – wenn überhaupt – im Nachhinein statt, oft dann, wenn die Macht des Faktischen den Rückzug unmöglich macht. So verpassen wir die Chance einer aktiven Gestaltung. Wir kommentieren und kritisieren das Neue, anstatt es bereits in seiner Entstehungsphase zu formen. Doch genau hierfür braucht es radikale Visionäre wie Ray Kurzweil, deren Gedanken eine mögliche Welt beschreiben, die es noch nicht gibt. Wenn wir ihre Stimmen ernst nehmen, gewinnen wir das zurück, was wir zu verlieren glauben: die Freiheit, unsere Zukunft selbst zu gestalten!

3
IRRWEGE
Atom – die Zukunft von gestern

Das gespaltene Atom[39]

Lasst mich in Ruhe mit euren Gewissensbissen, das ist doch schöne Physik!

– Enrico Fermi –

Am 22. Dezember 1938 erscheint in der Zeitschrift *Die Naturwissenschaften* ein Artikel der Wissenschaftler Otto Hahn und Fritz Straßmann. Darin beschreiben sie ein sonderbares Phänomen, das bei der Bestrahlung von Uran mit Neutronen auftritt. Der Urankern scheint dabei in Elemente zu zerfallen, die alle ungefähr halb so schwer sind wie Uran.

Bevor er das Manuskript einreichte, hatte Hahn seine nach Schweden emigrierte Mitarbeiterin Lise Meitner über die möglichen Schlussfolgerungen der Berliner Arbeiten informiert. Meitner und ihr Neffe Otto Robert Frisch interpretieren das als »Zerplatzen des Kerns«. Im Atomkern werden die Neutronen und Protonen durch die starken Kernkräfte zusammengehalten. Diesen bindenden Kräften stehen die elektrisch positiv geladenen Protonen gegenüber, welche sich gegenseitig abstoßen. Uran ist unter den in der Natur vorkommenden Elementen dasjenige mit der größten Zahl von Protonen pro Kern. Hier ist der Grenzfall erreicht, wo der Kern gerade noch stabil ist.

Beschießt man einen Urankern mit Neutronen, so regt man ihn zu so starken Schwingungen an, dass er sich in zwei etwa gleich große Stücke teilt. Meitner und Frisch nennen diesen Prozess »Kernspaltung«. Aus den Berechnungen der Wissenschaftler geht hervor, dass bei der Kernspaltung Energie freigesetzt wird, die hauptsächlich als Bewegungsenergie der beiden Spaltprodukte auftritt und sich bei deren Abbremsen in Wärme wandelt.

Im Februar 1939 erscheinen zwei weitere entscheidende Veröffentlichungen: Meitner und Frisch berechnen, dass nur das im natürlichen Uran zu 0,7 Prozent enthaltene Uran-Isotop mit der Massenzahl 235 für die Spaltung infrage kommt. Hahn und Straßmann vermuten, dass bei der Uranspaltung nicht nur ein Neutron verbraucht (absorbiert) wird, sondern dass beim Spaltvorgang auch freie Neutronen entstehen könnten. Weltweit erkennt eine Reihe von Physikern das enorme Potenzial einer möglichen Kettenreaktion, die durch die Uranspaltung ausgelöst werden würde.

Anfang 1939 unternimmt der ungarische Physiker Leó Szilárd den Versuch, seine Kollegen, die in den USA und in Frankreich an der Kernspaltung arbeiten, zu einer freiwilligen Selbstzensur bezüglich weiterer Veröffentlichung zu bewegen. Er will verhindern, dass veröffentlichte Forschungsergebnisse dem Deutschen Reich zu einer Atomwaffe verhelfen. Obwohl manche Wissenschaftler sein Anliegen unterstützen, scheitert Szilárd, denn im April 1939 füllt eine Pariser Forschergruppe um Frédéric Joliot-Curie eine entscheidende Lücke im Grundlagenwissen: Bei der Spaltung des Kerns entstehen im Mittel mehr als zwei Neutronen – eine Kettenreaktion ist folglich möglich!

Getrieben von der Angst, das Deutsche Reich könne eine Atombombe entwickeln, entwerfen die aus Deutschland in die USA emigrierten Wissenschaftler Léo Szilárd und Eugene Wigner 1939 einen warnenden Brief an den Präsidenten Roosevelt. Um dem Brief mehr Gewicht zu verleihen, bewegen sie Albert Einstein dazu, ihn ebenfalls zu unterschreiben. Dieses historische Dokument wird im Oktober 1939 Roosevelt vorgelegt. Als Folge wird ein »Beratendes Uran-Komitee« gebildet, und im Juni 1940 wird die Uranforschung zentral im »Nationalen Komitee für Verteidigungsforschung« organisiert. Im Ausland geborene Wissenschaftler, also auch die Anreger des Programms, werden vorerst aufgrund von Sicherheitserwägungen ausgeschlossen. Im darauffolgenden Jahr steigt die Angst vor Hitlers Bombe, denn auch britische Wissenschaftler zeigen sich beunruhigt über die deutschen Arbeiten auf dem Gebiet der Uranforschung. Im deutschen »Uranverein« befassen sich eine Reihe prominenter Wissenschaftler mit der Trennung des spaltbaren Uran-235 vom natürlichen Uran oder der Möglichkeit einer kontrollierten Kettenreaktion in einem Kernreaktor.

Im September 1942 beginnt in den USA unter dem Namen »Manhattan Engineer District«, auch »Manhattan-Projekt« genannt, eines der größten militärisch-wissenschaftlichen Geheimprojekte der Geschichte. Erklärtes Ziel: die Entwicklung der ersten Kernspaltungsbombe. Das Projekt ist straff organisiert: An verschiedensten Orten der USA arbeiten heimische und zugewanderte Wissenschaftler und Techniker daran, und obwohl zeitweise über 150 000 Menschen direkt und indirekt an dem Projekt beteiligt sind, kennen allenfalls hundert Eingeweihte das wahre Ziel. Bereits im Dezember 1942 wird unter der Leitung des Physikers Enrico Fermi der erste Kernreaktor in Chicago erprobt. Es handelt sich um einen primitiven Aufbau aus aufgeschichteten Kanistern mit Uranpulver und Grafitblöcken. Die Leistung des Reaktors lässt sich durch Herausziehen und Wiedereinschieben von Kadmiumstäben steuern. Über 2000 Kilometer von Chicago entfernt, in Los Alamos im Bundesstaat New Mexico, leitet der deutschstämmige Physiker Robert Oppenheimer das Waffenlabor. Inmitten einer idyllischen Einöde arbeiten hier einige der besten Physiker und Chemiker der Welt an der Bombe.

Das Prinzip der Spaltungsbombe ist bereits 1941 von englischen Forschern beschrieben worden: Vereint man durch eine konventionelle Explosion schlagartig zwei Blöcke aus spaltbarem Uran-235 zu einer sogenannten kritischen Masse, so wird eine Kettenreaktion ausgelöst. Zuerst wird ein einzelner Urankern gespalten, doch durch die frei werdenden Neutronen werden im Folgenden weitere Kerne gespalten, die wiederum weitere Neutronen freisetzen. Bei diesem rasch ablaufenden Prozess wird mit jeder Spaltung auch ein winziger Bruchteil an Energie frei, die sich durch die wachsende Zahl der Spaltungen jedoch gewaltig aufsummiert. Rein rechnerisch ergibt sich aus der vollständigen Spaltung von nur 500 Gramm U-235 eine Sprengkraft, die der Explosion einer chemischen Bombe von 10 000 Tonnen TNT entspricht. Ein Problem besteht im Aufbau der Bombe, die nach der Zündung nicht »zu früh« auseinanderfliegen darf. So wird im Manhattan-Projekt in zahlreichen Versuchen die genaue Geometrie ermittelt und eine für damalige Zeit hochpräzise Zündelektronik entwickelt.

Schon Ende 1944 ist den USA bekannt, dass die anfänglichen Ängste vor einer deutschen Atombombe grundlos waren. Im April 1945 stoßen alliierte Truppen auf die Reaktorversuchsanlage in Haigerloch in der Nähe von Tübingen. Spätestens zu diesem Zeitpunkt steht eindeutig fest, dass das deutsche Atombombenprogramm erfolglos geblieben ist. Dennoch laufen die US-amerikanischen Arbeiten an der Bombe weiter.

Kurz vor Sonnenaufgang am Morgen des 16. Juli 1945 wird in der Wüste von New Mexico die erste Atombombe gezündet. Der Test trägt den Namen »Trinity«. Die Sprengkraft dieser neuartigen Waffe übertrifft alle Erwartungen der Wissenschaftler.

Hiroshima war eine japanische Kleinstadt, die bis zum Morgen des 6. August 1945 von größeren Kriegsangriffen verschont geblieben war. Um 8:15 Uhr überfliegt ein einzelner B-29-Bomber die Stadt. In einer Höhe von 580 Metern zündet die ausgeklinkte A-Bombe und vernichtet zwei Drittel der Stadt. Schätzungsweise 200 000 Menschen sterben in den ersten Tagen. Am 9. August zerstört eine weitere Bombe die Stadt Nagasaki. Nie zuvor in der gesamten Menschheitsgeschichte waren so viele Menschen durch die Wirkung einer einzigen »Waffe« zu Tode gekommen. Die Explosionen von Hiroshima und Nagasaki zählen bis heute zu den dunkelsten Stunden der Menschheit.

Die Wissenschaft hatte den Geist aus der Flasche gelassen, und in der Folge begann ein einzigartiges nukleares Hochrüsten. Immer mehr Nationen nahmen daran teil, und als sei die Zerstörungskraft des Atoms nicht bereits ausreichend bewiesen, wurden ständig größere Todesmaschinen geboren. Wasserstoffbomben, die nach dem Prinzip der Kernfusion das Sonnenfeuer auf der Erde entzündeten, wurden auf verlassenen Pazifikinseln erprobt. Ihre gigantischen Detonationswellen und glühenden Feuerbälle besaßen eine makabre Schönheit, doch die nukleare Asche vergiftete allmählich die Erdatmosphäre. Alleine im Jahre 1963 zählten die Seismografen in den Überwachungszentren 180 Tests. Der nukleare Fallout wurde zu einem ernsten Problem.

Die verfeindeten Mächte lenkten ein und vereinbarten ein Verbot der Tests in der Atmosphäre, im Weltraum und unter Wasser. In der Folge wurde das Wettrüsten unter die Erde verlegt, und alle machten fleißig weiter. Bis zur Jahrtausendwende wurde das nukleare Feuer über 2000 Mal gezündet.[40] Doch die Logik der wechselseitigen Zerstörung brachte keiner der Parteien einen Vorteil. Die Kosten waren immens, und immer mehr Bürger forderten ein Ende des Wahnsinns. Die Weltmächte stellten ihre Tests ein, doch der Geist lebte weiter. Nordkorea zündet regelmäßig ein Höllenfeuer und brüskiert damit die Weltöffentlichkeit.

Die Atombombe ist inzwischen zum Symbol für die menschliche Hybris geworden. Sie hat das Tor zu einem Pfad geöffnet, der uns alle ins Verderben führen kann. Zum ersten Mal in der Geschichte der Menschheit begreifen wir, dass Homo sapiens das Potenzial besitzt, die eigene Art zu vernichten. Größer als die Angst vor einem schicksalhaften

Meteoriten, der durch seinen Einschlag die Hälfte aller Arten auf unserem Planeten auslöscht, wie einst im Tertiär vor 66 Millionen Jahren, ist inzwischen die Furcht vor der Selbstvernichtung. Durch das Atom wurde uns bewusst, dass wir uns selbst zur größten Gefahr geworden sind.

Tschernobyl – Protokoll einer Drehreise[41]

Vom Ende der Siebziger- bis Mitte der Achtzigerjahre, während meines Physikstudiums und auch danach, arbeitete ich am Forschungsreaktor Merlin im Kernforschungszentrum Jülich. Auch wenn wir bei unseren Experimenten den Reaktor lediglich als Strahlenquelle nutzten, wurde ich vertraut mit der Welt der Reaktortechnik und des Strahlenschutzes und auch mit den Gepflogenheiten der Menschen, die dort arbeiten. Es war also kein Zufall, dass ich später als Journalist häufig mit dem Thema Atomkraft konfrontiert wurde. 1986, während der Havarie in Tschernobyl, produzierte ich meine ersten Fernsehbeiträge. Für mich war es eine aufregende Phase, denn gemeinsam mit meinen Kollegen fand ich heraus, dass Pilze besonders hohe Konzentrationen an radioaktivem Cäsium aufwiesen, eine Erkenntnis, die ich direkt in die Sendungen einbringen konnte.

Ich reiste später mehrmals nach Tschernobyl, besuchte diverse hiesige Kraftwerke, erlebte, wie der Schnelle Brüter in Kalkar zu einem Spaßbad umgewidmet wurde, und befasste mich über viele Jahre mit der Endlagerung von radioaktivem Müll. Die Katastrophe in Fukushima war eine besondere Herausforderung, doch dank meines guten Netzwerks an fachkundigen Bekannten, das selbst nach Japan reichte, war es möglich, den Unfall und seine Folgen genauer zu beschreiben.

Als erste Journalisten weltweit erhielten Reinhart Brüning und ich eine Sonderdrehgenehmigung und drehten auf dem Reaktorgelände und in der Umgebung. Auch hier gab es Kontakt zur Physikszene, und so beteiligte ich mich an einer japanischen Initiative, die breitflächige Kontamination mit selbst gebauten und mit GPS ausgestatteten Geigerzählern zu erfassen. So unterschiedlich Tschernobyl und Fukushima auch sind, es gibt viele Parallelen: Sperrzonen, verlassene Dörfer, kontaminierte Wälder und Reaktorruinen, die so stark strahlen, dass man sie selbst nach Jahrzehnten noch nicht betreten kann. Das folgende Protokoll unserer Drehreise nach Tschernobyl – täglich auf Facebook fortgeschrieben – gibt einen rohen und direkten Eindruck von dieser gespenstischen Welt.

14. Februar 2016
Der heutige Tag beginnt sehr früh. Um 6:30 Uhr geht es mit dem Zug in die Sperrzone. Mit dem Jagdaufseher Wassili Dawidenko erkunden wir die Region um das Kraftwerk. Per Jeep geht es über holprige Landwege. Die Jäger wollen ein Wildschwein erlegen, um seine Kontamination zu messen, und suchen nach Fährten. Zwischendurch erblicken wir im Gestrüpp einen Elch. Als er uns wahrnimmt, verschwindet er im Unterholz.

Die Region ist seit dreißig Jahren gesperrt. Keine Menschen. Nur verlassene Dörfer und zerfallende Häuser. Wassili wird immer mehr vom Jagdfieber erfasst. Ich glaube, er will uns auch zeigen, dass er ein richtiger Jäger ist. Immer wieder hält er plötzlich an, verlässt den Wagen und huscht mit seinem Gewehr in den Wald. Am Ende wird er kein Wildschwein erlegen. – Schwein gehabt! Das findet auch mein Team.

Am Nachmittag beginnt es zu schneien, und die strahlende Erde wird mit einem unschuldigen weißen Tuch bedeckt. Was mich besonders berührt, ist diese eigenartige Ruhe. In den sieben Stunden begegnen wir keinem einzigen Menschen, es gibt keinerlei Motorengeräusch, nur eine verdächtig stille Natur.

Während unserer gesamten Tour protokolliere ich mit dem Geigerzähler die Radioaktivität. Teilweise misst mein Gerät das Dreißigfache der »normalen« Dosis. Selbst nach dreißig Jahren strahlen hier manche Zonen noch immer intensiv. Die Halbwertszeit des Vergessens ist wohl kürzer als die der zerfallenden Atomkerne.

In der einsetzenden Dämmerung überqueren wir den Prypjat-Fluss und besuchen eine Messstation, die ständig die Aktivität in der umliegenden Region registriert. Danach dann zum Bahnhof, vorbei am Sarkophag, der im Nebel noch gespenstischer wirkt. Diese Schutzhülle über dem havarierten Reaktor ist eine historische Ikone. Ich betrachte sie mit einer Mischung aus Aufregung und Traurigkeit.

Am Abend dann geht es per Zug zurück in unser Hotel in Slawutytsch – außerhalb der Sperrzone. Von hier aus schreibe ich, doch inzwischen ist es fast Mitternacht, und morgen geht es erneut in aller Frühe wieder zurück. Ich gönne mir jetzt ein paar Stunden Schlaf. Morgen melde ich mich wieder. Gute Nacht.

15. Februar 2016
Der Arbeiterzug verlässt Slawutytsch um 6:30 Uhr und um 7:40 Uhr und bringt die Pendler über das Territorium von Belarus direkt zur Anlage von Tschernobyl. Ich bin erstaunt, wie viele Arbeiter täglich hin- und herfahren, obwohl die Anlage doch stillgelegt ist. Manche von ihnen arbeiten seit über zwanzig Jahren im Kraftwerk, andere waren noch nicht auf der Welt, als sich die Katastrophe ereignete.

Seit unserem Besuch im Jahr 2006 hat sich einiges verändert, doch vieles ist so, wie es war, nur noch ein Stück weiter zerfallen. Ein absurdes Mosaik: Gebäude und Leitungen, die verrotten, und dazwischen moderne Anlagen, die mit europäischen Steuergeldern finanziert und im Wesentlichen auch von europäischen

Nuklearfirmen gebaut wurden. Für manche Firmen – auch aus Deutschland – scheint die Katastrophe hier ein lukratives Geschäft zu sein. Ich habe den Eindruck, dass hinter so mancher EU-Hilfsleistung für Tschernobyl eine indirekte Subvention deutscher oder französischer Nuklearfirmen steckt.

Wir drehen in einer neuen Anlage für die Behandlung des radioaktiven Mülls. Die Technik stammt aus Deutschland. Die Anlage selbst wurde zwar 2009 fertiggestellt, doch sie ist noch immer nicht in Betrieb. Hier herrscht ein sonderbarer Stillstand. Als wir in unseren Schutzkitteln durch die Hallen laufen, ist uns eiskalt. Mein Begleiter Dimitri erklärt mir, dass man spare und die Heizung abgestellt habe. Welch ein Widerspruch: moderne Robotertechnik, doch kein Geld zum Heizen.

Ich höre mir die Geschichten der Menschen an. Die Gehälter in der Ukraine haben sich halbiert, die Wirtschaft liegt am Boden; es herrscht Krieg, und die steigende Inflation treibt die Menschen in die Verzweiflung. Es sind zwar schon dreißig Jahre seit der Katastrophe vergangen, doch es wird noch Jahrzehnte dauern, bis sich diese wunderbare Region am Prypjat-Fluss wieder erholt hat. Die Sanierung ist teuer und für die Menschen hier derzeit unbezahlbar.

Überall auf dem Gelände streunen Hunde. Einer von ihnen läuft mir hinterher. Ein typischer Straßenköter, zerzaust und neugierig. Ich mache ein Bild von ihm und nenne ihn »Cäsium«. Der Hund von Tschernobyl.

Beim Aufgang zur Kantine von Tschernobyl hängt ein großes Gemälde: Arbeiter errichten Strommasten. Das Bild strahlt Zuversicht und Optimismus aus und zeugt doch auch von gefährlicher Technikgläubigkeit. Das war die Generation, die so vieles aufgebaut hat, doch nun folgen die stillen Abbaugenerationen. Ihnen wird man keine Bilder widmen, nur ein paar Reste bleiben ihnen, so wie dem Hund von Tschernobyl …

Manche von euch machen sich Sorgen wegen der möglichen Strahlenbelastung. In der Tat sollte man sehr sorgsam sein. Wir tragen mehrere Dosimeter bei uns und messen kontinuierlich das Strahlungsniveau vor Ort. Heute betrug unsere Dosis ca. 3 bis 4 Mikrosievert. Das entspricht der Belastung während eines Kurzstreckenflugs und ist also vertretbar. Dennoch sieht man, dass es je nach Ort gewaltige Unterschiede gibt. Daher achten wir darauf, dass wir uns an besonders kontaminierten Stellen nur kurz aufhalten.

Morgen melde ich mich wieder und erzähle euch dann von der größten und teuersten »Verpackung« in der Menschheitsgeschichte.

16. Februar 2016
Heute besuchen wir das »New Safe Confinement« in Tschernobyl. Wer den Gigantismus liebt, kommt hier auf seine Kosten. Es handelt sich um eine riesige Schutzhülle, die noch in diesem Jahr über den alten Sarkophag geschoben wird. Die Daten sind beeindruckend: eine Spannweite von 257, eine Länge von 162 und eine Höhe von 108 Metern – die größte bewegliche Halle der Welt.

Bevor wir zum Drehen kommen, müssen wir erneut durch die Sicherheitskontrolle. Die ukrainische Miliz nimmt die Dinge genau. Die Nummer jedes Ausrüstungsteils wird mit einer Liste abgeglichen, alles wird so penibel geprüft, dass man den Atem der kommunistischen Vorzeit zu spüren meint. Die Beamten prüfen jedes Detail unserer Ausweise – welch eine Schikane! Wenn es nicht so bierernst zuginge, könnte man meinen, das Ganze sei eine Persiflage auf die alte Sowjetunion.

Wir betreten die gigantische Baustelle neben dem havarierten Reaktor. In solchen Momenten wird mir bewusst, dass wir im Fernsehen kaum einen Eindruck von den realen Dimensionen vermitteln können. In der Halle ist etwa dreimal so viel Stahl verbaut wie im Eiffelturm. Größe beeindruckt; das Gebäude erinnert mich an die Montagehallen der Mondraketen – mit einem Unterschied: Um uns herum strahlt die Erde.

Wir steigen über ein Labyrinth von Gängen, Gerüsten und Leitern hinauf bis unter das Dach. Manchmal macht man sich als Fernsehzuschauer kaum eine Vorstellung davon, wie viel Mühe eine einzige Einstellung kostet. Bei unserem Trip muss man jedenfalls schwindelfrei sein, und am Ende wird man in der Sendung nur eine kurze Sequenz davon sehen.

Von oben habe ich einen einzigartigen Blick auf den Sarkophag von Reaktorblock 4. Die Kräne und Fahrzeuge und die ganze Aktivität auf der Baustelle unter mir wirken irreal. 1986 begann meine Fernsehkarriere mit diesem Unfall. Dreißig Jahre ist das her, und nun blicke ich auf eine fast fertige Schutzhülle, die für die nächsten hundert Jahre das Skelett dieser Nuklearkatastrophe umschließen wird. Mit Spezialkränen und automatisierten Schneideanlagen will man dann den Reaktor Stück für Stück zerlegen, doch niemand weiß, wann das passieren wird.

Tschernobyl ist ein Beispiel für die Folgekosten eines Fehlers. Allein die Halle mit allen zusätzlichen Anlagen wird über zwei Milliarden Euro kosten, und ein wesentlicher Teil dieser Mittel stammt von uns – den europäischen Steuerzahlern.

Mein Begleiter ist Helder, ein junger Ingenieur aus Portugal. Er ist verantwortlich für die Metallkonstruktion und sichtlich stolz auf sein Projekt. Alles, was ich am heutigen Tag sehe, wirkt irreal: die gigantische

Halle, die Kräne und Fahrzeuge, die tonnenschweren Metallteile, die trotz starken Windes hoch oben balanciert werden, die geometrische Struktur des Innengerüsts – alles wirkt sonderbar fern, so als würde man aus dem Flugzeugfenster eine Stadt betrachten, die mit zunehmender Höhe zu einer abstrakten Struktur wird.

Als wir von unserem Aussichtspunkt zurückkehren, treffe ich wieder auf die Hunde. Einer der Arbeiter krault einen jungen Rüden, eine rührende Szene. »Er heißt Bruno«, sagt der Mann und zeigt auf den verschmusten Vierbeiner. Dahinter der offene Sarkophag. Noch in diesem Jahr wird er unter der Stahlhülle versteckt sein, und das typische Bild von Tschernobyl wird es nicht mehr geben.

Am Abend treffen sich mein Kollege Reinhart und ich mit einigen Experten in Sachen radioaktiver Abfall. Wir führen ein anregendes Gespräch in einem Restaurant in Slawutytsch, sprechen über die Zukunft dieses Ortes, über die Bewältigung der Katastrophe. Es wird, bestätigen sie mir alle, noch sehr lange dauern, bis man die Spuren endgültig beseitigt hat. Vielleicht werden es eines Tages die Urenkel vom Hund Bruno erleben … genau kann das wohl niemand sagen.

Wahrscheinlich werde ich heute Nacht von dieser gigantischen Baustelle träumen, von Reaktoren und Riesenhallen, die sie umschließen. Alle hundert Jahre wird dann ein weiteres Gebäude darum herum gebaut, so wie bei den russischen Matroschka-Puppen, und die Hallen werden immer größer, bis man irgendwann vergessen hat, was sich in ihrem Innern befindet …

Morgen ist ein neuer Tag, und auf unserem Programm steht die Reaktorwarte.

17. Februar 2016
Heute drehen wir in den ehemaligen Reaktorgebäuden. Tschernobyl hatte insgesamt vier aktive Kernreaktoren. Die Anlage sollte weiter ausgebaut werden, und im Schicksalsjahr 1986 befanden sich Block 5 und 6 bereits im Bau. Block 6 sollte noch im Jahr 1986 den Betrieb aufnehmen. Selbst nach der Katastrophe baute man weiter, bis dann aufgrund der erhöhten Radioaktivität die Arbeiten eingestellt wurden. Die unvollendeten Bauten stehen noch heute da, mitsamt den großen Baukränen. Noch 14 weitere Jahre wurde in Tschernobyl Strom produziert, bis dann alle Reaktoren endgültig abgeschaltet wurden.

Als wir über die langen Flure des Reaktorkontrollgebäudes laufen, komme ich mir erneut vor wie auf einer Reise durch die Vergangenheit. Einige Kontrollräume sind geradezu museal. Die technischen Anzeigen, die Knöpfe und auch die Telefone stammen aus einer längst vergangenen Epoche. Die Zeit im Kraftwerk Tschernobyl steht still. Es scheint, als wären die Menschen, die Gebäude und die Prozeduren allesamt Gefangene ihrer nuklearen Altlast, so als würde ein Fluch über ihnen liegen und sie müssten dieselbe Halbwertszeit durchleben wie die zerfallenden Atomkerne.

Mit ein bisschen Fantasie kann man sich noch den Betrieb vor dreißig Jahren vorstellen. Die Gebäude zerfallen, an einigen Stellen tropft es aus der Decke, und man fängt das Wasser mit einfachen Plastiktüten auf. Die großartige Technik, auf die man einst so stolz war, zersetzt sich wie ein Tierkadaver. Damals verband ein Heizungssystem die umliegenden Städte. Die Wärme aus dem Kraftwerk gab es umsonst. Wenn es in den Wohnungen zu warm wurde, hat man einfach die Fenster geöffnet. Doch mit dem Energieüberschuss ist es vorbei. Überall ist es kalt, die Heizungen sind ja abgestellt. Die Mitarbeiter tragen dicke Jacken unter ihren weißen Kitteln. Im Kontrollraum von Block 2 läuft ein kleiner elektrischer Heizlüfter – doch der Strom stammt nicht mehr aus dem eigenen Kraftwerk.

In den Leitstellen und Kontrollwarten treffen wir vereinzelt auf Mitarbeiter, doch ich frage mich, was diese Menschen inmitten dieser toten Technik überhaupt tun. Irgendwie werde ich das Gefühl nicht los, dass sie ihre Geschäftigkeit nur vortäuschen. Die Szene ist kafkaesk: Die Mitarbeiter führen Listen und notieren Werte, doch die Kontrollleuchten sind längst erloschen und die Anzeigen abgestellt.

Unmittelbar neben Block 4 stoßen wir auf eine Gedenktafel. Sie ist dem Techniker Waleri Chodemtschuk gewidmet. In der Nacht des Unfalls wurde er unter den herabstürzenden Gebäudeteilen begraben. Sein Leichnam wurde nie geborgen und liegt irgendwo im Inneren des strahlenden Reaktorgebäudes. Waleri war das erste Opfer dieser Katastrophe.

Am Nachmittag fahren wir ins Umfeld der Anlage, vorbei am sogenannten roten Wald. Damals war hier so viel radioaktive Asche niedergegangen, dass sich das Laub der Bäume rot färbte. Entlang des Weges immer wieder Warnschilder mit dem Radioaktiv-Zeichen. Manche sind im Laufe der Jahre verrostet, und die warnende Botschaft wird allmählich unlesbar. Nichts deutet darauf hin, dass diese Erde kontaminiert ist, lediglich das Messgerät schlägt aus. An der Oberfläche messe ich – dreißig Jahre nach dem Unfall – eine Aktivität von 30 Mikrosievert pro Stunde.

Während einer kurzen Kaffeepause in Tschernobyl, außerhalb der Sperrzone, stoße ich auf eine Reisegruppe. Zwei junge Männer aus Hannover sprechen mich an. In Kiew haben sie eine Tagestour nach

Tschernobyl gebucht, mit Besuch der Sperrzone und direkter Sicht auf den Reaktor. Knapp hundert Euro kostet die geführte Reise. Ich frage mich, warum es die beiden Jungs hierherzieht. Ist es Interesse, Mitgefühl, Abenteuerlust oder gar Katastrophentourismus? Später meint mein Kollege Reinhart, ich hätte die beiden zu suggestiv befragt. Er hat recht; ich hätte offener fragen sollen. Auf dem Reisebus steht der Slogan des Unternehmens: »Reisen, auf die Ihre Freunde neidisch sind«.

Auf unserem Heimweg vergoldet die untergehende Wintersonne die Landschaft mit ihren Schilfgräsern und Birkenwäldern. Wir machen halt am Prypjat-Fluss. Eisschollen glitzern, und die Stille ist überwältigend. Die Natur wirkt hier unberührt und wild. Ein idyllischer Ort. Nur in der Ferne erkennt man die Silhouette des Sarkophags …

18. Februar 2016

Märchen beginnen häufig mit dem Satz: »Es war einmal vor langer, langer Zeit«. Bei der Bewältigung der Folgen von Tschernobyl höre ich von den vielen Fachleuten, mit denen wir sprechen: »Es wird einmal in langer, langer Zeit …«

Egal, ob es sich dabei um den Abbau der Anlage handelt, um die Behandlung des strahlenden Mülls oder um die Entsorgung des radioaktiven Abfalls: Immer wieder sehen wir Fabriken, die für diese Aufgaben gebaut wurden oder in Planung sind, doch die eigentliche Arbeit, der Abbau und die Entsorgung, findet nicht so richtig statt.

Da wurde zum Beispiel 2009 eine große, neue Abfallsortieranlage gebaut, ausgestattet mit Robotern und allerlei Elektronik, doch noch immer herrscht Stillstand! Heute haben wir uns die Entsorgungsanlage angeschaut, ein gigantischer Betonklotz von über

250 Metern Länge; finanziert u. a. von der EU. Hier soll der aufbereitete Müll gelagert werden, doch außer einer Demonstration des Prinzips – eine Art Trockenübung – passiert hier ebenfalls nichts. Kein einziger Container mit atomarem Müll wurde bislang entsorgt.

Nach drei Jahrzenten sind die effektiven Fortschritte mager. Unmittelbar nach der Katastrophe war der Einsatz der sowjetischen Betreiber im Vergleich gewaltig, und vielleicht unterschätzen wir, was damals in der ersten Phase alles unternommen wurde. Ich stoße hier auf ein unergründliches Geflecht aus staatlichen Stellen, Geldgebern, Hilfeleistungen aus europäischen Fördermitteln, Kommissionen, Zusagen, Industrieaufträgen und Zukunftsplänen, die sich allesamt zu einem undurchschaubaren Nebel verdichten. Aber wer weiß, vielleicht wird es ja einmal, in langer, langer Zeit …

Wenn wir irgendwo anhalten und aussteigen, messe ich zunächst die Aktivität. Gerade um Tschernobyl herum gibt es diese starken Schwankungen: An einem Ort kann die Strahlenbelastung sehr hoch sein, und nur wenige Hundert Meter davon entfernt ist sie niedrig. Heute wollen wir mithilfe einer Kameradrohne die Sperrzone von oben filmen. Im Areal unseres Startplatzes registriere ich zunächst akzeptable Strahlungswerte von etwa 0,3 Mikrosievert pro Stunde, doch während ich weitergehe, steigt der Pegel plötzlich dramatisch an. Ich mache mich auf die Suche nach der Strahlungsquelle und beginne sie allmählich einzugrenzen. Am Ende entpuppt sich ein Stein als Ursache. In seiner Nähe sind die Werte um das 200-Fache höher als ein paar Meter weiter! Natürlich fasse ich ihn nicht an. Ich frage unseren Begleiter Sergei, ob wir das nicht melden sollten. »Nein«, meint er, »dann gibt es nur Probleme, und wir können einpacken.«

19. Februar 2016
Frühmorgens geht es, wie auch in den vergangenen Tagen, wieder mit dem Zug von Slawutytsch zum Kraftwerk und dann mit unserem Bus weiter in das Sperrgebiet.

Nach der Katastrophe damals wurden etwa 350 000 Menschen evakuiert, das Gebiet um den havarierten Reaktor aufgrund der hohen Kontamination zu einer Sperrzone erklärt. Die äußere Zone hat einen Radius von dreißig Kilometern, die innere Sperrzone beginnt bei einer Distanz von zehn Kilometern zum Kraftwerk. Ganze Dörfer und Siedlungen wurden entvölkert, und in Tschernobyl erinnert ein Schilderweg an die vielen Ortschaften, die aufgegeben wurden. Die einstigen Felder liegen brach, und inzwischen wachsen dort Birken und Kiefern. Die Waldfläche hat also stark zugenommen, und Waldbrände in den trockenen Sommermonaten können einen Teil der Radioaktivität wieder in die Atmosphäre transportieren.

Wir begleiten Holzfäller bei ihrer Arbeit. Sie schneiden die Waldwege frei, damit die Feuerwehr bei einem Feuer zum Brandherd gelangen kann. Immer wieder geht es vorbei an verlassenen Ortschaften. Diese Geisterdörfer machen die ganze Tragik deutlich: Familien, Freunde, Nachbarn, ganze Sozialgemeinschaften lösten sich schlagartig auf. Nach den Atomkernen zerfallen die Häuser und Höfe …

Einige Menschen sind trotz der Verbote in ihre Heimat zurückgekehrt. Am Nachmittag besuchen wir ein älteres Ehepaar: Katharina und Leonid Rinduk. Wir werden mit überwältigender Herzlichkeit begrüßt. Leonid ist 87 Jahre alt und immer noch fit. Er redet und erzählt, und fast scheint es so, als wolle er all die versäumten Gespräche nachholen. Er wurde ebenfalls evakuiert und kam nach Kiew, aber das

Stadtleben war nichts für Leonid. Er braucht die Luft und das Land und kehrte 1993 wieder in sein Haus zurück.

Wie groß mag seine Heimatverbundenheit wohl sein? Keine Nachbarn, keine Geschäfte oder Ärzte. Doch die beiden machen einen zufriedenen Eindruck.

»Magst du Fisch?«, fragt er mich. Als ich nicke, läuft er in die Küche und kehrt mit getrockneten Fischen zurück: »Die sind für dich!« Selbst gefangen? Klar doch, Leonid hat sie aus dem angrenzenden Prypjat-Fluss geholt, das sei gar nicht so schwer.

Ich lehne dankend ab und erkläre ihm, dass ich bald nach Hause fliege und keinen Fisch mitnehmen könne. »Dann schmuggle ihn doch – bei der Armee haben wir die Wodkaflaschen in unseren Hosenbeinen versteckt, und niemandem ist das aufgefallen!«

Ich stelle mir vor, wie ich mit Fisch im Hosenbein die Kontrolle am Flughafen Köln/Bonn passiere. Vermutlich würde mich schon der Geruch verraten …

Sein kleines Feld und den Gemüsegarten bewirtschaftet Leonid immer noch selbst – mit 87 Jahren! Er erzählt mir von den Kriegstagen, als die deutschen Soldaten sein Dorf besetzten. Seine Frau Katharina lächelt, dann schaut sie mich an und schüttelt den Kopf: »Du bist doch kein Deutscher – oder?« Nein, mit den Deutschen, die während des Krieges hier waren, habe ich nichts zu tun.

Als meine Kamerakollegen Timo Bruhns und Sven Döffinger ein paar Aufnahmen mit der Drohne machen, ist Leonid begeistert. »Dieses moderne technische Gerät – so etwas gab es nicht zu unserer Zeit!« Was denn mit der Radioaktivität sei, will ich von ihm wissen. Das sei doch alles Quatsch, meint er, hier sei doch alles in Ordnung, und zeigt auf seinen Garten. In der Tat messe ich geringe Werte – gut so!

Leonid und Katharina sind reine Selbstversorger. Sie heizen mit selbst geschlagenem Brennholz und essen das, was sie selbst anbauen. Trotz der bescheidenen Verhältnisse lieben die beiden ihre Unabhängigkeit. Als ich dem alten Mann zusehe, wie er liebevoll seinen Hund streichelt und auf ihn einredet, fällt mir dazu ein Wort ein: Glück.

20. Februar 2016
Heute früh klingelt mein Wecker um kurz nach fünf. Am Wochenende fährt nur ein Zug von Slawutytsch nach Tschernobyl. In den vergangenen Tagen haben wir den gleichen Rhythmus gehabt wie die Arbeiter des Kraftwerks. Morgens per Zug zur Anlage und abends wieder zurück.

Die Menschen, die täglich zum Reaktor in das Sperrgebiet pendeln, waren anfangs noch mit der Bewältigung der Katastrophenfolgen beschäftigt. Slawutytsch liegt etwa 50 Kilometer östlich vom Unglücksreaktor, und die Strahlung vor Ort ist gering. Dennoch ist wahrscheinlich kaum jemand so strahlenexponiert wie die Bürger dieses Städtchens.

Wie erwähnt, war der Energiehunger der Ukraine so groß, dass man auch nach dem GAU die nicht havarierten Reaktoren weiterbetrieb. Nachdem die Städte Tschernobyl und Prypjat unbewohnbar geworden waren, wurde Slawutytsch als neuer Wohnort der Kraftwerksmitarbeiter aus dem Boden gestampft. Doch nach der endgültigen Abschaltung aller Reaktoren im Energiekomplex Tschernobyl im Jahr 2001 wurden viele Arbeiter nicht mehr gebraucht, und die Bevölkerung von Slawutytsch ging allmählich zurück. Viele Kinder wurden hier geboren; die junge Rezeptionistin und auch die Köchin in unserem Hotel erzählen mir, dass sie hier aufgewachsen sind. Ihnen gefalle es hier, es sei doch ihre Heimat!

Heute treffen wir den amerikanischen Wissenschaftler Tim Mousseau. Er arbeitet an der Universität von South Carolina und erforscht Strahlenschäden an Fauna und Flora. Tim ist vor ein paar Tagen in die Ukraine eingereist und hat eine Spezialdrohne mit Infrarotkamera mitgebracht. Die Zollbeamten beschlagnahmten sein Gerät zunächst, und es dauerte einige Tage, bis er mitsamt dem Flugapparat zu uns stieß. In der Ukraine herrscht Krieg, und Drohnen werden nicht nur für friedliche Zwecke eingesetzt.

Auf dem Weg zu seinem Labor, das Tim in einem verlassenen Haus in Tschernobyl eingerichtet hat, passieren wir erneut den Sarkophag. Er liegt unweit des Bahnhofs. Jeder Ankommende sieht als Erstes dieses rostige Stahlungetüm. Ich beobachte an mir ein sonderbares Phänomen: Wir sind täglich daran vorbeigefahren, und allmählich tritt ein Gewöhnungseffekt ein. Ich erschrecke: Kann man sich an eine Katastrophe gewöhnen? Kölner Bürger übersehen im Alltag ihren prächtigen Dom, während Touristen das gotische Meisterwerk mit offenem Mund anstaunen. Offensichtlich gewöhnen wir Menschen uns an unser Umfeld, und mit der Zeit bleicht das Besondere aus – egal ob Weltkulturerbe oder Ikone einer Katastrophe.

Und wieder fallen mir die Hunde auf. Während des Drehs steige ich aus unserem Bus aus und verteile Kekse. Die Hunde umzingeln mich schwanzwedelnd und betteln um noch mehr Futter. Später werde ich Tim Mousseau auch nach den Hunden befragen, und er beruhigt mich, denn sie leben von den Essensresten der Mitarbeiterkantinen, und diese Nahrung ist frei von Kontaminationen. Anders sieht das bei wilden Tieren aus. Wildschweine z. B. fressen an manchen Stellen hochbelastete Pilze. Im Laufe der Zeit haben Tim und seine Gruppe verschiedene Tierarten untersucht, von Insekten über Mäuse bis hin zu Vögeln. Offenbar zeigen sich bei einigen Tieren Veränderungen, z. B. bei der Fruchtbarkeit, der Hirngröße oder dem Wachstum. Doch auch hier muss man sehr genau hinschauen, denn die Radioaktivität im Areal der Sperrzone ähnelt einem Flickenteppich. So beobachtet man bei benachbarten Populationen Unterschiede, je nachdem ob diese in einem mehr oder weniger belasteten Areal leben.

Am Nachmittag startet Tim seine Drohne und sucht nach Wildpferden. Für einen Moment denke ich: coole Wissenschaft. Hier kann man sich mit »Spielzeug« austoben; so mancher Jugendliche fände diese Art von Wissenschaft bestimmt reizvoll. In der Kälte kann man die Pferde per Infrarotkamera aufgrund ihrer Körperwärme leicht aufspüren. Die Wildpferde, die ich bereits bei meinem Besuch vor zehn Jahren antraf, waren etwas Besonderes: Ich näherte mich den Przewalski-Pferden, doch zu meiner Verblüffung nahmen sie nicht Reißaus. Sie schenkten mir kaum Aufmerksamkeit, und ich genoss diesen einzigartigen Moment. Inzwischen hat sich das geändert: Angeblich wurden einzelne Tiere von Wilderern erlegt, und so flüchten die Pferde, wenn sie einen Menschen sehen. Schade.

Am späten Nachmittag verlasse ich Tschernobyl. Am Eingangstor der Sperrzone wartet der Taxifahrer, der mich nach Kiew fahren soll. Als ich das Auto sehe, erschrecke ich, denn es handelt sich um denselben Fahrer, der mich vor über einer Woche am Flughafen abgeholt hat. Ich nenne ihn »Iwan den Schrecklichen«. Iwan zählt zu den miserabelsten Autofahrern, die mir je begegnet sind. Zwar sieht der wortkarge ältere Herr aus wie eine Mischung aus Steuerinspektor und pensioniertem Oberstudienrat (es leben die Klischees!), doch sobald Iwan hinter dem Steuer Platz nimmt, verwandelt er sich in ein Ungetüm.

Eng zwischen Lehne und Lenkrad eingeklemmt, bedient er die Gangschaltung seines Wagens mit ruckartigen Schlagbewegungen und quält den Motor im höchsten Drehzahlbereich. Sein Tempo ist absurd, wir rasen mit 130 Sachen über die schlechten ukrainischen Landstraßen. Iwan weicht den Schlaglöchern mit brüsken Lenkmanövern aus, er verdaut die Straße wie ein giftiges Essen, und jede rote Ampel löst in ihm Krämpfe aus. An unübersichtlichen Stellen überholt er, missachtet durchgezogene Linien und nimmt wie ein wild gewordenes Tier den Kampf mit jedem vorausfahrenden Fahrzeug auf. Iwan spricht kein Wort Englisch, und wenn es ihm nicht schnell genug geht, brummelt er ukrainische Schimpfwörter in sich hinein. Sein Fahrverhalten hat etwas Animalisches, er markiert jede Kurve und jede Kreuzung. In keiner seiner Bewegungen erkenne ich nur einen Hauch von Eleganz.

Iwan verzieht bei seinen Manövern keine Miene. Manche seiner Schaltvorgänge weisen geradezu Züge von Sadismus auf. Jedes Kind hätte bei einem derart aufschreienden Motor Mitleid mit der Technik – doch nicht Iwan! So schlecht hat mich noch keiner gefahren, weder in Kairo noch in Nairobi oder im Straßengewirr von Mumbai. Iwan toppt sie alle!

Um mich abzulenken, übe ich mich im Entziffern kyrillischer Straßennamen, versuche die Kilometer nach Kiew abzuschätzen oder mühe mich, an irgendetwas anderes zu denken, doch schon im nächsten Moment starre ich auf die Straße und auf die nächste Beute, auf die es Iwan abgesehen hat. Er überholt links, schneidet Nebenherfahrende, reizt in den Kurven die Zentrifugalkraft bis an ihre physikalischen Grenzen aus.

Ich werde oft auf die Risiken unseres Drehs angesprochen. Die Dosis, die wir insgesamt abbekommen haben, ist vergleichsweise niedrig. Bei mir sind es gerade mal 34 Mikrosievert in der gesamten Woche. Im Vergleich dazu ist meine Rückfahrt mit Iwan ein Wagnis sondergleichen. Kein verlassener Sarkophag, kein Kontrollraum und keine strahlende Erde reichen an das Risiko dieser halsbrecherischen Autofahrt heran.

Ich bin erleichtert, als wir in der Dämmerung Kiew erreichen. Der dichtere Straßenverkehr hindert Iwan daran, das Gaspedal durchzutreten, und wenig später bin ich heilfroh, als ich wohlbehalten Iwans Reich verlasse.

Mein Hotel liegt direkt am Flughafen. Morgen früh muss ich um 4:30 einchecken. Der Bau ist ohne Charme und Wärme, laut und abgelebt, doch all das ist mir egal – nach Iwan kann es nur noch besser werden.

Fukushima – Bericht aus dem Inneren der Katastrophe[42]

Latex, dann Baumwolle und erneut Latex. Zum ersten Mal in meinem Leben ziehe ich drei Paar Handschuhe übereinander an. Danach werden sie mit meinem Schutzanzug verklebt. Bis auf die Unterhose mussten wir uns ausziehen. An Brust und Rücken trage ich vier Kühlpacks. Heiß wird es dort draußen. Jeder von uns prüft die Dichtigkeit seiner Vollgesichtsmaske, bevor wir eintauchen in eine abstruse Welt.

In den langen Fluren kommen mir Arbeiter entgegen. Alle eingehüllt in weiße Schutzanzüge, wie Mönche eines unbekannten Ordens. Überhaupt erinnert mich vieles an heilige Rituale. Die Reinigungsprozeduren, dieses Übersteigen von Schwellen, das Ausziehen von Schuhen ... Statt eines Rosenkranzes händigt man uns Dosimeter aus. Kameras und Fotoapparat sind eingepackt in Folie, denn alles muss dicht sein an diesem Ort: Wir stehen auf dem Reaktorgelände von Fukushima Daiichi.

Jeder erinnert sich an die explodierenden Reaktorblöcke in Japan. Diese Bilder haben sich fest in unser ikonografisches Gedächtnis eingebrannt. Damals, im März 2011, bebte zunächst die Erde in Japan. Der Tsunami danach überschwemmte die Küste. Für die 15 Meter hohen Flutwellen waren die Schutzdämme der Reaktoranlage kein Hindernis. Das Wasser strömte in die Anlage, zerstörte das Kühlsystem und ertränkte Notstromgeneratoren und Batteriespeicher. In der gesamten Anlage fiel der Strom aus. Ohne Kühlung der Reaktorbrennstäbe war die Katastrophe programmiert.

Der GAU in Japan löste damals ein Umdenken aus. Deutschland verabschiedete sich von der Kernenergie und läutete die Energiewende ein. Doch seitdem hört man wenig aus Fukushima. Die Halbwertszeit medialer Ereignisse ist bekanntlich kurz. Hin und wieder liest man von undichten Kühlwassertanks oder von misslungenen Bergungsversuchen. Wie steht es also um Fukushima, drei Jahre nach der Katastrophe?

Monate hat es uns gekostet. Immer wieder höfliche E-Mails und Telefonate, um eine Dreherlaubnis zu bekommen. Die Verantwortlichen der Betreiberfirma Tepco lassen sich Zeit, immer wieder Rückfragen, man werde alles prüfen. Als die förmlichen Mails ihren Ton ändern, ist das ein gutes Zeichen. Wir sprechen uns mit Vornamen an, diskutieren über mögliche Drehorte, tauschen fachliche Details aus. Und als wir schon fast die Hoffnung aufgegeben haben, kommt doch noch eine klare Zusage: Wir dürfen in Fukushima Daiichi drehen. Als erstes ausländisches Kamerateam überhaupt! Das wird kein Spaziergang werden, doch ich kann mich auf mein Team verlassen: Zusammen mit meinem Kollegen Reinhart Brüning, dem Kameramann Rüdiger Spott und dem Tontechniker Timo Bruhns haben wir zuvor in Tschernobyl Erfahrungen gesammelt. In Japan hilft uns der engagierte ARD-Korrespondent Mario Schmidt bei der Planung.

Wir verschieben unsere Sommerurlaube, packen die Koffer, verstauen Kameras, Stative und eigene Strahlenmessgeräte und reisen nach Japan.

Tepco hat einen minutiösen Plan ausgearbeitet. Unsere Stationen sind im Minutentakt aufgeführt. Ich frage mich, ob das mit der radioaktiven Strahlung zusammenhängt oder vielleicht nur Ausdruck der pedantischen japanischen Kultur ist. Wir werden begleitet von Technikern, Strahlenschützern, Sicherheitsleuten und einem Dolmetscher. Er ist ausgestattet mit einem Megafon, denn im Schutzanzug mit Vollgesichtsmaske klingt alles dumpf. Kommunikation in einem strahlenden Umfeld ist ein höfliches gegenseitiges Anschreien.

Mit einem Minibus fahren wir durch die Anlage, vorbei an vielen Kränen und Baggern. Ich bin erstaunt darüber, wie viel hier los ist. Auf dieser Baustelle arbeiten etwa fünftausend Menschen. Überall wird konstruiert und aufgebaut. Wir nähern uns dem ersten Ziel: Block 4.

Ein historischer Ort, ich kenne die Gebäude aus den Fernsehberichten. Ein Déjà-vu, doch dieses Mal stehen wir mittendrin, umgeben von zerfetzten Fassaden, verbeulten Anlagenteilen, auf dem Boden Blech und Trümmer. Die Narben der Katastrophe sind immer noch sichtbar. Direkt daneben erhebt sich ein gigantischer Neubau. Dieser Kontrast ist irritierend. Normalerweise wird zunächst der Schutt weggeräumt, bevor etwas Neues errichtet wird, doch hier erlebe ich eine befremdliche Koexistenz von Zerstörung und Neubau. Weil die Strahlung zu hoch ist, kann man hier nicht aufräumen.

Die Fassaden der Reaktorgebäude schimmern grünlich, eine klebrige Farbe, die man hastig auftrug, um den radioaktiven Staub zu binden. Der Boden ist wegen des strahlenden Untergrunds mit dicken Stahlplatten bedeckt.

Über dem Reaktorgebäude von Block 4 ragt eine neue Stahlgerüstkonstruktion, fünfzig Meter hoch. Ein Techniker erklärt mir per Megafon, dass diese Struktur über die zerstörte Reaktorhalle gebaut wurde. Bei diesem Reaktorblock stand ohnehin viel auf dem Spiel. Während der Katastrophe liefen hier gerade Wartungsarbeiten. Der Reaktorkern war zwar frei von Brennelementen, doch im zugehörigen Abklingbecken lagerten 1533 Brennelemente, weit mehr radioaktives Material als in den anderen Blöcken. Nach einer Explosion stürzten Trümmer in das Becken und begruben die Brennelemente unter sich.

Die neue Konstruktion umfasst einen Brückenkran, mit dem der Innenbereich geräumt werden kann. Durch eine dicke Stahltür betreten wir das Gebäude. Neonlicht, Schaltkästen, Versorgungsleitungen, ein Aufzug – alles neu.

Die Stahlträger im Innern sind grün gestrichen, das Grün

einer Intensivstation. Über Treppen steigen wir hinauf. Dann stehe ich unmittelbar über dem Abklingbecken und erkenne die Brennelemente im Wasser. »Bis Ende des Jahres werden wir alle entfernt haben«, sagt mein Begleiter und deutet auf die letzten Brennelemente im Lagergestell.

Das Wasser ist klar. Fast hat man den Eindruck, die Katastrophe sei hier nie passiert. Welch eine Logistik, welch ein technischer Aufwand! Mein Begleiter reagiert beschämt, als ich meine Anerkennung äußere. Auf dieser Baustelle gibt es kein Lob.

Wir fahren weiter. Block 1 war der erste, der explodierte. Wir wollen in den Kontrollraum. Der Eingang ist wegen der extremen Strahlung nicht passierbar. Durch einen provisorischen Zugang betreten wir das Gebäude, ein Labyrinth aus dunklen Gängen. Auf dem Boden liegen etliche Kabel und Leitungen, 2011 auf die Schnelle verlegt. Die Wände sind überklebt mit einer rosafarbenen Plastikfolie. Ein Farbton, den kleine Mädchen lieben: Warum ausgerechnet hier?

Ich blicke auf das Strahlenmessgerät meines Begleiters, vergleiche seine Werte mit meinen. Er schaut auf meine Anzeige. Wir sprechen zwar nicht dieselbe Sprache, doch er nickt mir zu: die gleichen Werte – gut so.

Und dann stehen wir im Kontrollraum. Hier arbeitet niemand mehr. Nur das Summen der Filteranlagen; das Nervenzentrum eines Toten. Die Anzeigen und Bedienpulte sind antiquiert; diese Technik stammt aus den Siebzigern!

Auf einer Schalttafel erkenne ich die Kühlwasseranzeige des Reaktors. Daneben stehen Zahlen, von Hand mit Bleistift notiert.

Damals waren alle Instrumente ausgefallen. Niemand wusste, in welchem Zustand der Reaktor war. In einer verzweifelten Aktion versuchen die Techniker, mithilfe von Autobatterien die wichtigsten Instrumente wieder in Betrieb zu nehmen. Entscheidend ist dabei die Kühlwasseranzeige. Sie zeigt an, ob der Reaktorkern mit Wasser bedeckt ist oder nicht. Nach der provisorischen Inbetriebnahme notieren die Techniker im Strahl der Taschenlampe mit Bleistift die Füllstände direkt neben der Anzeige. Sie verzeichnen einen Anstieg des Kühlwasserniveaus – aber die Werte sind trügerisch, denn der Druckanstieg im Reaktor führt dazu, dass der Anzeigemechanismus nicht mehr richtig funktioniert. Niemand misstraut der Anzeige, man glaubt den Werten.

Der letzte Eintrag: 12. März 2011, 12:50 Uhr. Kühlwasserstand 1,70 Meter. Die Gefahr einer Kernschmelze scheint in diesem Moment gebannt zu sein. Welch ein fataler Irrtum! Als das Dach von Reaktor 1 nur wenige Stunden später explodiert, hält die Betriebsmannschaft die Erschütterung zunächst für ein Nachbeben. Niemand im Kontrollraum weiß, was draußen passiert ist. Diese Anzeige ist ein Symbol, sie erzählt die Geschichte von Menschen, die den Zahlen vertrauen, ohne zu ahnen, dass diese schon längst nichts mehr mit der Wirklichkeit zu tun haben.

Als wir erneut ins Freie gelangen, fällt mein Blick auf die Fassaden der benachbarten Reaktorblöcke. Im Umfeld von Block 2 ist die Strahlung besonders hoch. Schon im Außenbereich steigen die Dosiswerte auf 2500 Mikrosievert pro Stunde. Niemand weiß, wie es im Innern dieses Reaktors aussieht.

Die strahlenden Ruinen müssen immer noch gekühlt werden. Tag für Tag fallen siebenhundert Tonnen radioaktiv verseuchtes Kühlwasser an, das in große Tanks gepumpt wird. Das gesamte Gelände ist übersät mit riesigen Wasserspeichern. Derzeit entsteht ein ganzer Fabrikkomplex, der das strahlende Wasser in mehreren Stufen reinigen soll. In wenigen Wochen sollen gleich zwei neue Filteranlagen in Betrieb gehen.

Bei den ersten Versuchen lief es nicht optimal. Verstrahltes Wasser trat aus, doch man lernte aus den Fehlern, änderte die Verfahren und probierte es erneut. Als ich neben den großen Filtersäulen aus Edelstahl stehe, beschlägt meine Maske. In der sommerlichen Hitze bin ich nass geschwitzt, meine Augen brennen, und die Maske drückt am Kopf. Um mich herum ein Dutzend Arbeiter in der gleichen Montur. Ich frage mich, wieso diese Menschen hier schuften, bei all der Quälerei, umgeben von Strahlung. Als ich etwas später einen von ihnen befrage, spricht er von Verantwortung und Pflichtgefühl. Er heißt Yuji Sayo, ist sechzig Jahre alt und koordiniert die Bohrungen auf dem Gelände. Ich frage Herrn Sayo, ob er Angst habe. »Ja, aber ich will meinen Enkeln ein gutes Land hinterlassen.«

Nach den Dreharbeiten werden wir genau auf Strahlung überprüft. Ein Angestellter scannt mit seinem Messgerät gewissenhaft meinen Körper ab. Seine Gesten wirken geschmeidig und erinnern mich an ein sonderbares Ballett. Als er fertig ist, nickt er höflich. Mein Dosimeter zeigt 30 Mikrosievert an. Ich bin erleichtert. Die Strahlung, die wir bei den Dreharbeiten abbekommen haben, entspricht der eines Hin- und Rückflugs nach Japan.

Kamera, Fotoapparat, Mikrofone – alles wird genau ausgemessen, bevor wir die Anlage verlassen. Auf der Rückfahrt passieren wir verlassene Städte. Häuser, Einkaufszentren, Kinderspielplätze, Tankstellen, alle wie eingefroren in einem strahlenden Dornröschenschlaf.

In den nächsten Tagen durchfahren wir mit Sondergenehmigung die Sperrzonen in der Region. Durch ungünstige Windbedingungen während der Katastrophe wurde ein Teil der Radioaktivität ins Landesinnere transportiert. Damals wurden 140 000 Menschen evakuiert. Viele dürfen noch immer nicht zurück, manche wohl nie. Wie schmerzlich muss das sein, alles zurückzulassen? Bei einem Brand wird den Menschen ihr Hab und Gut geraubt. Die Vergangenheit wird ausgelöscht und gibt Raum frei für einen Neuanfang. Doch in der verstrahlten Landschaft stehen die Häuser so wie früher und werden zu Mahnmalen eines unerklärlichen Verlustes. Alles erscheint noch so vertraut, zum Anfassen nah, und doch ist es auf ewig dahin.

»Für mich ist es wie ein Krieg – ich habe meine Heimat

verloren«, sagt Miyuki Ichisawa. Sie betrieb in Iitate Mura ein Café. Das Städtchen liegt fünfundvierzig Kilometer vom Kraftwerk entfernt, inmitten der hügeligen Landschaft nordwestlich von Daiichi. Vor der Katastrophe trafen sich viele Menschen in ihrem Café, doch auch sie hat den Ort verlassen müssen. Ihr Café und auch ihr Wohnhaus stehen leer. Sie hat ihren Hausstand zusammengepackt und in Pakete geschnürt. Alles wird verbrannt. Als sie mir davon erzählt, spüre ich, wie sehr sie leidet, und doch wirkt sie gefasst. Wer behauptet, dass Japaner keine Gefühle haben, sollte nur etwas genauer hinschauen.

An manchen weniger belasteten Orten trägt man die radioaktive Erde ab und verpackt sie in große schwarze Säcke. Ein ganzes Land häutet sich, und die strahlende Haut wird in Plastik verpackt. Wir passieren Täler, in denen Tausende von Arbeitern ihr Land Quadratmeter für Quadratmeter zurückgewinnen. Eine ganze Region versucht so, die Heimat zu retten, denn der strahlende Staub hat Gemeinschaften aufgelöst und Existenzen zerstört. Die Beharrlichkeit, mit der Japan sich daranmacht, diesen nuklearen Schandfleck auszulöschen, ist einzigartig. Unzählige Bautrupps mit bunten Armbinden sanieren Vorgärten und Dächer, schrubben Dachrinnen und Straßenränder und tauschen die Erde der Blumenbeete aus. Mit einer fanatischen Gewissenhaftigkeit verrichten sie ihr Werk, und doch scheint der Kampf aussichtslos. Als ich mit meinem Gerät einen gerade dekontaminierten Vorgarten messe, schlägt es aus: Die unsichtbare Radioaktivität des Nachbargrundstücks wird mit dem Regenwasser weitergetragen und vergiftet auch den zuvor ausgetauschten Torf.

An einer Mauer kniet ein älterer Mann und säubert die Oberfläche des Betons mit einer kleinen Stahlbürste. Ich sehe seinem Gesicht die Anstrengung an. Manchmal legt er eine Pause ein. Seine Bürste ist abgenutzt. Als er mich bemerkt, nickt er mir höflich zu und macht sich erneut an die Arbeit. Mit einer Stahlbürste gegen den unsichtbaren Feind.

Die Träume unserer Väter

Unsere Väter hatten große Träume. Ihre Welt brachte viele Wunder hervor: Wirtschaftswunder, Technikwunder, medizinische Wunder. Der Mensch transplantierte erstmals ein Herz, erfand neue Kunststoffe, setzte seinen Fuß auf den Mond, nahm die Musik im Transistorradio mit in den Urlaub und konnte sogar künstliche Lebensmittel herstellen.

Jede einzelne Erfindung versprach eine bessere Zukunft, und, betört vom Neuen, wurde der Fortschritt selbst zur Utopie einer ganzen Generation. Es war die Phase bunter, synthetischer Wackelpuddings mit neuen künstlichen Geschmacksnoten, neuer knitterfreier Hemden, die in kürzester Zeit trockneten, oder erster Fernsehübertragungen in Farbe. Oder Kartoffelpüreepulver: Man musste nur heißes Wasser zugeben, und fertig war das Püree, ohne dass man sich mit dem Schälen, Waschen, Kochen und Stampfen der Kartoffeln aufgehalten hätte. Das Farbspektrum war über Nacht um neue Leuchtfarben erweitert worden, die Antibabypille erlöste Liebende von uralten Ängsten.

Meine Mutter zum Beispiel gehörte zu dieser unbekümmerten Generation, die munter und achtlos den Fortschritt genoss. Sie verwendete für ihre hochgesteckten blonden Haare so viel Spray, dass ein Teil des Ozonlochs auf ihr Konto geht. Gegen Falten im Hemd gab es Dampfbügeleisen, und gegen das Energieproblem setzte man auf die Kernenergie. Das friedliche Atom sollte den wachsenden Energiehunger der Gesellschaft stillen – für immer. Es würde Städte beleuchten und Schiffe antreiben, ohne Gestank und Rauch, ohne Schweiß und Mühe. Der Strom würde fließen für immer, wobei die Reaktoren sogar ihren zukünftigen Brennstoff selbst erbrüten würden. Ein nukleares Perpetuum mobile der Neuzeit wurde uns versprochen. An den Flussläufen entstanden gigantische Atomkraftwerke, und aus den riesigen Kühltürmen dieser Betonkathedralen stiegen gewaltige Wolken auf. In aufwendigen Werbekampagnen wurden wir eingestimmt auf die »Zukunftstechnologie«, auf eine neue Ära unerschöpflicher Energie.

Als Physikstudent lernte ich die Welt des Atoms im Detail kennen. In den Atomreaktoren gab es feste Rituale mit Dosimetern und Überschuhen, grünlichen Umkleidekabinen, Kontrollmonitoren und lächerlichen Kopfhauben, die jeden noch so klugen Menschen wie einen Trottel aussehen ließen. In regelmäßigen »Belehrungen« erinnerte man uns an die Dekontaminationsregeln und daran, dass es keine Gefahr gebe, denn man habe alles unter Kontrolle.

Die Atomphysiker in ihren weißen Kitteln und Kopfhauben erinnerten mich an einen neuen heiligen Orden, dem auch ich beigetreten war. Wer im Atomreaktor arbeitete, musste sich nur an die Gebote halten, so wie Kirchgänger, die sich während einer Messe regelmäßig bekreuzigen und im Duft von Weihrauch knien und beten. Das Atom war unsichtbar, und Gott war es auch, und aus beiden entsprang unerschöpfliche Energie. Ich erlebte die Schlussphase dieses Forschungsreaktors, der 1962 in Betrieb gegangen war.

Es handelte sich um einen »Schwimmbadreaktor«, so genannt wegen seiner offenen Bauweise. Während des Betriebs konnte man von oben durch das Wasser, welches die radioaktiven Strahlen abschirmte, direkt auf den bläulich leuchtenden Reaktorkern blicken. Diese Tscherenkow-Strahlung, wie die bläuliche Leuchterscheinung genannt wird, erzeugte eine magische Farbe, wie ein heiliges Licht. Jahre später sollte ich im zerstörten Block 4 der Atomanlage von Fukushima stehen und in das Abklingbecken blicken, und erneut gab es dieses leuchtende Blau.

Der Forschungsreaktor Merlin diente nicht der Energiegewinnung, sondern wurde für eine Vielzahl von Experimenten genutzt. Neutronenphysiker, Strahlenmediziner, Materialwissenschaftler und Kernphysiker hatten ihre Messapparaturen im Reaktor aufgebaut und nutzten die Neutronen der Kernspaltung für ihre Versuche.

Als ich Ende der Siebzigerjahre das erste Mal den Reaktor betrat, gab es noch keinerlei Sicherheitszäune, Kontrollen oder Absperranlagen. Ich lief einfach mit meinen Kollegen über die Wiese, vorbei am Pförtner, nahm mein Dosimeter aus dem Fach, ging in die Umkleide und gelangte anschließend durch die Schleuse in das Reaktorgebäude. Aus heutiger Sicht geradezu unvorstellbar – der Forschungsreaktor war gänzlich ungesichert.

Diese Unbekümmertheit gegenüber der einstigen Zukunftstechnologie ging verloren, und aus Zuversicht wurde nachhaltiger Zweifel. Aus Mut wurde Angst, und das einst strahlende Atom wurde zur gefühlten Bedrohung. Aus dem Traum wurde ein Albtraum mit Protesten, Demonstrationen und Blockaden. Die Entsorgung und Endlagerung des Brennstoffs, die Unsichtbarkeit der Strahlung, die Gefahr nuklearer Bomben, die Angst vor dem GAU: Das Atom spaltete die Generationen, und an die Stelle des Fortschrittsglaubens traten Sorgen und Ängste.

Und dann kamen Tschernobyl und später die Katastrophe von Fukushima. Aus einstigen Helden wurden Aussätzige, das Märchen der sicheren Unerschöpflichkeit endete in der makabren Realität von Sperrzonen, verlassenen Dörfern und strahlenden Sarkophagen.

In Deutschland beschloss man die Energiewende, und so werden die einstigen Wundermaschinen heute abgebaut und entsorgt. Die Träume unserer Väter haben ihre Halbwertszeit überschritten. Sie zerfallen. Die Mitarbeiter der Kraftwerke sollen nun das abbauen, was sie einst erschufen. Manche haben ein ganzes Berufsleben an ihre Ziele geglaubt und sich für ihr Kraftwerk eingesetzt, doch nun müssen sie ihr Lebenswerk zerstören.

Träume haben immer eine Halbwertszeit. Jede Generation, jede Kultur, jede Epoche träumte stets ihren eigenen Traum. Wünsche und Hoffnungen sind gebunden an eine bestimmte Zeit und vergilben im Laufe der Jahre. Auch unsere heutigen Träume und Visionen unterliegen diesem Fluch und werden altern.

Hier offenbart sich eine tiefe Tragik des technischen Fortschritts. Menschen müssen nach einem engagierten Arbeitsleben mit ansehen, wie das eigene Lebenswerk zerstört und verschrottet wird. Alle Mühen, aller Schweiß scheinen umsonst. Alles, wofür wir gearbeitet haben, löst sich auf und macht dem Neuen Platz. Diese Geschichte hören wir immer wieder: von Druckern, die nach der Ära des Bleisatzes von Offsetdruck und Bildschirmarbeit überfordert waren, von Radiohändlern, die nicht begreifen wollten, dass das Neue nicht mehr repariert wird, von Stahlarbeitern und Fabrikmonteuren, die durch Maschinen und automatisierte Anlagen überflüssig gemacht wurden, oder von Kameramännern, die nicht verstehen wollten, dass sich die Medien über Nacht verändert hatten. Überall erleben wir diese Tragik, doch bei der Kernenergie gibt es einen bedeutenden Unterschied: Hier scheint die Radioaktivität den einstigen Traum zu konservieren. Hier kann man Vergangenheit nicht einfach entsorgen und auslöschen – das Atom fordert sein Bleiberecht.

Die Demontage der Kraftwerke, die Suche nach Endlagern, der endgültige Ausstieg, das alles wird Milliarden verschlingen und Jahrzehnte dauern. Die Träume unserer Väter haben uns zu einer Aufräumgeneration gemacht.

Und mit der nuklearen Entsorgung ist es nicht getan. Als erste Generation in der Geschichte der Menschheit werden wir mit massivem Artenschwund, Klimawandel, Ressourcenknappheit und globalen Energieproblemen konfrontiert. Alleine der durch uns verursachte Artenschwund ist vergleichbar mit den großen Aussterbewellen unserer Erdgeschichte.[43] Und als ob es damit nicht genug sei, warnen Zukunftsszenarien vor synthetischen Viren, unsichtbaren Nanostäuben oder vor apokalyptischen Roboterschwärmen.

Unser Lebensstil und unsere Sorglosigkeit sind zur Bedrohung für unseren Planeten geworden. Wir stecken in der Falle, denn wir sind Täter und Opfer zugleich. Wir begreifen, dass wir etwas Grundsätzliches ändern müssen, und geloben Nachhaltigkeit, doch wie ein Raucher, der sich nachts schlafen legt und sich vornimmt, sein Laster zu beenden, um sich am nächsten Morgen dann doch eine neue Zigarette anzuzünden, so vergessen auch wir unsere guten Vorsätze und täuschen uns selbst: Manche ignorieren das Problem und leugnen den Klimawandel, andere verkünden die gewagte These, dass wir forsch weitermachen sollten wie bisher, denn die Technik selbst würde uns bald mit einem Heilmittel beschenken, und wiederum andere predigen den totalen Verzicht und die totale Askese.

Wir sind wie Atlas, den Zeus bestraft, weil er dem Zeit-Gott Kronos die Treue hielt. Das Schicksal der Welt ruht nun auf unseren Schultern. Wir sind damit die erste Generation in der Menschheitsgeschichte, die sich ohne Gottes Hilfe um planetare Dinge kümmern muss. Doch wir sollten nicht verzweifeln.

Katastrophen gab es schon immer im Laufe der Menschheitsgeschichte: Pestepidemien, Kriege, gravierende Natureingriffe wie das Abholzen der Wälder in Spanien, Griechenland oder dem Libanon oder die Zerstörung fremder Kulturen. Oft genug glaubten die Menschen, ihre Welt ginge unter, doch sie glaubten auch an einen göttlichen Plan. Ihr Leid, so schlimm es auch war, entsprach dem Willen Gottes. Die größten Katastrophen wurden ertragen, und selbst in dunkelsten Momenten blieb die Hoffnung auf überirdische Hilfe. Die Menschen verhielten sich wie Jugendliche, die bei allen Problemen, die sie teils selbst verursacht hatten, immer noch Halt bei ihren Eltern finden. Doch wenn sie älter werden und das elterliche Heim verlassen, werden sie plötzlich mit der eigenen Verantwortung konfrontiert. Für jeden Fehltritt haften sie selbst und beginnen allmählich, ihr eigenes Verhalten zu hinterfragen und zu verändern. Sie werden erwachsen.

Eine säkulare Gesellschaft durchläuft einen ähnlichen Bewusstseinswandel. Sie kann die Probleme nicht mehr auf einen göttlichen Plan schieben, sondern muss sich selbst daranmachen, Lösungen zu finden. In dieser säkularen Wendezeit erlebt die Gesellschaft ähnliche Muster wie junge Erwachsene: Unsicherheit und manchmal Angst vor der neuen Freiheit und der neuen Verantwortung. Auf Dauer jedoch wächst der Erfahrungsschatz.

Ja, die Herausforderungen, vor denen wir stehen, sind gewaltig, doch wir sollten dabei eines bedenken: Die Menschheit ist erwachsen geworden!

4
ZUSAMMENLEBEN
Von In- und Ausländern

In wie vielen Sprachen kann man küssen?[44]

Mein Bezug zur Sprache war von Beginn an eigentümlich: Ich wuchs mit der Überzeugung auf, dass jeder Mensch wohl seine eigene Sprache besitzt: Meine Mutter ist Luxemburgerin, mein Vater stammt aus Indien. Meine Kindheit verbrachte ich in Südindien, in der Nähe von Bangalore. Meine Mutter erzählte uns Kindern Märchen – auf Luxemburgisch. Wenn mein Vater mich kitzelte, flüsterte er auf Englisch. Wenn er hingegen streng wurde, wechselte er ins Tamil.

Mary, unsere Haushälterin, kochte das beste Subjee weit und breit und sang dabei lauthals in der Küche auf Kannada – die Sprache des Bundesstaates Karnataka, wohingegen unser Gärtner, ein drahtiger Mann aus Kerala, beim Rauchen seiner Beedies zufrieden Malayalam lispelte. In der Schule sprach die Lehrerin Hindi und Hinglish.

Später zog meine Familie nach Luxemburg zurück, und ich musste Deutsch und Französisch büffeln, denn im Lycée war die »langue véhiculaire« Französisch. Es gibt für mich also nicht die eine Sprache, welche mich vom ersten kindlichen Gebrabbel bis heute begleitet, sondern ein Gemisch verschiedenster Sprachen. Ein Begriff wie »Muttersprache« ist für Menschen wie mich gänzlich ungeeignet.

Die Sprache, in der ich zum ersten Mal alleine Fahrrad fuhr, war Tamil; meine ersten geschriebenen Worte waren auf Englisch. Mein erstes Gedicht reimte sich hingegen auf Luxemburgisch. Auf Französisch verstand ich zum ersten Mal die chemische Dynamik von Enzymen, was zur Folge hatte, dass ich noch heute das »z« weich ausspreche und in Fernsehsendungen von »Ensymen« statt von »Enzymen«

rede. Die unvergessliche Sprache meines ersten Kusses war Luxemburgisch. Ich küsste allerdings später auch in anderen Sprachen.

Dieser Sprachenmix verhilft mir zu einer fast multiplen Persönlichkeit: Wenn ich zum Beispiel Englisch spreche, fühle ich mich jünger, meine Lebenseinstellung ist positiv, und ich lache deutlich mehr. Auf Luxemburgisch hingegen bin ich weit nachgiebiger, und Konflikte verlaufen versöhnlicher. Wenn Sie Ihrem Gegenüber z. B. zurufen: »Du kanns mech klibberen« (nur unzureichend mit »Du kannst mir gestohlen bleiben« zu übersetzen), signalisiert diese Aussage eine zeitlich beschränkte Auseinandersetzung. Im Deutschen fehlt dieses Sprachregister, bei welchem Kontrahenten miteinander streiten und sich dennoch am Folgetag wieder vertragen können. Was mir fehlt, ist eine feste Sprachheimat, mit Worten wie »Muggeseggele« (sehr kleine »Maßeinheit«, die sich auf das Geschlechtsorgan der männlichen Stubenfliege bezieht) oder Lebensweisheiten wie das Kölsche »Versprechen und halten – beides zusammen geht nicht«. Doch ich kompensiere meine sprachliche Heimatlosigkeit mit einer besonderen Sensibilität für Unterschiede.

Unsere Mediensprache wird zunehmend zur Verkaufssprache, denn Marktanteile und Quote dominieren das Feld. Beim Kampf um die Gunst der Seher, Hörer, User und Käufer bedient man sich einfacher Tricks: In Werbebotschaften oder abendlichen Unterhaltungssendungen erleben wir ein Feuerwerk aus Adjektiven: »sensationell«, »grandios«, »wahnsinnig«, unterbrochen von ekstatischen Einwürfen wie »Oh mein Gott!«. In Buchhandlungen preist man »Bestseller« an und blickt auf Verkaufsumsätze statt auf literarische Qualität. Bei Facebook sammelt man Freunde per Mausklick. Meinen wir damit wirklich Freunde oder lediglich digitale Bekanntschaften?

Merkantiles Denken prägt zunehmend unser Vokabular. Medienverantwortliche reden von Kunden, Studenten sammeln Credit Points und Neujahrsansprachen sind geprägt vom Zauberwort des »Wachstums«. Auch in der Politik blendet man uns mit »Krisen«, allerlei »Gipfeln« oder verspricht uns vollmundig, es gehe bei der ganzen Spionage um unsere »Sicherheit«. So verlieren Wörter allmählich ihre Bedeutung. Was vor Jahrzehnten zu Recht »Kriegsministerium« hieß, wird schon lange als »Verteidigungsministerium« verharmlost, und die Armeen der Welt engagieren sich in »Friedensmissionen«, doch die Kugeln und Bomben töten nach wie vor Menschen.

Meine Kinder wachsen in einer Welt auf, in der Sprache bewusst entmündigt wird: Die »Nulltarife« der Mobilfunkanbieter kosten immer, »umweltfreundliche« Autos sind alles andere als freundlich zur Umwelt und die »Freilandhaltung« bedeutet für die Hühner lebenslange Haft auf engstem Raum.

In dieser komplizierten Welt muss es mehr geben als Smileys und »Gefällt mir«-Buttons. Was es braucht, ist eine Sprache, die nicht käuflich ist, mit Worten, deren Inhalt klar ist. Eine Sprache, die es vermag, die Differenziertheit unserer Gedanken zu spiegeln und somit jedem von uns in seiner Einzigartigkeit gerecht zu werden. So verhindern wir, dass die Waffe der Aufklärung, unsere Sprache, stumpf wird.

Fairness

Fortschritt offenbart sich durch kulturellen Wandel: Uralte Vorurteile, scheinbar unumstößliche Konventionen und Rituale kommen auf den Prüfstand und werden, bedingt durch die neue Perspektive, neu eingeordnet oder gar abgeschafft und durch zeitgemäße Praktiken ersetzt. Auch unsere Zeit durchläuft einen solchen Prozess.

Was einst als Normalität galt, entpuppt sich im neuen Lichte als schreiendes Unrecht. Kolonialismus, Sklaverei, Rassismus, die Benachteiligung von Frauen, die Diskriminierung von Minderheiten oder Anderslebenden, so absurd diese Haltungen uns heute erscheinen mögen, sie sind Teil unserer Geschichte, und bei näherer Betrachtung zeigt sich, dass der Widerhall einstiger Ansichten und Vorstellungen bis in unsere Zeit zu hören ist. Oft sind wir uns kaum bewusst, wie prägend der Rucksack unserer Geschichte, gefüllt mit Vorurteilen, ist und wie uns unbewusst die Sichtweisen vorausgegangener Generationen auch in unserem Selbstverständnis prägen.

Europa und die USA besetzten jahrhundertelang Gebiete auf anderen Kontinenten, massakrierten indigene Völker, unterwarfen die dortigen Kulturen, bedienten sich an ihren Bodenschätzen und versklavten ganze Generationen, um sie per Schiff zu den Plantagen zu transportieren. In den vier Jahrhunderten der atlantischen Sklaverei kamen alleine etwa zehn bis zwölf Millionen verschleppte Schwarzafrikaner in Amerika an.

Die Unabhängigkeitserklärung der USA vom 4. Juli 1776 postulierte erstmals in einem staatlichen Dokument die Idee der Menschenrechte: »Wir halten diese Wahrheiten für aus-

Verliebt – meine Mutter und mein Vater 1956 in Zürich

gemacht, dass alle Menschen gleich erschaffen wurden, dass sie von ihrem Schöpfer mit gewissen unveräußerlichen Rechten begabt wurden, worunter sind Leben, Freiheit und das Bestreben nach Glückseligkeit.«

Dieser Grundsatz hätte nach unserem heutigen Verständnis zur raschen Abschaffung der Sklaverei führen müssen, doch in der Vorstellung der damaligen Zeit unterschied man zwischen weißen und schwarzen Menschen. Thomas Jefferson, einer der Gründerväter der USA, der die Unabhängigkeitserklärung verfasst hatte, bezog die Gleichheit der Menschen vor allem auf den weißen Mann: »Ich gehe sogar davon aus, dass die Schwarzen, ob ursprünglich eine eigene Rasse oder durch die Zeit und die Umstände zu einer solchen gemacht, den Weißen in der Ausstattung von Körper und Geist unterlegen sind.«[45]

Noch bis ins 20. Jahrhundert wurde die angebliche Minderwertigkeit farbiger Menschen in *Völkerschauen* präsentiert.[46] Der junge Ota Benga, ein kongolesischer Pygmäe, wurde 1906 im Zoo von New York in einem Käfig neben einem Orang-Utan zur Schau gestellt.[47] In der britischen Kolonie Indien las man im frühen 20. Jahrhundert Sprüche wie »für Hunde und Inder«. Diese selbst erklärte Überlegenheit des weißen Menschen war gleichermaßen seine Legitimation für den Rassismus und den Raubbau in den Kolonien.

Auch nach der offiziellen Abschaffung der Sklaverei blieb es bei der Rassentrennung. Es gab weiße und schwarze Wohnviertel; auf Parkbänken, Bussitzen und Toiletten unterschied man zwischen Weißen und Nichtweißen. Diese Praktiken dauerten bis 1964 an, als nach heftigen Auseinandersetzungen die Rassentrennung in den USA per Gesetz aufgehoben wurde. In Südafrika existierte das System der Apartheid sogar bis 1994. Auch wenn die juristischen Rahmenbedingungen sich änderten, so wurzelt der bis in unsere Zeit ragende latente Rassismus in einer langen historischen Prägung. Der Rucksack der Geschichte drückt uns noch.

Als meine Eltern 1957 heirateten, war das für viele eine Irritation. Zu diesem Zeitpunkt waren Mischehen zum Beispiel in vielen Bundesstaaten der USA noch gesetzlich verboten. Ein Inder und eine Luxemburgerin, das konnte nicht gut gehen! Meine Luxemburger Großmutter warnte meine Mutter, dass eine solch exotische Liaison problematisch sei, und auch vonseiten der Familie meines Vaters gab es Widerstände. Meine Eltern hörten nicht auf die Einwände und heirateten trotzdem. Im Nachhinein bewundere ich ihren Mut. Sie waren über fünfzig Jahre miteinander verheiratet und gaben uns Kindern ein Vorbild, wie ein liebevolles und tolerantes Zusammenleben unterschiedlicher Kulturen klappen kann. Wir Kinder wuchsen selbstverständlich mit Eltern aus zwei völlig unterschiedlichen Kulturen auf, während sie für Außenstehende immer wieder als exotisch galten.

Die Dämonen vergangener Zeiten schlummern wohl immer noch in den Köpfen der Menschen, und wenn die Angst vor Überfremdung erneut mit Parolen wie »Ausländer raus!« geschürt wird, dann denke ich im Stillen an meine Eltern.

Als ich in den Achtzigerjahren meine Fernsehlaufbahn begann, gab es nur wenige offensichtliche »Ausländer« auf dem Bildschirm. Meine Hautfarbe war von Beginn an ein Thema: Kurz vor der Aufzeichnung meiner ersten Fernsehsendung brachte mir der Aufnahmeleiter eine Sammlung von Krawatten und bat mich, doch eine davon umzulegen. Ich lehnte ab, mit dem Argument, ich wolle Wissenschaft anders erklären. Der Kollege ging in den Nebenraum, vergaß jedoch, dass sein Mikrofon noch eingeschaltet war: »Der sieht aus wie ein Neger. Dem glaubt man nicht. Mit Krawatte sieht er glaubwürdiger aus …« Der Mann war kein Rassist, ich mochte ihn, und wir haben danach lange Jahre gut zusammengearbeitet, aber dunkle Hautfarbe und Glaubwürdigkeit passten für ihn wohl nicht zusammen.

Wenn ich mich als (halber) Inder outete, und nicht als Türke, was für die meisten Deutschen naheliegender war, dann erntete ich häufig mitleidige Blicke. Jedes Gespräch kam spätestens nach drei Sätzen auf die entsetzliche Armut zu sprechen, auf Hunger, Slums, bettelnde Kinder, das Kastensystem oder die sonderbare Praktik der Witwenverbrennung. Kein Klischee wurde ausgelassen; Mutter Teresa, der Tiger von Eschnapur und die mutigen Schlangenbeschwörer waren auch dabei. Nachfragen gab es häufig zum großen Mahatma Gandhi, zu der tollen alten Religion mit den unzähligen Tempeln, zum Kamasutra und natürlich zu den heiligen Kühen: Stimmt das wirklich? Zwischen den Zeilen spürte ich stets die Verunsicherung: Indien war seltsam, Indien war anders, und Indien war weit, weit weg.

Doch dann kam das Internet, und plötzlich war der Subkontinent nur noch einen Mausklick von Deutschland entfernt. Das Land der Ochsenkarren und der heiligen Sadhus hatte über Nacht den wundersamen Wandel in die Virtualität vollzogen. Meine indische Heimatstadt Bangalore wurde zum Mekka einer boomenden IT-Industrie. Die Vorurteile kehrten sich plötzlich um. Nun hörte ich neue Klischees: »Der Inder« habe eine fast genetische Prädisposition für Mathematik und Abstraktion, ein natürliches Gefühl für Zahlen und eine außerordentlich hohe Lernbereitschaft. Er sei nun mal der geborene IT-Spezialist, und wenn der Computer mal streikt, könne er bestimmt helfen. Selbst der Softwaregigant Google wird, wie könnte es anders sein, von einem Inder geleitet. Mutter Teresa ist tot – es lebe das Indernet!

Wahrscheinlich verdanke ich meine Karriere dem Umstand, dass ich Physiker bin und vor allem wissenschaftliche Themen behandle. Wissenschaft ist objektiv, und das Gesetz der Schwerkraft besitzt keine Nationalfarbe. Alle Körper fallen gleich schnell, egal wo und egal wer sie fallen lässt. Wenn ich hingegen als Gast in politischen Talkshows eingeladen werde, erreichen mich anschließend häufig rassistische und verletzende Mails. Da sind sie, die falschen Patrioten, diese Kreuzung aus Patria und Idiot. Manche meiner »ausländischen« Kolleginnen und Kollegen berichten Ähnliches, und einige verzichten darauf, sich zu exponieren. Parolen wie »Kinder statt Inder« oder »Deutschland schafft sich ab« und die Debatten um die doppelte Staatsbürgerschaft oder »Türken in Deutschland« (statt »Mitbürger mit türkischer Herkunft«) zeugen noch immer vom Wunsch nach »Sortenreinheit« der hier lebenden Menschen und sind für mich Nachwehen der ehemaligen Rassentrennung.

Die »Flüchtlingskrise« (schon der Begriff sagt viel aus) markierte einen Höhepunkt, und an ihr kann man die alten Mechanismen erkennen: Die Fernsehbilder der Flüchtlinge zeigten häufig anonyme Menschen. Auch die verwendeten Begriffe schaffen Distanz: »Asylbewerber«, »Migranten«, »Wirtschaftsflüchtlinge«. Die prekäre Lebensrealität dieser Menschen wurde reduziert auf Zahlen und Quoten. Das menschliche Individuum wurde zu einer Registriernummer in einer Erstaufnahmeeinrichtung, um dann per Zufallsverfahren einer Kommune zugewiesen zu werden. Im verwaltungstechnischen Vokabular von Aufnahmeverfahren wurde aus Hilfe suchenden Menschen ein Prozess mit »Bleibeperspektive«, »Verteilungsschlüssel« und einer möglichen »Aufenthaltsduldung«. Begriffe wie »Flüchtlingsströme« erinnern eher an Flutkatastrophen und verhindern Empathie und Menschlichkeit. Noch immer reden wir viel über sie, doch wir reden zu wenig mit ihnen. Diese Anonymisierung der Menschen, die Reduktion auf eine ethnische Zugehörigkeit wie im Wort »Nordafrikaner« ist ein Merkmal kolonialen Denkens, und es wird noch einige Zeit brauchen, bis das Bewusstsein sich ändert. Ein Denken, das jahrhundertelang unsere Kultur prägte, endet nicht über Nacht.

In einer Zeit, in der jedes Handy, jeder Computer und jede Jeans den Stempel globaler Arbeitsteilung tragen, träumen hierzulande manche noch immer von der reinen Nation, von der abgeschotteten Insel der Autochthonen. Jeder will im globalen Business mitmischen, doch wehe, wenn mit den globalen Produktpaletten auch die Menschen auftauchen, die diese Waren herstellen. Wir lieben zwar die Leichtigkeit und die Farbenfreude der sommerlichen Baumwollhemden – doch die Menschen, die sie produzieren, sind vielen wohl doch zu exotisch. Made in India, Made in Kambodscha, Made in China … Die globalen Hersteller erpressen sich gegenseitig mit ihren Legionen an Billigarbeitern und Produktionssklaven, und wir Käufer hinterfragen nur selten, wie diese Tiefstpreise zustande kommen. Die Jeans sind billig und sie passen – keine Frage nach unterbezahlten Textilarbeiterinnen und nach die Umwelt vergiftenden Färbereien. United Colors – gibt's die Hose auch in Schwarz?

Die globale Wirtschaft setzte, in Anlehnung an die Kolonialwirtschaft, lange auf eine vollständige Entkopplung von

Produkten und Menschen. Für die Produkte steht die Welt offen, und mit globalen Handelsabkommen wurden die Barrieren für Waren abgebaut, doch die Menschen selbst sollen bleiben, wo sie sind. Bunte Poloshirts brauchen kein Visum und keine Aufenthaltsgenehmigung. Diese unfaire globale Arbeitsteilung ist ein Echo unserer Geschichte. Im Transfer der Produktion in »Billiglohnländer« drückt sich noch immer die Aufteilung in Menschen erster und zweiter Klasse aus. Doch dank der Medien erfahren wir zum Beispiel vom Schicksal der Fabrikarbeiterinnen in Bangladesch oder den Praktiken bei der Herstellung von Teppichen, was zu einem allmählichen Umdenken führt.

Statt der einstigen Einbahnstraße kolonialer Warenströme gibt es heute ein offenes und weltumspannendes Informationsnetzwerk und damit einen zunehmenden Austausch zwischen den Kulturen. Die Kommunikation im Internet ist symmetrisch: Im Netz macht es keinen Unterschied, ob man in Berlin oder in Mumbai sitzt. Die wachsende Transparenz offenbart auch Missstände innerhalb der Lieferketten und führt allmählich zu einer Veränderung sozialer Standards in den betroffenen Ländern. Ein globales Informationsbewusstsein wird mit der Zeit auch zu einem globalen Unrechtsbewusstsein führen, und dieser Trend wird zunehmend sichtbar in der Forderung nach »fairen« Produktionsprozessen und der Einhaltung ökologischer Mindeststandards.

Blicken wir noch einmal zurück, denn es gibt eine weitere positive Entwicklung: Eine Hälfte der Erdbevölkerung war lange Zeit ebenfalls Opfer von Vorurteilen und Unterdrückung. Ich meine die Frauen. Meine Urgroßmutter Sitalakshmi wurde 1872 im Dorf Sirkazhi in Südindien geboren. Mit 19 heiratete sie ihren Mann Ramamritam und zog in das etwa fünfzig Kilometer entfernte Dorf Ubhayavedantapuram. Das Paar liebte einander offenbar, mein Urgroßvater nannte sie liebevoll Pachchai Kili (grüner Papagei). Doch am 13. Januar 1898, dem Tag des Pongal-Festes, ereignete sich eine Tragödie: Ihr noch junger Mann verstarb nach kurzer Krankheit, wahrscheinlich an den Folgen einer Cholerainfektion. Sitalakshmi war gerade mal 26 Jahre jung und kehrte als Witwe mit ihren Kindern ins Elternhaus zurück. Als junge Witwe begann für sie ein Martyrium aus vorgeschriebenen Traditionen und Ritualen.

Zunächst wurde ihr der Kopf kahl rasiert, ein Ritual, welches sie zeitlebens Monat für Monat über sich ergehen lassen musste. Ihre Stirn wurde mit heiliger Asche eingerieben, und von nun an war es ihr verboten, Blusen, Schmuck oder bunte Saris zu tragen. Die Tradition gestand ihr lediglich einen weißen Sari aus Baumwolle zu. Als Witwe musste sie auf Gewürze verzichten und auf aromatisierendes Gemüse wie Zwiebeln oder Knoblauch. Nicht lokale Lebensmittel wie Kartoffeln, Tomaten, Kohl, Blumenkohl und dergleichen waren ebenfalls tabu. Sie wurde gezwungen, alleine zu essen, und zudem war ihr als Witwe nur eine Hauptmahlzeit am Mittag gestattet. Sie musste jeden Tag den Tempel besuchen und regelmäßig fasten. Die Teilnahme an öffentlichen Festen und heiligen Feiern, sogar an Familienzusammenkünften wie Hochzeiten oder der Feier anlässlich einer Geburt war ihr versagt. Wenn überhaupt, dann durfte sie solche Ereignisse nur aus einem Nachbarraum verfolgen. Wenn sie das Haus verließ, musste sie den Kontakt zu anderen vermeiden, denn der »Glaube« besagte, dass es Unglück bringe, wenn man einer rasierten Frau auf der Straße begegnet.

Noch heute teilen unzählige Witwen weltweit das Schicksal meiner Urgroßmutter; doch in den letzten Jahrzehnten hat sich durch Aufklärung, Globalisierung und das Internet etwas bewegt: Mehr Mädchen gehen zur Schule, mehr Frauen arbeiten, werden in politische Ämter gewählt und besetzen Führungspositionen. Die Gewalt gegen Frauen und Mädchen, einst von der Gesellschaft geduldet, wird inzwischen in immer mehr Ländern öffentlich angeprangert und verboten.[48] Der Zugang zu bezahlter Arbeit, die Möglichkeiten, Eigentum zu erwerben, zu heiraten und sich, wenn nötig, scheiden zu lassen, all das hat die Lebensumstände für Frauen vielerorts verbessert. Auch die trostlose Lage der Witwen in Indien wird sich bald verbessern, denn der Oberste Gerichtshof in Delhi drängt auf entsprechende Gesetzesänderungen.[49] Ohne globale Kommunikation und den damit einhergehenden Informationsfluss wäre das Bewusstsein für Ungerechtigkeit und Unterdrückung nicht so schnell gewachsen. Wir erleben ein Dahinschmelzen rückständiger Traditionen; die Fairness Frauen gegenüber nimmt weltweit zu.

Im Übrigen ist es auch hierzulande noch nicht lange her, dass überfällige Reformen den Frauen endlich zu mehr Rechten verhalfen.[50] Bis 1953 durften in Deutschland verheiratete Frauen ohne die Zustimmung ihres Ehemannes kein eigenes Bankkonto eröffnen. Dieser konnte ein Dienstverhältnis seiner Frau fristlos kündigen, hatte formell überdies auch das alleinige Bestimmungsrecht über Frau und Kinder inne und verwaltete sogar den Lohn seiner arbeitenden Frau, denn sie war nicht unbeschränkt geschäftsfähig. Erst im Jahr der Mondlandung 1969 änderte sich die Gesetzeslage, und seitdem wird auch eine verheiratete Frau als geschäftsfähig anerkannt.

Bis zur Einführung des paritätischen Ehemodells im Jahr 1977 hieß es noch in § 1356 BGB Absatz 1: »1. Die Frau führt den Haushalt in eigener Verantwortung. 2. Sie ist berechtigt, erwerbstätig zu sein, soweit dies mit ihren Pflichten in Ehe und Familie vereinbar ist.«

Aus heutiger Perspektive wirken diese Regeln geradezu grotesk, wie ein Kodex aus einem längst vergangenen Jahrhundert. Das belegt, wie groß der Bewusstseinswandel ist.

Noch um 1900 galt der (weiße) Mann als »Krone der Schöpfung«, und selbst der große Charles Darwin war davon überzeugt, dass Frauen minderwertig seien, und suchte allerlei »wissenschaftliche Belege« für seine Hypothesen.[51] So waren Frauen angeblich geschützter vor dem Druck der evolutionären Selektion, wohingegen sich der natürliche Selektionsprozess bei Männern stärker manifestierte. Kein Wunder also, dass Männer lange Zeit als höher entwickelt und intelligenter galten.

In einer Zeit, als schwarze Menschen im Zoo neben den Gorillakäfigen ausgestellt wurden, unterteilte man Männer und Frauen sogar in unterschiedliche »psychologische Spezies«: Die Frau gehörte zum *Homo parientalis*, der Mann hingegen zum *Homo frontalis*. Das »Heimchen am Herd« unterlag, wie nicht anders zu erwarten, dem kühlen männlichen Geist, und der französische Anthropologe Paul Broca konnte Ende des 19. Jahrhunderts anhand zahlreicher Messungen belegen, dass das männliche Gehirn schwerer wog als die weibliche Variante. Er leitete daraus ab, dass es einen Zusammenhang zwischen Gehirnmasse und Intelligenz geben müsse. Einige Jahre später schrieb der Wissenschaftler Gustave Le Bon: »Frauen … repräsentieren die minderwertigste Form der menschlichen Evolution und sind Meister in ihrer Inkonsistenz, der Unfähigkeit zur Überlegung, dem Fehlen von Logik und Vernunft.«

Die damalige Wissenschaft (ausschließlich Männer) hatte sich mit zahlreichen Studien zum willigen Sklaven des herrschenden Weltbildes gemacht. Jahrelang ging man in der Biologie davon aus, dass die Eizelle völlig passiv darauf warte, von den Spermien des Mannes erobert zu werden. Folglich lag der Wettlauf der Spermien jahrzehntelang im Fokus der wissenschaftlichen Betrachtung. Im Märchen erweckt der Prinz Schneewittchen aus dem Tiefschlaf, warum sollte es da im mikrobiologischen Kosmos der Befruchtung anders ablaufen? Es sollte schmerzlich lange dauern, bis endlich auch die aktive Rolle des weiblichen Organismus in den Laboren untersucht und erkannt wurde. Vorurteile prägen manchmal auch wissenschaftliche Theorien und schleichen sich tief hinein in die Methodik und Logik unseres Denkens. Die These von der »Minderwertigkeit der Frau« hält sich in manchen Köpfen bis in unsere Tage.

In einigen Jahren werden wir kopfschüttelnd dastehen und nicht glauben wollen, dass es einmal eine Zeit gab, in der Frauen im Job systematisch benachteiligt wurden oder sich nicht trauten, Maschinenbau oder Informatik zu studieren. Global betrachtet ist die Agenda nötiger Reformen noch prall gefüllt: Gewalt gegen Frauen, Zwangsheirat, weibliche Genitalverstümmelung, Frauenhandel, Prostitution, das eingeschränkte Wahlrecht oder Beschränkungen und Verbote bei der aktiven Teilnahme an der Gesellschaft belegen, was sich alles in den kommenden Jahren ändern wird. So schwer es manchen Kulturen auch fällt, den Ballast der Unfairness gegenüber Frauen abzulegen; dieser Wandel wird wegen des zunehmenden Austauschs zwischen den Kulturen nicht aufzuhalten sein. Information verändert das Bewusstsein.

Innerhalb dieses globalen Transformationsprozesses werden also viele alte Vorurteile fallen, was Frauen, »Ausländer«, Schwule und Lesben angeht, oder auch beim Thema Inklusion. Kurz bevor ich dieses Buch im Sommer 2017 fertigstellte, beschloss der Bundestag endlich die »Ehe für alle«. Stets geht es um den Kampf gegen Überheblichkeit, Ignoranz und Intoleranz. In seiner epochalen »Traumrede« vor 250 000 Menschen im Jahr 1963 sagte Martin Luther King: »Ich habe einen Traum, dass eines Tages auf den roten Hügeln von Georgia die Söhne früherer Sklaven und die Söhne früherer Sklavenhalter miteinander am Tisch der Brüderlichkeit sitzen können.«[52]

Das alles ist also noch nicht lange her, doch Kings Traum geht in Erfüllung: Die Apartheid wird abgeschafft, und wenige Jahrzehnte später wird Barack Obama zum ersten »farbigen« Präsidenten der USA gekürt. In diesem Zeitraum hat sich unser Bewusstsein verändert, und Martin Luther Kings

Traum wird die Näherinnen in Bangladesch genauso erreichen wie den schwulen Jungen in Ihrer Nachbarschaft. Der Rucksack unserer bitteren Geschichte wird leichter werden, und spätestens die Welt unserer Enkel wird zeigen, wie wunderbar dieses andere Miteinander sein wird. Vielleicht werden wir uns dann fragen, warum das alles nicht schon früher geschah.

Maria hat aufgehört zu schweigen[53]

Die üblichen Darstellungen von Maria mit dem Kinde sind eine einzige Provokation: Der artige Jesus und die lächelnde Maria wissen nichts vom alltäglichen Kampf um die Hausaufgaben und von den gehetzten Einkäufen, es findet sich keine Spur von unaufgeräumten Küchen, übervollen Wäschekörben, unerledigten Überweisungen und den ständigen Kon-

Lucas Cranach der Ältere: »Gnadenbild Maria Hilf« (Hochaltar des Innsbrucker Doms), geschaffen nach 1537

flikten zwischen Beruf und Familie. Die sanfte Verklärung der Gottesmutter macht jeder Frau das Leben schwer, zeigt sie doch, wie sehr die anderen, realen Mütter scheitern. Maria mit dem Kinde war jahrhundertelang die stille Erwartung an jede Frau: Sei Mutter, sei still und glänze durch innere Gelassenheit und Harmonie. Bilder wie diese haben die Unfreiheit der Frau zementiert. Die Anforderungen sind härter geworden: Schlank soll sie sein, attraktiv und begehrenswert, erfolgreich, mit guter Ausbildung in hoher Position, Mutter und Liebhaberin, klug und scharfsinnig und doch sanftmütig, eben wohltuend anders, der wunderbar farbige Kontrapunkt in der Welt der grauen Anzüge der Y-Chromosomen.

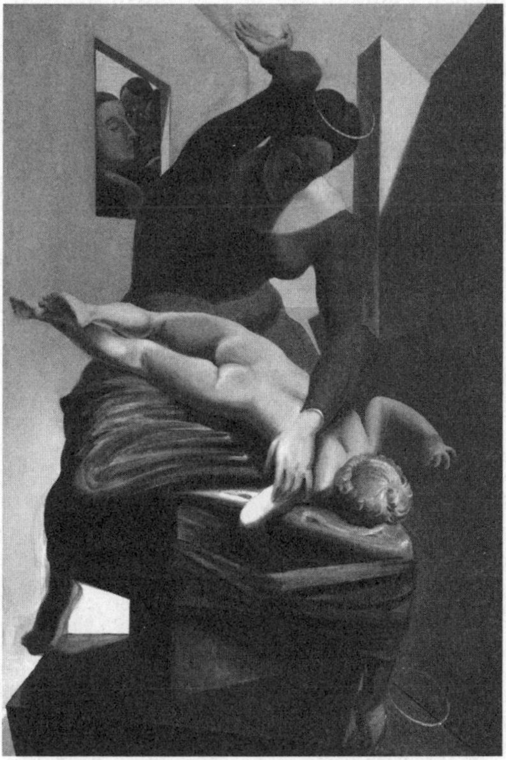

Max Ernst: »Die Jungfrau züchtigt das Jesuskind vor drei Zeugen: André Breton, Paul Éluard und dem Maler«

Schon die Frage, welche »Erwartungen« an Frauen gestellt werden, zeugt von einer tief sitzenden Unfreiheit – wehe, wenn die Erwartungen nicht erfüllt werden!

Viele Frauen haben inzwischen begriffen, dass die Freiheit genau dann beginnt, wenn man die Fesseln der Erwartungen und Wünsche anderer ablegt. Es spielt dabei keine Rolle, ob Maria mit dem Kinde den Ton angibt oder die ewig lachende Businessfrau aus dem Werbespot.

Wahre Emanzipation ist mehr als die heute immer noch berechtigte Kritik an unseren paternalistischen Strukturen. Sie ist der bewusste Einsatz für eine Welt, in der niemand auf Kosten anderer lebt, eine Welt, in der nicht die einen erwarten und die anderen erfüllen.

Wir brauchen keine überzogenen Vorbilder, wir brauchen Lebensmodelle, die im Großen wie im Kleinen funktionieren, und Rahmenbedingungen, die jeder Frau und jedem Mann eine faire Chance in einer komplexen und sich stetig verändernden Welt bieten.

Diese bessere Welt wird uns nicht geschenkt, wir müssen sie aktiv gestalten, und mitunter müssen wir dafür kämpfen. Maria hat aufgehört zu schweigen und zu erfüllen – gut so!

5
ZAUBERN
Von der digitalen Magie

Autonome Maschinen

Es ist wie ein Déjà-vu – ich fühle mich wie einst in der Fahrschule. Nur diesmal sitze ich am Steuer eines autonomen Testfahrzeugs eines großen deutschen Automobilherstellers.[54] Auf dem Beifahrersitz sitzt Frank, ein Entwicklungsingenieur. Er kann – falls etwas passiert – jederzeit eingreifen und wie ein Fahrlehrer Bremse und Gaspedal betätigen.

Nach einer kurzen Einweisung geht es raus aus der Innenstadt von Hannover auf die Autobahn A7 in Richtung Hildesheim. Zwischen Frank und mir leuchtet ein großes Computerdisplay. Der Kofferraum des Prototyps ist derart gespickt mit Elektronik, dass nicht das kleinste Gepäckstück noch hineinpassen würde. Eine Schar von Abstands- und Radarsensoren, Laserscannern und diversen Kameras erfasst ständig das Umfeld, berechnet die Bahn sich bewegender Objekte, entschlüsselt Hindernisse und steuert so das Testfahrzeug.

Zunächst fahre ich im manuellen Modus bis zur Autobahnauffahrt. Wenige Momente später betätige ich gleichzeitig zwei Knöpfe am Lenkrad. Das feine LED-Band entlang der Frontscheibe leuchtet grün auf, und das Lenkrad zieht sich zurück. Ich lasse es los und nehme die Füße von den Pedalen.

Der Wagen hält zunächst Spur, bei Tempo 130, und beginnt dann den vorausfahrenden Lkw zu überholen. Der Wagen aktiviert den Blinker, und es folgt ein gespenstisches Überholmanöver. Ich verfolge angespannt die Lenkradbewegung und blicke immer wieder in den Rückspiegel. Dabei spüre ich eine Verkrampfung, wie sie auch Eltern beschleicht, wenn ihre Kinder beim begleiteten Fahren am Steuer sitzen.

Dieses Einfahren ist wahrscheinlich für die Eltern stressiger als für die Kinder, und es braucht Zeit, bis sich Vertrauen einstellt.

»Entspann dich«, meint Frank, »das klappt schon.«

Der Wagen schließt den Überholvorgang ab und reiht sich wieder auf der rechten Spur ein. Ich merke, dass ich die ganze Zeit in Wartestellung verharrt hatte, um im Notfall schnell selbst einzugreifen. Wie kann man sich sicher sein, dass die Sensoren ihr Umfeld auch richtig interpretieren? Ungünstige Sonnenreflexe könnten den Sensor blenden, ein scheinbares Hindernis vortäuschen und zu einer Vollbremsung führen. Was, wenn das Hindernis farblich kaum vom Hintergrund zu unterscheiden ist? Würde der Wagen es übersehen? Wenige Monate später kollidiert ein selbstfahrendes Tesla-Auto mit einem quer abbiegenden Lkw.[55] Die Seitenwand des Lastwagens war weiß, und womöglich war der Kontrast zum hellen Himmel zu gering, um von den Sensoren erkannt zu werden und eine Notbremsung einzuleiten. Offiziell, so erfahre ich, sei der Fahrer Schuld, da er zu schnell fuhr.

Ich male mir aus, wie die Algorithmen des Computers im Kofferraum permanent unsere Bahn berechnen, die Straße vermessen und den Abstand zu herannahenden Autos extrapolieren. Was, wenn der Programmierer einen schlechten Tag hatte, die Software plötzlich stockt und der Wagen in chaotischer Weise reagiert? Noch sitzt Frank neben mir, ein klares Indiz dafür, dass der Mensch die Hoheit hat und eingreifen kann. Doch wie lange wird es wohl dauern, bis solche Fahrzeuge kein Lenkrad mehr haben?

In manchen Situationen würde ich vermutlich überholen, doch dieses Fahrzeug wartet, bis die Spur frei ist, und hält großzügige Sicherheitsabstände zu den anderen Verkehrsteilnehmern ein. Während wir fahren, oder besser, während das Auto uns fährt, wird mir bewusst, wie viele feine Beobachtungen wir Menschen beim Autofahren in unsere Entscheidungen einfließen lassen. So schätzen wir auch in größerer Distanz ab, ob der vorausfahrende Verkehr womöglich langsamer wird, zum Beispiel dann, wenn weit vor uns ein Lkw zum Überholen ausschert. Der Prototyp hingegen erfasst lediglich seine unmittelbare Umgebung, wenn er ein Konvolut von kalten Sensordaten und Bildpunkten verarbeitet. Seine Wirklichkeit mag zwar besser berechenbar sein, doch den Sensoren entgehen wichtige Metainformationen, die bei uns Menschen eine Rolle spielen: Wenn sich ein aufgemotzter Sportwagen nähert, mit Spoiler und breiten Reifen, dann stelle ich mich instinktiv auf einen aggressiveren Fahrer ein, ganz anders als bei einer älteren Frau, die ihren Kleinwagen spazieren fährt. Meine Mutter schärfte mir bei meinen ersten Fahrübungen ein: »Pass auf, wenn der Fahrer einen Hut trägt, die reagieren seltsam!« Ihr Vorurteil hat sich bei mir festgesetzt, und ohne jede rationale Begründung bin ich noch heute bei solchen Fahrern besonders achtsam. Wir Menschen handeln nach Gefühl und vertrauen auf unsere Intuition und Erfahrung. Eine Sendung zur Verkehrssicherheit im ersten Fernsehprogramm hieß bezeichnenderweise »Der 7. Sinn«. Doch in der Welt autonomer Fahrzeuge gibt es lediglich Mathematik und physikalische Berechnungen. Aus der gepriesenen »Freude am Fahren« wird ein kalkulierbarer, rationaler Akt.

Nach einigen Kilometern stellt sich bei mir ein erster Gewöhnungseffekt ein, und ich achte nicht mehr so sehr auf den Verkehr, überlasse dem Apparat das Fahren. Im geordneten Treiben einer Autobahn funktioniert das System, doch die Verantwortung liegt immer noch beim Fahrer. Das Wiener Übereinkommen über den Straßenverkehr von 1968[56], ein völkerrechtlicher Vertrag, der von vielen Staaten ratifiziert wurde, legt die Verantwortung für Motorfahrzeuge und z. B. auch Pferdefuhrwerke fest. In Artikel 8 heißt es: »Jeder Führer muss dauernd sein Fahrzeug beherrschen oder seine Tiere führen.« Doch wie verschiebt sich die Verantwortung, wenn eines Tages autonome Fahrzeuge auf unseren Straßen normal sind? Die Fahrgäste geben lediglich ein Ziel ein, den Rest übernimmt die Technik. Was, wenn es zu einem Unfall kommt? Wie soll sich das selbstfahrende Auto dann entscheiden? Zugunsten der Insassen, oder soll das Allgemeinwohl an erster Stelle stehen?

Dahinter verbirgt sich eine grundsätzliche Frage der Moraltheorie: Darf man in solchen Fällen das Leben von Menschen überhaupt gegeneinander aufrechnen? Soll man *einen* Menschen töten, um sieben andere zu retten?

Diese philosophische Fragestellung steht hinter dem »Trolley-Problem«, auch als »Weichenstellerfall« bekannt, wie es in den Sechzigerjahren die britische Philosophin Philippa Foot formuliert hat:

Eine Straßenbahn ist außer Kontrolle geraten und droht, fünf Personen zu überrollen. Durch Umstellen einer Weiche kann die Straßenbahn auf ein anderes Gleis umgeleitet werden. Unglücklicherweise befindet sich dort eine weitere Person. Darf der Tod einer Person in Kauf genommen werden, um das Leben von fünf Personen zu retten?

Diese Frage wurde von Philosophen und Juristen jahrzehntelang ganz prinzipiell und abstrakt erörtert. Bislang handelte es sich vornehmlich um ein Gedankenexperiment, doch mit dem Aufkommen autonomer Fahrzeuge steigt der Druck, konkret zu handeln. Die Befürworter des autonomen Fahrens haben gute Argumente: Autonome Fahrzeuge rasen nicht, trinken nicht, schlafen nicht am Steuer ein und schminken sich auch nicht während der Fahrt. Derzeit tötet der Straßenverkehr laut Weltgesundheitsorganisation weltweit etwa 1,25 Millionen Menschen jährlich.[57] In der überwältigenden Mehrzahl gehen die Unfälle auf menschliches Versagen zurück. Durch den Einsatz autonomer Fahrzeuge, so die Befürworter, könne man viele Menschenleben retten. Doch wie lässt sich das beschriebene moralische Dilemma lösen?

Vor einiger Zeit traf ich bei einer Veranstaltung eines Think Tanks der Automobilindustrie den Wissenschaftler Iyad Rahwan. Iyad stammt ursprünglich aus dem syrischen Aleppo und arbeitet am Media Lab des renommierten Massachusetts Institute of Technology. Gemeinsam mit seinen Kollegen hat er die sogenannte Moral Machine entwickelt, eine Plattform, auf der Umfrageteilnehmer mit einer fiktiven Unfallsituation konfrontiert werden.[58] Bei diesem Gedankenspiel gerät ein autonomes Fahrzeug in eine Dilemma-Situation – der Algorithmus muss die makabre Entscheidung treffen, welcher Verkehrsteilnehmer zu Schaden kommt.

Ausgangssituation:
Auf Ihrer Fahrspur kommt Ihnen ein Lkw entgegen. Die Kollision ist unausweichlich. Sie haben zwei Möglichkeiten:

a) Sie steuern frontal auf den Lkw zu, wobei Sie mit großer Wahrscheinlichkeit selbst umkommen.
b) Sie weichen aus und überfahren ein Kind, doch Sie selbst überleben.

Auf der Internetseite des Projekts findet sich eine ganze Reihe solcher Szenarien, wobei die Umfrageteilnehmer jedes Mal dem Algorithmus eine Entscheidung vorgeben müssen. Mal steht das Leben eines Einzelnen gegen das einer Gruppe, mal hat man die Wahl, ob man mit einem Kind oder mit einem Erwachsenem kollidiert, in einem anderen Fall stehen ein Mensch, der bei grüner Fußgängerampel die Straße kreuzt, und zwei Personen, die bei Rot kreuzen, zur Auswahl. A oder B? Wie soll der Algorithmus des selbstfahrenden Wagens auf die vorgegebenen Situationen reagieren?

Iyad wollte ausloten, ob man auf der Basis eines breiten Votums Algorithmen nach gemeinsam vereinbarten moralischen Prinzipien programmieren könnte, und hat dafür Entscheidungen von Tausenden Studienteilnehmern aus aller Welt gesammelt.[59] Die bisher vorliegenden Ergebnisse zeigen, dass weit mehr von uns für das Allgemeinwohl votieren, auch wenn in solchen Situationen der Fahrer den Kürzeren ziehen würde. Allem Anschein nach handeln wir Menschen weit weniger egoistisch als oft angenommen.

Iyad Rahwan sorgt mit seinen Untersuchungen weltweit für Diskussionen, denn Debatten um autonome Fahrzeuge verbeißen sich oft an der Moralfrage.[60] Doch können moralische Aspekte überhaupt in technischen Systemen abgebildet werden, und sollte per Volksabstimmung festgelegt werden, nach welchen Prinzipien das zu geschehen hätte? Wird der Programmierer in Zukunft über Leben und Tod entscheiden, und trüge er eine persönliche Verantwortung für die Folgen? Werden technische Apparate eines Tages womöglich schuldig gesprochen?

Im antiken Griechenland fand jedes Jahr Ende Juni, Anfang Juli das Buphonia-Opfer statt, auch bekannt als »Ochsenmord«. Gerste- und Weizenkuchen wurden auf dem Altar des Zeus niedergelegt. Dann trieb man Ochsen um den Altar. Das erste Tier, das auf den Altar stieg, um vom Kuchen zu essen, wurde anschließend geschlachtet. Das Opfer wählte sich selbst! Axt und Messer wurden bei diesem Ritual angefeuchtet und geschliffen und danach an den Metzger ausgehändigt. Der geopferte Ochse wurde gehäutet und sein Fleisch unter den Anwesenden verteilt.

Im Anschluss fand eine rituelle »Gerichtsverhandlung« statt, bei der es galt, den Täter zu bestimmen. Dabei schob der eine dem anderen die Verantwortung zu: Zunächst wurden die Frauen angeklagt, die das Wasser trugen, mit dem die Werkzeuge geschärft wurden. Doch die Frauen schoben die Schuld auf jene, die Messer und Axt geschliffen hatten. Diese wiederum klagten die Männer an, die dem Metzger das Messer reichten. Der Metzger selbst beschuldigte Axt und Messer, doch diese schwiegen. Das Gericht verurteilte am Ende des Rituals die Werkzeuge, und zur Strafe warf man Axt und Messer ins Meer.

Aus heutiger Sicht erscheint es uns vielleicht absurd, Objekte schuldig zu sprechen, doch was, wenn diese Objekte Entscheidungen selbstständig fällen? Werden wir eines Tages auch Fahrzeuge verurteilen, da wir in der komplexen Kette vernetzter Abhängigkeiten keinen Schuldigen mehr ausmachen können? Führt die wachsende Komplexität technischer Systeme womöglich zu einer Verschiebung der klassischen Schuldfrage?

Während die zivile Welt noch nach Antworten sucht, überschreitet das Militär bereits kritische Grenzen: Die Vorstellung von Killerdrohnen, die ihre Opfer selbstständig aussuchen und töten, ist keine Science-Fiction mehr. Schon heute werden unbemannte Drohnen vom US-Militär im Kampf gegen »Glaubenskrieger« in Afghanistan und Pakistan eingesetzt. Die »Piloten« sitzen in der Sicherheit ihrer Steuerzentralen und töten Menschen Tausende Kilometer von ihrem Arbeitsplatz entfernt. Noch betätigt der Mensch den »Abzug«, doch wird die nächste Generation dieser mörderischen Fluggeräte womöglich autonom handeln? Werden diese Apparate, einmal freigelassen, ihre Ziele selbstständig finden und ihre Opfer ins Visier nehmen und abdrücken – ohne Rücksicht und Gnade? Manche befürchten, dass wir bereits in den nächsten Jahren einen solchen historischen Wendepunkt erleben könnten. Die Konsequenzen des Einsatzes solcher Killerroboter wären weitreichend, denn die Schwelle kriegerischer Auseinandersetzungen würde gesenkt, da Nationen auch ohne den Einsatz von Soldaten vor Ort andere Länder angreifen könnten.

Wendell Wallach, Autor des viel beachteten Werkes »A Dangerous Master«[61], spricht sich für ein Verbot autonomer Waffen aus und hat einen entsprechenden Erlass des US-Präsidenten angeregt. Immer mehr Stimmen werden weltweit laut, die ebenfalls ein Verbot solcher Killerroboter fordern.[62] Als ich während einer Konferenz mit Wendell Wallach über das Thema Moral und Autonomie diskutierte, verwies er auf einen sehr grundsätzlichen Gedanken: »Maschinen fehlt es an Unterscheidungsvermögen, Empathie und an der Fähigkeit, bei der Abwägung zwischen zivilen Opfern und der Erreichung militärischer Ziele verhältnismäßige Entscheidungen zu treffen. Killerroboter sind *mala in se,* nicht nur, weil sie Maschinen sind, sondern auch, weil ihre Handlungen unvorhersehbar sind, nicht vollständig kontrolliert werden können und weil es schwierig, wenn nicht gar unmöglich ist zu bestimmen, wer die Verantwortung für die Handlungen autonomer Maschinen trägt. Das Delegieren von Lebens- und Todesentscheidungen auf Maschinen ist unmoralisch, weil Maschinen nicht für ihr Handeln verantwortlich gemacht werden können.«

Anders als beim Buphonia-Opfer der Antike gibt es hier also keine einfache Lösung. Wir können die Technik nicht schuldig sprechen, ohne uns selbst dabei zu entmündigen. Die Verantwortungslosigkeit von Killerrobotern widerspricht grundlegenden Prinzipien. Zum Beispiel hat eine autonome Waffe das Potenzial, Zivilisten anzugreifen, andere Mitkämpfer zu töten oder zu verletzen oder einen unverhältnismäßigen Angriff zu starten. Solche Handlungen sind Kriegsverbrechen nach dem Römischen Statut des Internationalen Strafgerichtshofs.[63] Doch im Gegensatz zu uns Menschen sind Maschinen im juristischen Sinne nicht verantwortlich für ihr Handeln. Ihre Tat geschieht nicht aus Böswilligkeit und ist nicht das Ergebnis einer freien Entscheidung. Diese Asymmetrie zwischen zerstörerischem Potenzial und totaler Verantwortungslosigkeit ist nicht akzeptabel.

Innovation ist jedoch kein Zufall; Killerroboter entstehen nicht über Nacht. Sie sind keine natürliche Entwicklung in der Logik des Neuen, sondern das Ergebnis eines bewussten Entscheidungsprozesses. Militärs, Industrieunternehmen und Politiker planen Projekte, bewilligen Gelder und formulieren Gesetze. Oft treiben die Perversion des wechselseitigen Hochrüstens und kommerzielle Interessen solche Projekte weiter, ohne dass unsere Gesellschaft dieses wirklich will. Anders als bei chemischen Waffen oder Atombomben, die erst nach ihrem Einsatz geächtet wurden, sollten wir dieses Mal schneller handeln und entsprechende Verbote bereits im Vorfeld formulieren.

Natürlich gibt es fundamentale Unterschiede zwischen Tötungsmaschinen, die für diesen Zweck programmiert werden, und zivilen selbstfahrenden Fahrzeugen, doch im Kern stoßen wir auf dieselbe fundamentale Frage: Dürfen wir Verantwortung und moralische Entscheidungen auf Maschinen übertragen? Lassen sich moralische Entscheidungsprozesse überhaupt in die binäre Logik von Programmzeilen übertragen? Die Antwort auf diese Frage wird entscheidend davon abhängen, wie sich unsere Selbstsicht verändert. Apparate, die lediglich nach berechenbaren rationalen Algorithmen funktionieren, unterscheiden sich grundlegend vom komplexen und zum Teil widersprüchlichen Wesen von uns Menschen. Wir handeln in manchen Situationen zutiefst irrational, und genau das macht uns »menschlich«. Wir sind »gnädig«, können verzeihen, sorgen für die Schwachen und akzeptieren sogar persönliche Verluste zugunsten eines höheren Ziels. Als Menschen handeln wir stets im Bewusstsein unserer Endlichkeit und sind fähig, uns zu opfern für das Wohl eines anderen. Die Ergebnisse der Umfragen von Iyad Rahwan belegen, dass wir weder ausschließlich rational noch egoistisch handeln wollen.

Insgeheim mögen wir hoffen, Maschinen zu bauen, die so sind wie wir, doch auch darin läge ein Problem. Diese menschenähnlichen Apparate wären nicht vorhersagbar, ihr Handeln wäre nicht reproduzierbar und ihr Verhalten nicht zwangsläufig rational. Sie könnten uns jederzeit überraschen, weil sie entgegen aller Vernunft anders handeln würden, als das Programm es von ihnen fordert.

Im Kern begegnen wir einer uralten Frage, die immer wieder gestellt und in ihrer jeweiligen Zeit beantwortet wurde: *Was macht den Menschen aus?* Für Aristoteles waren wir das *zoon logon echon:* Das Lebewesen, welches sich durch seine Vernunft von den Tieren unterscheidet, ein *animal rationale.* Andere Philosophen wie Kant, Thomas von Aquin oder Martin Heidegger griffen dieselbe Frage auf und verfeinerten unsere Selbstsicht. Heute sind es die magischen Maschinen, die uns dazu verleiten, erneut darüber nachzudenken, worin das Wesen des Menschen gründet, und nun möchten wir wissen, was uns von den intelligenten Maschinen unterscheidet. Auch in dieser Phase werden wir also nach unserer Einzigartigkeit suchen, doch wir ahnen bereits die Antwort: Wir sind keine Maschinen, und Maschinen sind keine Menschen.

Das Ende der Kausalität

Drunter lauert Charybdis,
die wasserstrudelnde Göttin …

– Homer, »Odyssee«, 12. Gesang –

Die Welt unserer Vorfahren war eine Welt voller Götter, Geister, Dämonen und ihrer schicksalbestimmenden Macht. Sonne und Mond, Regen, Blitzschlag und Dürre wurden bestimmt von übernatürlichen Kräften, denen der Mensch sich zu fügen hatte. Der Kreislauf des Lebens von der Geburt bis zum Tod war eingebunden in eine Welt, die von anderen Mächten gesteuert wurde. Bäume sprachen, und der Wind wehte durch eine Natur, die manchmal gnädig und an anderen Tagen böse erschien. Reale und spirituelle Welten kannten keine Trennlinie, sondern wirkten als verwobenes Ganzes. Diese frühen Gesellschaften waren davon überzeugt, dass Götter ihr Leben beeinflussten, und anstelle von Entscheidungsfreiheit stand das Schicksal. In der antiken Sagenwelt etwa versucht Odysseus zwar seiner schicksalhaften Bestimmung zu entgehen, muss am Ende jedoch erkennen, dass er gerade mit seinen vermeintlich freien Handlungen sein vorherbestimmtes Schicksal selbst realisiert hat. Man opferte den Göttern, um sie gnädig zu stimmen, betete und verehrte die Unsichtbaren im Bewusstsein, dass das irdische Leben nur ein Wimpernschlag war in einer unfassbaren Unendlichkeit …

Am 8. Juli 1497 verlassen vier Schiffe mit einer Besatzung von insgesamt 160 Mann den Hafen Restelo in Lissabon. Das Flaggschiff, die Nau São Gabriel, steht unter dem Kommando von Vasco da Gama. An der Expedition nehmen die besten Steuerleute und Navigatoren Portugals teil. Da Gama wird das Kap der Guten Hoffnung umsegeln und auf dem Seeweg Indien erreichen; in der Folge zerbricht das alte Monopol arabischer Händler, was Portugal zu unermesslichem Reichtum verhilft. Die Schiffe nehmen einen Kurs weitab der afrikanischen Küste, um die Winde besser zu nutzen, und fahren in einem weiten Bogen zuerst mit Kurs nach Südwesten, dann nach Süden. Auf der Fahrt zum Kap verbringen da Gama und seine Mannschaft dreizehn lange Wochen auf offener See, länger als alle europäischen Seefahrer vor ihnen, länger als Kolumbus, der fünf Jahre zuvor die Segel Richtung Westen gesetzt hatte.

Für die Seeleute wird die Reise zur Qual: Sie sind geschwächt, klagen über Müdigkeit, Füße und Hände schwellen an. Mit der Zeit fallen ihnen die Zähne aus, die Wunden heilen nicht mehr, und am ganzen Körper bilden sich dunkle blutige Flecken. Auf der Rückfahrt sterben so viele Matrosen, dass da Gama eines seiner Schiffe, die São Raphael, verbrennen lässt, weil er nicht mehr über genügend Seeleute verfügt, um alle Schiffe zu besetzen. Anfang September 1499 erreicht die Expedition wieder den Heimathafen Lissabon. Gerade mal 55 Männer haben die Tortur überlebt, die anderen sind dem gefürchteten Skorbut erlegen, ein tödlicher Verfall des Körpers, ausgelöst durch Mangel an Vitamin C.[64] In Chroniken wird zwar berichtet, dass die Seeleute Heißhunger auf Früchte hatten, doch niemand erkannte einen Zusammenhang mit der gefürchteten Schiffskrankheit. Da sie nach längerem Aufenthalt auf dem Meer viele Matrosen zugleich heimsuchte, wurde sogar eine ansteckende Seuche befürchtet.

Skorbut befällt alle, unabhängig davon, unter welcher Flagge sie segeln. In den Folgejahren starben alleine in der britischen Marine mehr Matrosen an dieser Krankheit als durch spanische und französische Waffen zusammengenommen. Es sollte ein Vierteljahrtausend vergehen, bis der englische Marinearzt James Lind in einem der ersten kontrollierten klinischen Experimente in der Geschichte der Medizin auf ein wirksames Gegenmittel stößt..[65] Bei der Lektüre seines Werks »A Treatise on the Scurvy« fällt auf, welche Akribie er aufwenden muss, um die Vorurteile und Überlieferungen seiner Zeit zu überwinden. Systematisch trägt er das Wissen der Zeit zusammen und sortiert es. »Bevor das Thema sich ins klare Licht rücken ließ, war es nötig, viel Müll zu entfernen«, schreibt Lind später in seinem Traktat.

Am 20. Mai 1747 ist James Lind an Bord der Salisbury. Er behandelt zwölf Matrosen, die an Skorbut erkrankt sind. Er teilt sie in sechs Gruppen auf und testet die Wirksamkeit verschiedener Diäten, die den Seeleuten zusätzlich zu ihren Mahlzeiten verabreicht werden. Die einen bekommen Apfelwein, andere Schwefelsäure, wiederum andere müssen Essig trinken oder Seewasser. Er versucht es mit Gewürzpaste und Gerstenwasser, und zwei erkrankte Matrosen sollen täglich zwei Orangen und eine Zitrone zu sich nehmen. Täglich wird der Gesundheitszustand der »Studienteilnehmer« überprüft. Bei einigen tritt nach einigen Tagen tatsächlich eine deutliche Verbesserung ein. Orangen und Zitronen erweisen sich als taugliches Gegenmittel. Nach sechs Tagen ist einer der Matrosen wieder fit für den Dienst!

Mit seinem Experiment hatte Lind allein nach den Maßgaben von Objektivität und Systematik ein wirksames Heilmittel gefunden und sich zugleich von überkommenen Rezepten und Theorien befreit. Sein systematischer Ansatz bedeutete eine Revolution in der Seefahrt und prägte alle Folgeexpeditionen. Ohne die täglichen Rationen von Sauerkraut und Zitronensaft, die er seiner Mannschaft unter Androhung von Strafe verordnete, hätte James Cook auf seiner Weltumsegelung einige Jahre später fast seine ganze Mannschaft verloren – doch es starb kein einziger Seemann an Skorbut.

Etwa hundert Jahre danach untersuchte John Snow den

Verlauf einer Choleraepidemie in London. Er ging von der Hypothese aus, dass Cholera von lebenden Organismen im Trinkwasser verursacht wurde, und stellte sich damit gegen die damals vorherrschende Miasmen-Theorie, wonach sich Krankheiten wie die Cholera durch Dünste und schlechte Luft ausbreiteten. Snow ging ebenfalls systematisch vor und trug auf einer Karte die Lage der befallenen Haushalte Londons ein, bis ihm auffiel, dass sich die Todesfälle im Bereich einer Wasserpumpe in der Broad Street häuften. Er ließ den Pumpenschwengel entfernen, worauf es zum Stillstand der Epidemie kam. In der Folge begann man in allen europäischen Großstädten mit dem Ausbau von Abwassernetzen und Wasseraufbereitungsanlagen. Diese elementaren hygienischen Maßnahmen bewirkten eine enorme Reduktion der Sterblichkeitsraten in der Bevölkerung und zählen bis heute zu den erfolgreichsten Errungenschaften der Medizin.

Die feste Überzeugung, dass es immer eine Beziehung zwischen Ursache und Wirkung geben muss, prägte die Entwicklung auf revolutionäre Weise. Die diffuse Welt von Geistern und obskuren Theorien wurde durch das Prinzip der Kausalität ersetzt. Die Ursache-Wirkung-Beziehung zwischen einem Parasiten und dem entsprechenden Wirt, wie sie in den Henle-Koch-Postulaten[66] festgehalten ist, führte dazu, dass mögliche Krankheitserreger überprüft und eine Vielzahl gefährlicher Mikroben wie etwa die Tuberkulose-, Cholera- oder Pesterreger entdeckt werden konnten. Mit ihren Mikroskopen, Tabellen, Filtern, Destillationsapparaten und Röntgenstrahlen kämpften die Wissenschaftler gegen den jahrtausendealten Glauben an die Existenz übernatürlicher Kräfte. Die Wunder wurden durch die Wissenschaft verdrängt, und diese triumphierte, weil sie wirkte und heilte. Die Pest, einst die Strafe Gottes, wurde auf ein Bakterium zurückgeführt genauso wie Lepra, Typhus, Tuberkulose und Milzbrand. In den Laboren entstanden Medikamente und Heilpulver und machten den Seuchen den Garaus. Was die mittelalterlichen Pestdoktoren mit ihren Gebeten, Schwefeldämpfen und Austreibungsritualen nicht schafften, gelang plötzlich durch die Einnahme unscheinbarer Pillen. Das Vertrauen in die heilenden Geister wurde durch Schluckimpfungen und Spritzen erschüttert. Die moderne Wissenschaft hatte durch ihre Wirksamkeit den Aberglauben besiegt, und die neuen Gesetze wurden zum Leitprinzip der aufgeklärten Welt.

Ursache und Wirkung prägten ebenso den modernen Rechtsstaat, und auch hier verdrängte man jede Form von Willkür und Aberglauben. Täter und Tat müssen in einem objektiven Kausalzusammenhang stehen. Auch wenn sich unsere Sichtweise auf die »Schuld« im Laufe der Zeit erweitert hat, etwa durch die Einbeziehung von Milieu, der Vorgeschichte der Tat, der Einwirkung äußerer Rahmenbedingungen usw., so basiert jedes Urteil letztendlich doch auf dem nachvollziehbaren Prinzip von Ursache und Wirkung. Die Zeit der Hexenverbrennungen ist vorbei.

Das Kausaldenken prägt inzwischen alle Lebensbereiche, von der Supermarktkasse bis zur Medizin. Jedes neue Medikament, das auf den Markt kommt, muss in mehreren Studien den Beweis erbringen, dass der neue Wirkstoff tatsächlich hilft. Jeder fremde Einfluss wird dabei ausgeschlossen. Bei klinischen Tests vergleicht man die Wirkung in sogenannten Doppelblindstudien: Ein Teil der Patienten erhält die Arznei, ein anderer zur Kontrolle ein Scheinmedikament, wobei selbst die Zuteilung zufällig erfolgt. Weder die Patienten noch die Ärzte wissen, wer welche Substanz erhält; beide sind »blind«. Allein die objektiv nachgewiesene Wirkung zählt, und diese muss den Effekt des Scheinmedikamentes übertreffen.

Doch in die moderne Heilslehre mischen sich Geschäftemacherei und überzogene Versprechen. Manche Schwerkranke ertragen ungeheure Prozeduren und sterben, angeschlossen an eine Batterie blinkender und pulsierender

Apparate, in der Einsamkeit der Intensivstationen. Die so wunderbare Medizin scheint manchen den erlösenden Moment zu verwehren. Die großartigen Fortschritte lassen uns zwar länger leben, doch manche sorgen sich, dass ihr Zustand der einsamen Gebrechlichkeit durch Technik und kalte Medizin ins Unerträgliche verlängert werden wird. Der Mediziner Atul Gawande beklagt in seinem bemerkenswerten Buch »Being Mortal«, dass bis 1945 die Mehrheit der Menschen in den USA zu Hause verstarb.[67] Bis in die Achtzigerjahre ging der Anteil auf nur noch 17 Prozent zurück. Heute wird also vorwiegend in der Einsamkeit von Krankenhäusern, Palliativstationen, Hospizen und Altenheimen gestorben. Aus dem natürlichen Sterben wird ein medizinischer Prozess.

Für andere ist die so allmächtige Medizin eine Enttäuschung, weil sie im Widerspruch zu übertriebenen Versprechungen nur beschränkt zu heilen vermag. Krankheiten wie Krebs entziehen sich trotz aller Bemühungen einer schnellen Heilung. Oft wird sogar überdiagnostiziert. Der Risikoforscher Gerd Gigerenzer hat, gestützt auf eine Vielzahl von belegbaren Zahlen und Statistiken, die Sinnhaftigkeit von Mammografie-Screenings hinterfragt: Von 1000 Frauen, die regelmäßig zum Brustkrebsscreening gehen, wird tatsächlich bei einer Frau ein Tumor entdeckt, der ihr Leben bedroht. Doch die Kehrseite des Screenings sind Fehlalarme und Überdiagnosen, denn immerhin bei 100 der 1000 Frauen kommt es innerhalb von zehn Jahren mindestens einmal zu einem Fehlalarm. Dieser Krebsverdacht ist eine seelische Belastung und kann erst durch weitere, mitunter schmerzhafte Untersuchungen entkräftet werden. Immerhin fünf von 1000 Frauen werden Schätzungen zufolge dabei vorschnell zu Brustkrebspatientinnen, denn bei den Tumoren macht man keinen Unterschied zwischen stillen Schläfern und einem aggressiv wachsenden Krebs. In der Mehrheit der Fälle hätten diese Frauen zu Lebzeiten nie von ihrem Brustkrebs erfahren, doch nun erfolgt eine Chemotherapie und Operation mit heftigen Nebenwirkungen. Einer durch das Screening geretteten Frau stehen also rund fünf Frauen gegenüber, die durch das Screening Leiden und Qualen der Brustkrebstherapie über sich ergehen lassen, obwohl das nicht nötig wäre. Unnötige Diagnosen können also einen erheblichen Schaden anrichten, der in keinem Verhältnis zum tatsächlichen Nutzen steht.

Elementare Hygiene, Antibiotika und flächendeckende Impfungen waren glänzende Siege, doch allmählich stößt die Hightechmedizin an ihre Grenzen. Vielleicht haben diese Erfolge bei vielen von uns zu hohe Erwartungen ausgelöst. Bessere Diagnosen bedeuten keinesfalls automatisch auch bessere Heilungschancen. In Krankenhäusern erkennt man allmählich, dass wir trotz aller Apparate den Tod nicht besiegen können. Die Verlängerung des Lebens mit allen Mitteln führt bedauerlicherweise oft zu einer Reduktion der Lebensqualität und zu einer Verlängerung des Leidens.

Mancher ist enttäuscht und wendet sich ab. Immer mehr kommen exotische Heilmethoden auf, die angepriesen werden, ohne dass eine tatsächliche Wirkung belegt werden kann. Ein ganzes Spektrum an Vitaminpräparaten, homöopathischen Mitteln, Nahrungsergänzungspillen aus japanischen Shiitake-Pilzen oder obskuren »Strahlen« stellt sich gegen die evidenzbasierte Medizin. Es mutet wie ein schicksalhafter Widerspruch an: Da werden immer leistungsfähigere Ultraschallgeräte und Kernspintomografen entwickelt, und die Menschen beginnen wieder zu pendeln und vertrauen den heilenden Strahlen bunter Kristalle und bitter schmeckenden Wurzeln aus exotischen Wäldern.

Das Fortschrittsparadoxon

Da taucht es auf, das Fortschrittsparadoxon! Wir wissen heute mehr über unseren Körper als alle Generationen zuvor, und doch legen sich Angst oder zumindest Unwohlsein über den natürlichen Lauf der Dinge. Die diagnostischen Methoden zerteilen unser Blut, extrahieren winzige Stoffgruppen und registrieren komplizierte Zellverbindungen. Der Arzt wird erneut zum Priester, der unser Schicksal ausliest an seinen Bildschirmen mit Tabellen, Graphen, Wahrscheinlichkeitsangaben und Durchleuchtungsmustern. Plötzlich erfahren wir, dass wir, obwohl dem Anschein nach gesund, schon bald vom Schicksal heimgesucht werden. Die Wahrscheinlichkeit sei erhöht. Sicher könne man sich nie sein, heißt es, aber das Risiko sei gegeben. In dieser komplexen Welt fühlen sich viele alleingelassen, denn verstehen können sie das alles nicht mehr. Und wieder müssen wir vertrauen und glauben, wie einst den Schamanen und heilenden Frauen. Im Gegensatz zu den Limonen und Orangen, die früher dem an Skorbut erkrankten Matrosen die Kraft zurückgaben, bewirken die vielen teuren Therapien nicht das, was die Kranken sich erhoffen. Das Gesetz der Kausalität zerbricht an der Komplexität der Welt, und so wenden sich manche wieder an die alten Heilslehren und vertrauen den alternativen Heilkünstlern.

Medizin wird für uns undurchschaubar und so auch die Welt der Technik, der Medien oder der Finanzen. Überall hat sich das Virus des Verschlungenen ausgebreitet; was sich unter den glatten Bedienoberflächen verbirgt, wissen wir nicht mehr. Banker verstehen nichts mehr von den rückgekoppelten nichtlinearen Derivat-Algorithmen oder von den aufkommenden kryptologischen Blockchainmodellen. Automechaniker erkennen nicht mehr wie früher schon am Geräusch, woran der Wagen krankt, sondern hängen die havarierten Fahrzeuge an den elektronischen Tropf, um dann von Bildschirmen diktiert zu bekommen, was zu tun ist. Die Komplexität hat derartige Ausmaße angenommen, dass einfachste Dinge sich unserem Verständnis entziehen.

Wir müssen wieder glauben: dem Computertechniker, der Werkstatt, dem Arzt und dem Heizungsbauer, denn auch er blickt ungläubig auf die Steuerungskästen mit ihren Codes und Parametern. Der Bauer düngt seine Felder und versteht nichts von den teuren Granulaten und Pellets, die er ausbringt. Er, der dieselbe Erde pflügt wie einst seine Väter und Großväter, scheitert plötzlich an der Unverständlichkeit des Neuen. Die Explosion des Wissens und der Innovationen wird von vielen als Akt der Entmündigung empfunden. Sie fühlen sich herausgedrängt aus ihrer vertrauten Welt. Verunsicherung und Misstrauen machen sich breit, und das Licht der Aufklärung verdunkelt sich.

Plötzlich mehren sich die Stimmen der Zweifler, der Klimaskeptiker, Impfgegner und Verschwörungsapologeten, und einfache Antworten werden gefordert. Und weil die Wahrheit so schwer zu fassen ist, ersetzen sie diese durch gefährliche Einfachheit und pseudoplausible Unvernunft. Ihr Protest wird immer lauter, wenn sie ihre alternativen Fakten herausschreien, und in ihren Stimmen hört man die Wut ihres Unverständnisses. Sie kämpfen gegen ihre Entmündigung und fürchten, dass die Zukunft ihnen ihre Welt entreißt. Aus Herrschern des Einfachen macht sie Sklaven der Kompliziertheit, aus Wächtern des Beständigen werden Getriebene eines dahingaloppierenden Fortschritts. Der Wandel erzeugt seinen Widerstand.

Immerhin sind wir bei aller undurchschaubaren Kompliziertheit überzeugt, dass zumindest der Insider die Bezüge begreift. Der Spezialist der Biochemie, der Programmierer oder der Finanzmathematiker erkennen, auf ihrer jeweils kleinen Insel des Wissens, die Zusammenhänge. Der Fachmann versteht seine Welt und nutzt die kausalen Gesetze so, wie einst James Lind an Bord der Salisbury es tat, doch selbst auf dieser Ebene verändert sich etwas.

Dieser fundamentale Wandel hat mit dem Unterschied zwischen Kausalität und Korrelation zu tun. Hierbei ist wichtig zu verstehen, dass jede Kausalität zwischen zwei Merkmalen auch immer eine entsprechende Korrelation hervorruft. In der Umkehrung jedoch muss eine Korrelation nicht immer ein Beleg für eine echte Kausalität sein. Sie kennen bestimmt bekannte Beispiele, wie etwa die Korrelation zwischen dem Rückgang der Störche und dem Rückgang der Geburtenrate. Obwohl beide Größen einen ähnlichen Verlauf aufweisen, gibt es dennoch keinen wirklichen Zusammenhang zwischen Störchen und Geburten. Vielmehr ist es ein Zufall, der jedoch den Anschein erweckt, als gäbe es da eine innere Verbindung. Korrelationen tauchen immer wieder auf und geben Raum für Spekulationen. Kürzlich las ich in einer Zeitschrift, dass größere Männer angeblich mehr verdienen. Zehn Zentimeter machen beim Jahresverdienst ganze 2000 Euro aus.[68] Der Artikel füllte eine halbe Seite, doch es fand sich darin keine Erklärung, warum dies so sei. Es gibt allem Anschein nach keine belastbare Kausalität für diese These, und selbst die angebliche Korrelation ist eher weich. Aber es lässt sich eben nett darüber reden.

Kausalität ist der Ausdruck von tieferer Erkenntnis, doch manchmal reicht bereits die Korrelation, um ein Problem zu lösen. Bei der Suche nach einem Heilmittel gegen Skorbut erkannte Lind zwar einen Zusammenhang zwischen Limonen und Skorbut. Der eigentliche Wirkmechanismus, die Rolle des Vitamin C, wurde jedoch erst Jahrhunderte später verstanden. Durch eine Vielzahl von Tests, indem sie etwa die Dosierung variieren oder den Wirkstoff verändern, versuchen Wissenschaftler in einer Art Frage-und-Antwort-Spiel mit der Natur ihre Hypothesen zu überprüfen, bis sie einen postulierten Wirkmechanismus von allen Seiten zu verstehen glauben. Aus den unzähligen Korrelationen ihrer Einzelversuche destillieren sie die Kausalität des Wirkmechanismus, und am Ende wissen sie nicht nur, dass es funktioniert, sondern auch warum. Mit dieser neuen Erkenntnis können sie dann eine neue Hypothese aufstellen, um diese erneut zu überprüfen. So wächst der Baum der Erkenntnis.

Einsteins »Sternstunde« war der experimentelle Nachweis der vorhergesagten Krümmung der Lichtbahn durch große Massen, eine Folge der Relativitätstheorie. Bis dahin galt sie als mathematische Spekulation, und viele etablierte Kollegen misstrauten seiner revolutionären Theorie. Einstein, ein Meister im Entwerfen unkonventioneller Experimente, sagte voraus, dass die Lichtbahn eines entfernten Sterns durch die Sonnenmasse gekrümmt würde. Am 29. Mai 1919, anlässlich einer Sonnenfinsternis, ließ sich seine These testen: Die scheinbare Position eines Sterns im hellen Sternhaufen der Hyaden würde um weniger als eine Bogensekunde von seiner ursprünglichen Position abweichen, wenn seine Lichtstrahlen entlang des Randes der verfinsterten Sonne auf die Erde treffen. Als die Teleskope der Expedition auf die Insel Príncipe westlich von Afrika, unter der Leitung von Arthur Eddington, dem Sekretär der Royal Astronomical Society, diesen winzigen Effekt nachwiesen und die gemessene Abweichung sich mit Einsteins Vorhersage deckte, triumphierte die theoretische Physik und feierte ihren Helden.

Der Aufwand, mit dem bestimmte physikalische Theorien überhaupt noch getestet werden können, wächst ins Gigantische. Als ich den Entdecker der Gravitationswellen am LIGO-Detektor im US-Bundesstaat Louisiana besuchte, präsentierte er mir zwei jeweils vier Kilometer lange Tunnel. In ihrem Innern erfassen überlagerte Laserstrahlen die winzigen Längenänderungen, die beim Durchgang der Gravitationswellen verursacht werden. Beim Large Hadron Collider am europäischen Forschungszentrum CERN drehen die Protonen in einem 27 Kilometer langen unterirdischen Teilchenbeschleuniger ihre Runden, bis sie mit den gegenläufigen Antiprotonen in einem der Detektoren zusammenstoßen. Alleine der CMS-Detektor, ein komplexes Sandwich, vollgestopft mit Technik und mit einem Mosaik aus Magneten und Detektoren versehen, wiegt 14 000 Tonnen, so viel wie 465 Mittelstreckenflugzeuge vom Typ Boeing 737.

Die 3500 an diesem Experiment beteiligten Wissenschaftler und Techniker stammen aus 46 Ländern – ein Heer von hochspezialisierten Forscherameisen. Ihnen gelang zwar der Nachweis des Higgs-Boson-Teilchens, des letzten experimentell nachgewiesenen Teilchens des sogenannten physikalischen Standardmodells, doch die endlose Liste ihrer Namen unter ihrer preisgekrönten Publikation zeugt davon, wie sehr sich die moderne Physik von der Forschungsneugier einer Einzelperson entfernt hat. Niemand unter den Wissenschaftlern begreift das Ganze, weil die Komplexität des Apparats übermenschliche Dimensionen angenommen hat. Die einzelnen Forscher verstehen ihr Instrument nicht mehr. Nur die modulare Logik der vernetzten Spezialisierung erlaubt diese phänomenalen Apparaturen.

Ähnlich, wenn auch weniger offensichtlich, läuft es in den Großraumbüros der Softwarefirmen ab. Auch hier arbeiten Hunderte von Programmierern, jeder für sich, an ihrem jeweiligen Teilaspekt. Die Software des Space Shuttle, der US-amerikanischen Raumfähre, kam noch mit etwa 400 000 Zeilen Programmcode aus.[69] Beim Betriebssystem Windows 7 waren es bereits 40 Millionen Zeilen, und das Betriebssystem meines Computers (OSX) umfasst bereits 100 Millionen Befehle. Durch Updates oder neue Versionen wachsen komplexe Softwaresysteme jährlich um etwa sieben Prozent. Bei solch umfangreichen Projekten sind Fehler im Programmcode nicht zu verhindern. Bedingt durch die Komplexität steigt also auch die Fehlerquote.

Am 4. Juni 1996 hob eine europäische Ariane-5-Rakete ab, doch nur vierzig Sekunden nach dem Start leitete die Rakete ihre Selbstzerstörung ein. Wie die spätere Untersuchung ergab, war ein simpler Programmierfehler im Steuerungssystem die Ursache gewesen. Bei der Konvertierung einer Gleitkommazahl in eine ganze Zahl stürzte der Computer ab.

Ich erinnere mich an die Angst vor der Jahrtausendwende. Alle sprachem vom Y2K-Problem: Die Jahreszahlen wurden in älteren Programmen aus Speicherplatzgründen lediglich durch zwei Stellen abgebildet: Statt »1956« enthielt der Code also nur die Endstellen »56«. Vor dem Sprung ins neue Jahrtausend musste man die Stellen erweitern, so glaubte man, denn ansonsten würden die Programme das »00« im Jahr 2000 als 1900 interpretieren. Manche sagten geradezu apokalyptische Szenarien voraus, und in praktisch allen großen Unternehmen machten sich Diagnoseteams an die Arbeit und prüften ihre Bankensoftware, Versicherungsprogramme und Steuersysteme. Nach Schätzungen wurden etwa 600 Milliarden US-Dollar weltweit für die Behebung dieses Softwareproblems ausgegeben. In der Silvesternacht stellten einige Banken vorsorglich ihre Bankautomaten ab, in Kraftwerken überwachten Sonderteams die Lage, der Flugverkehr wurde, wo es möglich war, eingestellt oder speziell überwacht, und in den Militärzentralen blickte man angespannt auf die Bildschirme und Auslöseeinheiten. Der Wechsel verlief zum Glück unproblematisch, doch zum ersten Mal wurden allen Verantwortlichen die Konsequenzen undurchschaubarer und fehlerhafter Software bewusst. Seitdem ist unsere Abhängigkeit von Software in allen Lebensbereichen nur noch weiter gestiegen. Wir vertrauen einer Technik, die fehlerhaft ist, und inzwischen geht man davon aus, dass 50 Prozent der Ausfälle im industriellen Sektor softwarebedingt sind. Die Komplexität selbst wird also zu einem wachsenden Problem, denn Vernetzungs- und Rückkopplungseffekte sind kaum vorhersagbar.

Im Jahr 2013 machte David Kriesel, ein junger Informatik-Doktorand an der Universität Bonn, eine bemerkenswerte Entdeckung: Scanner der Firma Xerox schienen aus unerklärlichen Gründen bestimmte Zahlen zu verdrehen.[70] Vor allem die Ziffern 6 und 8 sowie 1 und 7 wurden ausgetauscht: Aus der Zahl 65,40 im Original wurde im Scan plötzlich 85,40. Nach vielen Tests erkannte David, dass derselbe Fehler bei verschiedenen Modellreihen auftauchte.

Diese Geräte stehen in Finanzämtern, Apotheken, Ingenieurbüros und Archiven, doch niemandem war dieses Detail zuvor aufgefallen. Wie sich herausstellte, lag die Ursache in der Software: Ein bestimmtes Kompressionsverfahren sollte die Dateigröße von eingescannten Dokumenten reduzieren. Ähnliche Bildbestandteile wurden dabei von der Mustererkennungs-Software wiederverwendet. Das Unternehmen stellte den fehlerhaften Kompressionsmodus ab, doch die Scanner waren jahrelang im Einsatz gewesen. Ganze Archive wurden eingescannt und die Originale aus Platzgründen vernichtet. Bis heute vermag niemand abzuschätzen, wie groß der entstandene Schaden ist …

Machine Learning

Mit dem Aufkommen von Machine Learning beginnt ein neues Kapitel der Computergeschichte. Im März 2016 kam es zu einem historischen Showdown: Das Computersystem AlphaGo schlug den südkoreanischen Go-Champion Lee Sedol in einem Wettbewerb über fünf Runden. AlphaGo gewann vier von fünf angesetzten Partien. Das Go-Spiel zählt zu den komplexesten Brettspielen der Welt.[71] Die Zahl der spielbaren Varianten übersteigt die des Schachs um ein Vielfaches.

Die Spielregeln sind einfach: Das Spielfeld besteht aus 19 horizontalen und 19 vertikalen Linien; die Kontrahenten legen abwechselnd einen Stein auf die Schnittpunkte des Bretts. Ziel des Spiels ist es, den Gegner rundum einzuschließen. Wer am Ende den größeren Teil des Bretts kontrolliert, ist Sieger. Jeder Schnittpunkt des Bretts kann also leer, mit einem schwarzen oder einem weißen Stein besetzt sein. Beim ersten Zug ergeben sich $19 \times 19 = 361$ Möglichkeiten, beim zweiten Stein 360 usw. Mit jedem Zug wählt man eine von 361, 360 etc. Möglichkeiten aus und entscheidet sich für einen Weg. Jedes Spiel gleicht also einer Route durch das Geflecht eines gigantischen Wegenetzes. Je nach Route verändern sich die dann noch möglichen Züge und Gegenzüge. Dabei steigt oder fällt mit jeder Entscheidung die Wahrscheinlichkeit auf einen Sieg. Um diese präzise zu ermitteln, müsste jeder Spieler die Folgen seiner Entscheidung abschätzen können. Bei Go ist die genaue Berechnung eine unlösbare Aufgabe, denn es gibt eine unfassbare Zahl von Alternativen. Rein rechnerisch ergeben sich mehr als 1.000.000.000.000.000.000.000.000.000.000.000.000.000.000.000.000.000.000.000.000.000.000.000.000.000.000.000.000.000.000.000.000.000.000.000.000.000.000.000.000.000.000.000.000.000.000.000.000.000.000.000.000.000.000.000.000.000.000.000 mögliche Positionen, also mehr Möglichkeiten, als es Atome im Universum gibt!

Trotz der einfachen Regeln ist Go durch die vielen möglichen Züge also nicht im klassischen Sinne berechenbar. Statt den Computer diskret zu programmieren, also die Spielregeln und Strategien explizit in einem Programmcode abzubilden, setzte das Team von AlphaGo auf maschinelles Lernen. Man nutzte die Methoden »Supervised Learning«, bei dem das System aus etwa 100000 dokumentierten Spielen lernt, und »Reinforcement Learning«, bei dem das System gegen sich selbst spielt. Die Informationen werden dabei in einer dem menschlichen Gehirn angenäherten Struktur, einem »neuronalen Netzwerk«, verarbeitet.[72] Die Grundlagen hierfür wurden übrigens bereits in den Achtziger- und Neunzigerjahren entwickelt. Doch damals erlaubte die zu geringe Rechnerleistung keine wirklich weitergehende Anwendung. Doch mit der Entwicklung der Hardware in den vergangenen Jahrzehnten änderte sich dies: AlphaGo nutzte 2016 in der Partie gegen Sedol ein leistungsfähiges Netzwerk aus 1202 Prozessoren und 176 spezialisierten Grafikprozessoren.

Das künstliche Gehirn, ein Zusammenspiel von Neuronen und Synapsen, wird dabei mathematisch modelliert, wobei jedes Neuron über zahlreiche Synapsen mit anderen Neuronen verbunden ist. Dieses Geflecht verändert sich, da die Verbindungen zwischen den Neuronen ein Signal verstärken oder abschwächen können. Bereits ein schwaches Eingangssignal kann also zu einem starken Ausgangssignal des Neurons führen, oder aber das Neuron »feuert« erst, wenn es einen starken Input erhält. Die Reaktion des Systems verändert sich dabei dynamisch, und da jedes Neuron mit Tausenden anderen Neuronen verbunden ist, entsteht so eine komplexe Kaskade. Stark vereinfacht kann man sich ein neuronales Netzwerk wie eine Blackbox vorstellen, wobei ein »Eingangsmuster« ein »Ausgangsmuster« erzeugt.

Das Prinzip versteht jeder, der Kinder bei ihren ersten Leseversuchen beobachtet: Das Kind sieht einen Buchstaben, z.B. ein »U«, und spricht ihn aus. Natürlich ist das zu Beginn nicht immer richtig, und die Mutter oder der Vater korrigiert. Mit der Zeit wird das Kind besser beim Erkennen und vermag einem visuellen Eingangsmuster (dem Buchstaben »U«) den entsprechenden Klang »Uhhh«, das Ausgangsmuster, zuzuordnen.

Man kann sich das künstliche neuronale Netzwerk wie ein Sandwich aus mehreren Ebenen vorstellen: Zunächst eine Eingabeschicht mit dem Pixelmuster eines Bildes. Die einzelnen Bildpunkte sind entweder hell oder dunkel und definieren damit den Zustand der obersten Neuronen: hell = 1, dunkel = 0. Darunter finden sich dann mehrere verdeckte Ebenen miteinander vernetzter Neuronen. Jede Ebene wird dabei zum Input der darunterliegenden Ebene; ein Neuron kann dabei seine Nachbarn in derselben Ebene und Zellen der tiefer liegenden Schicht über seine Verbindungen aktivieren und verändern. Am Ende findet sich dann die Ausgabeschicht; beim Lesebeispiel die Stimme des Kindes. Das Eingangsmuster erzeugt also ein Ausgangsmuster.

Will man zum Beispiel handgeschriebene Zahlen maschinell erkennen, dann beginnt das System mit dem Muster der

Zahl in Form zum Beispiel einer Matrix aus 30 x 30 hellen und dunklen Punkten. Am anderen Ende, in der Ausgabeschicht, gibt es dann zehn »Zellen« mit der Antwort: »1« oder »2« oder »3« usw. Das zwischengeschaltete Netz mit seinen verschiedenen Ebenen beginnt nun dadurch zu »lernen«, dass die Kopplungen zwischen den Neuronen verstärkt oder abgeschwächt werden. Diese Gewichtung von verstärkenden und abschwächenden Neuronen wird bei jedem einzelnen Lernvorgang leicht verändert. Ist das Ergebnis falsch, dann probiert das System eine andere Gewichtung, und mit der Zeit stellt sich so auf allen Ebenen eine optimale Konstellation ein. Durch dieses »Training« verbessert sich also die Zuordnungsleistung, und das System kann die handgeschriebenen Ziffern erkennen. Ich gebe zu, dass dieses für Sie etwas abstrakt klingen mag, doch in diesem Zusammenhang reicht es völlig aus, wenn Sie sich ein neuronales Netz als eine Blackbox vorstellen, die mit der Zeit lernt, einem Eingangsmuster ein Ausgangsmuster zuzuordnen. So wie das Kind, welches immer besser den geschriebenen Buchstaben »U« mit dem Laut »Uhhhh« assoziiert.

In der Bilderkennung sind die Fortschritte gewaltig. Als »Lernstoff« eignen sich besonders einfache Videospiele, da die im Spiel erzielten Punkte eine ideale Trainingsmöglichkeit darstellen. Das System von DeepMind – das Unternehmen wurde 2014 von Google erworben – nutzte dieses sogenannte Deep Reinforcement Learning, um sieben klassische Atari-Computerspiele zu erlernen. Als Input dienten lediglich die Pixel des Bildschirms, und der erzielte Punktestand zeigte dem System sofort, ob seine Handlung erfolgreich war oder nicht. Das neuronale Netz spielt – lernt – spielt – lernt … in einer Dauerschleife und wird so mit der Zeit immer besser. Nach der Trainingsphase von zwei Stunden hatte das System bereits gelernt, wie ein menschlicher Profi zu spielen. Inzwischen wächst die Komplexität und Leistungsfähigkeit solcher Systeme, und wir alle sind Zeugen der gewaltigen

Fortschritte bei bisher als genuin menschlich angesehenen Fähigkeiten wie der Gesichtserkennung, der Spracherkennung oder dem Übersetzen von Sprache. Die Systeme erkennen neben Bildern, Texten und Handschriften auch Verkehrszeichen, Fahrbahnen, Radarsignale, Hindernisse oder Karzinome auf Radiografien mit beängstigender Sicherheit. Ein gewaltiger Markt bildet sich heraus, bei dem es darum geht, Personen aus Bildern herauszulesen, feine Strukturen in der Finanzstatistik zu destillieren oder Medizindaten zu kombinieren. Doch all diese Systeme haben eine Gemeinsamkeit: Sie lesen ein Muster, z.B. ein Bild, und erzeugen ein anderes, z.B. eine wahrscheinliche Zuordnung eines Namens aus einer Liste.

Der Begriff Deep Learning bezieht sich dabei lediglich auf die tieferen Ebenen des Netzwerks und hat nichts mit einer höheren Denkfähigkeit zu tun. Die magische Blackbox ist faszinierend und wird immer besser bei der Zuordnung, doch bei tiefen neuronalen Netzwerken mit manchmal über zwanzig hintereinandergeschalteten Schichten lässt sich nicht mehr vorhersagen, was auf diesen nachgeschalteten Ebenen tatsächlich passiert. Angesichts dieser Komplexität und des nichtlinearen Verhaltens versagen die klassischen Methoden der Kausalität, und so rätseln die Erbauer über das Verhalten ihrer eigenen Maschine. Ein Freund, der bei einem der großen Softwareunternehmen als Programmierer arbeitet, spricht von »digitaler Alchemie«. Wir vertrauen also Apparaten, die wir in der Tiefe nicht mehr verstehen.

Es mutet an wie ein Widerspruch: Mit dem kausalen Denken versuchten wir die Geister der Vergangenheit zu vertreiben, und nun akzeptieren wir sie im Innern unserer Software.

Mitunter sind die Zuordnungen fehlerhaft und amüsieren uns: Die Spracherkennung meines Computers macht aus meinem Namen: »Jokisch war«, »Jogi schwach«, »Joghurt

Show« oder »Juli war«. Der dunkelhäutige US-Programmierer Jacky Alciné stellte fest, dass Google Fotos bei mehreren seiner Porträts das Schlagwort »Gorilla« nannte.[73] Joz Wang, eine US-amerikanische Beraterin mit taiwanesischen Wurzeln, war irritiert, als ihre Digitalkamera bei Selbstporträts den Kommentar abgab: »Hat jemand geblinzelt?«[74] Die »intelligente« Software ihrer Kamera versagte wohl bei asiatischen Augen, denn als Wang ihre Augen weit aufriss, verschwand die Warnung auf dem Display.

Obwohl wir die digitalen neuronalen Netze nicht wirklich durchschauen, werden diese labilen Systeme schon für Kommerz- und Sicherheitszwecke eingesetzt. Kfz-Kennzeichen werden inzwischen mittels Bilderkennung bei Mautstellen und Parkautomaten erfasst, und im Namen der Sicherheit beginnt man weltweit damit, die Aufnahmen von Überwachungskameras auszulesen und mit unzähligen weiteren Profilen zu kombinieren.

Anlässlich einer deutsch-amerikanischen Konferenz, die von Studenten an der Harvard-Universität organisiert wurde, sprach ich mit Alexander Graubner-Müller. Er ist der Gründer von Kreditech, einem der spektakulärsten deutschen Start-ups im Bereich Finanzdienstleistungen.[75] Dieses Unternehmen nutzt allerlei Kundendaten, auch aus dem Internet und aus sozialen Netzwerken wie Facebook und Twitter, um in erstaunlichem Tempo Kreditentscheidungen zu fällen. Dazu wurde eine eigene Kredit-Scoring-Technologie entwickelt, die künstliche Intelligenz und maschinelles Lernen einsetzt, um bis zu 20 000 Datenpunkte pro Anwendung zu verarbeiten. Dieser Algorithmus ermögliche, wie Graubner-Müller erläuterte, das Kreditrisiko eines Kunden binnen einer Minute mit höherer Präzision zu bestimmen als herkömmliche Methoden zur Überprüfung der Kreditwürdigkeit. »Doch was, wenn mein Kredit abgelehnt wird – sagt ihr mir auch, warum?«, fragte ich ihn. Seine Antwort verblüffte mich: Abgesehen von Einzelfällen könne man angesichts der Komplexität der verwendeten Daten keinen eindeutigen Grund für die Kreditentscheidung nennen.

Wir leben angeblich in einer aufgeklärten Gesellschaft und vertrauen dennoch dem technischen Orakel. In der griechischen Mythologie war es Apollon, der in Delphi die Schlange Python tötete. Ihr Blut sickerte in den Boden, und so übertrugen sich ihre prophetischen Fähigkeiten auf diesen Ort. Inzwischen hat es auch die feinen Verästelungen unserer Apparate erreicht …

Übrigens: *Delphi* und *Python* sind Programmiersprachen, *Oracle* ist ein Softwareunternehmen.

Mensch und Computer – wer programmiert wen?

Shanghai, Metrolinie 2. Ich stecke in einer Prozession fest. Am People's Square trottet eine unübersehbare Masse durch die Sicherheitsschleusen und dann hinunter zum Gleis. Die Megastadt atmet ihre Bewohner aus, die nach einem geschäftigen Arbeitstag in ihre Wohnungen zurückkehren. Jeder von ihnen blickt auf sein Smartphone, versteckt sich in der eigenen Realität des kleinen Bildschirms und kommuniziert schweigend mit anderen im Netzwerk von WeChat, der chinesischen Version von WhatsApp. Vor wenigen Jahren noch sah man nur Vereinzelte, die auf ihr Handy starrten, doch wenn ich mich jetzt umschaue, sehe ich, dass jeder, wirklich jeder Einzelne sich in seine Smartphonewelt zurückgezogen hat. Die Realität des Moments ist keine gemeinsame Kenngröße in dieser Welt der abertausend Wirklichkeiten.

Der junge Mann, der neben mir steht, wirkt wie ein Patient, der seinen digitalen Dialyseapparat in Händen hält. Das Smartphone ist zu einem Teil unseres Körpers geworden, ein ausgelagertes Organ, ohne dass wir hilflos umherirren in einer vernetzten Welt. Vielleicht lässt sich nur so diese Zusammenballung von Menschen um einen herum ertragen. Die Verdichtung und Enge der Megastädte zwingt zur Flucht in das Virtuelle. Die Anonymität der Hochhäuser und Wohnsiedlungen löst jedes Ichgefühl auf. Wie will man sich spüren in der Anonymität solcher übergroßen Städte mit ihren riesigen Wohnsilos?

Während die Metro Richtung Nanjing Road weiterfährt, frage ich mich, wohin sich diese Menschen tatsächlich bewegen. Worin besteht der Unterschied zwischen dem einen und dem anderen Ort, wenn doch das Netzwerk omnipräsent ist? Der Dialog mit dem virtuellen Gegenüber ist unabhängig vom eigenen Standort, man merkt nicht, wenn ein Mensch sich fortbewegt.

Manchmal habe ich auf diese Weise meine Frau überrascht: Wir telefonierten, während ich nach Hause fuhr, und setzten das Gespräch fort, nachdem ich das Auto verlassen hatte. Ich verriet meiner Frau nicht, dass ich bereits angekommen war, schlich mich herein und stand ihr plötzlich gegenüber. Man hört heutigen Gesprächen nicht mehr an, von wo der andere gerade spricht, und selbst interkontinentale Telefonate klingen so, als befände sich unser Gegenüber in derselben Stadt.

1996 telefonierte der Bergführer Rob Hall, kurz bevor er in eisiger Höhe starb, vom Gipfelgrat des Mount Everest aus per Satellitentelefon mit seiner schwangeren Frau in Neuseeland.[76] »Schlaf gut, mein Schatz. Mach dir bitte nicht zu viele Sorgen«, soll er gesagt haben. Rob Halls Geschichte zeigt auf makabre Weise: Wir sind allzeit zusammen, auch wenn unsere Körper sich voneinander entfernen. Wohin also reisen wir, wenn wir doch ständig in derselben digitalen Blase verharren?

Bevor es Internet und Mobiltelefon gab, kommunizierte man anders, wenn man auf Reisen war: Als Ersatz für persönliche Gespräche schrieb man Briefe. In gewisser Weise gewann die Kommunikation eine andere Qualität: In Briefen sparte man sich das Profane und konzentrierte sich auf tiefere Gedanken und Gefühle. Das Reisen befreite uns vom Netzwerk der Daheimgebliebenen und eröffnete uns die Chance, Neues in der Fremde zu entdecken. Jede Reise bedeutete selbst gewählte Einsamkeit und Autonomie. Oft hörte man wochenlang nichts von den Daheimgebliebenen, und wenn überhaupt, waren es Briefe, die den Dialog nur mit Zeitverzögerung fortsetzten. Gerade diese Distanz barg die Chance, das Verlassene zu vergessen. Das Verreisen war stets ein Neuanfang, bei dem man sich auch von den Fesseln der Heimat befreien konnte.

Doch diese Zeit des Schweigens ist vorbei: Wir verreisen nie ganz. Die heutige Generation absolviert zwar ein Work and Travel im fernen Australien, und doch sitzen die Kinder täglich per Internetvideo im Wohnzimmer ihrer Eltern. Die Entfernung hat ihre Geheimnisse verloren.

Meine Frau kommuniziert ständig per WhatsApp mit unseren vier Kindern, egal wo sie sich gerade aufhalten. Manchmal wird virtuell gemeinsam gekocht: Pasta in London, Lasagne in München, Gnocchi in St. Gallen und ein Tomatensalat in Berlin, und die gemeinsame Kommunikation ist derart intensiv, dass man meint, mein Sohn in der Schweiz könnte meiner Tochter in London plötzlich das Speiseöl reichen. Häufig wurde über den Mangel an Kommunikation in einer Gesellschaft nachgedacht, doch was ist mit einem Zuviel an Kommunikation? Hemmen die neuen Apparate vielleicht den natürlichen Prozess der Abnabelung zwischen Eltern und Kindern?

Der »Second Screen« hat ohnehin seinen festen Platz bei Jugendlichen, wenn ihre verstreuten Gemeinschaften einen Fernsehabend erleben, und suggeriert trotz aller Entfernung »Gemeinsamkeit«. *Stay connected!* Oft kehren Kinder abends von den Freunden zurück, verschwinden auf ihr Zimmer und chatten weiter. Der Draht bricht nicht ab, denn die Flatrate ermöglicht Dauerkommunikation.

Als Jugendlicher wäre ich glücklich gewesen über eine solche Option, denn wir lebten in einem kleinen Dorf in Luxemburg, weit weg von meinen Mitschülern und Freunden. Die Busverbindungen waren lausig, und ich erinnere mich noch gut an die Einsamkeit und das Gefühl der Isolation. Manchmal, wenn ich es nicht mehr aushielt, unternahm ich lange Radtouren, um mich mit meinen Freunden zu treffen. WhatsApp oder Facebook wären ein Segen gewesen. Heute blinzelt der Freund aus dem Smartphone, während man Hausaufgaben macht oder sich auf eine Prüfung vorbereitet. Manche Schüler fragen sich via Smartphone gegenseitig Vokabeln ab oder helfen sich: Mein Sohn, der in St. Gallen studiert, stupst gerne mal seine Schwester in London an, wenn es um englische Übersetzungen geht. Diese Art von gegenseitiger Hilfe war der Ausgangspunkt der außergewöhnlichen Erfolgsgeschichte von Salman Khan, der, wie ich später beschreibe, eine revolutionäre Online-Lernplattform aufbaute.

Bei allen Vorzügen verhindert die kommunikative Omnipräsenz, dass man sich auch abseits der anderen selbst erfährt: Neue Eindrücke in der Ferne, das eigene Verarbeiten des Widerfahrenen, die Spannung der Nichtkommunikation und des Wartens sind oft der Motor eines inneren Reifungsprozesses. Doch diese isolierte Nachdenklichkeit weicht einem ungefilterten kommunikativen Dauerstrom unserer momentanen Eindrücke. Das individuelle Erleben ist einem kollektiven Mitteilungsprozess gewichen, bei dem jeder, an seinem Ort, seine momentane Realität in einen gemeinsamen virtuellen Erlebnistopf einspeist. Im Moment des Erlebens produzieren wir also Realität für die anderen. Wir teilen ihnen mit, was wir gerade essen, mit wem wir uns treffen oder was wir anziehen. Was aber wollen sich Freunde noch erzählen, wenn Sie sich nach solch scheinbarer Abwesenheit wiedersehen? Wurde nicht schon alles gepostet? Wovon soll eine Tochter berichten, wenn die Eltern bereits via WhatsApp alles wissen, was während des Urlaubs geschah? Wo bleibt das Geheimnis der Selbsterfahrung, wenn man im Netzwerk ständig on ist?

Besonders eindrücklich kann man diese Verschiebung der Wahrnehmung bei Selfies beobachten. Das Bild selbst dominiert und wird zum Zweck an sich. Die Kamera im Smartphone beraubt uns des unmittelbaren Erlebnisses und macht uns blind. In Cornwall findet sich ein Straßenschild mit der bemerkenswerten Aufschrift: *Welcome to Cornwall! Please try to remove your face from your smartphone to admire the scenery! You won't get a decent phone signal anyway!* (Willkommen in Cornwall! Bitte heben Sie Ihren Blick von Ihrem Smartphone, um die Landschaft zu genießen! Sie haben ohnehin keinen guten Empfang.)

In der Oper von Shanghai werden unmittelbar vor Aufführungen Schilder in das Publikum gehalten mit dem Aufruf, das Mobiltelefon doch während der Vorstellung abzustellen, aber niemand scheint sich daran zu halten. Bei einer Ballettaufführung in diesem Frühjahr sah ich, wie eine Dame zwei Reihen vor mir ihr Mobiltelefon hochhielt, um so ihre Tochter, die zu Hause am Küchentisch saß, online an der Veranstaltung teilhaben zu lassen. Egal ob Konzert, Sportereignis, Restaurantbesuch oder Geburtstagsfeier, alles wird festgehalten. Das unmittelbare Erlebnis weicht dem technischen Akt: Wir blicken auf Bildschirme, schwenken das Smartphone, drücken den Auslöser, und selbst in Momenten der Ekstase halten wir still, damit das Bild nicht verwackelt.

In der Hoffnung, die Einzigartigkeit des Augenblicks festhalten zu können, verpassen wir das Wesen des Moments. Die Magie eines Sonnenuntergangs oder der Höhepunkt eines Konzerts werden durch Bildschirm und Tastendruck entweiht. Es scheint fast so, als wäre der nicht dokumentierte Moment nicht existent in der eigenen Biografie.

Früher, als es noch kein Handy gab, wurde ich auf Reisen mit der ganzen Energie des Erlebens erfüllt, ohne dass ich die Spannung sofort ableiten konnte – und gerade darin offenbarte sich die Intensität des Moments. Ich musste das Erlebte selbst verarbeiten und reflektieren, ohne das eigene Denken sofort durch Kommunikation zu ersetzen. Meine alten Tagebücher zeugen von dieser einsamen Verarbeitung, doch diese wunderbare Einsamkeit des inneren Erlebens geht uns verloren in einer Welt des Daueraustauschs. Wir versenken unsere rohen Eindrücke ungefiltert im digitalen Ozean der Gemeinschaft und ernten ein »Daumen hoch«.

Vor zwei Jahren wurde ich während des Windsurfens in Griechenland mit einem besonderen Moment beschenkt: Der Wind stand günstig, und ich genoss es, mit meinem Board über das Wasser zu gleiten. Manchmal treffe ich dabei auf fliegende Fische, die aufgeschreckt vor meinem Brett aus dem Wasser springen und für einige Momente über den Wellen flattern, bis sie wieder eintauchen. Einmal traf ich sogar auf eine einsame Meeresschildkröte und konnte beobachten, wie sie Luft holte, um dann wieder im tiefen Blau der Ägäis zu verschwinden. Diese außergewöhnlichen Begegnungen wurden an diesem Nachmittag übertroffen. Etwa fünfzig Meter neben mir tauchten zwei Delfine auf, holten Luft und verschwanden wieder. Sofort wechselte ich den Kurs und versuchte, den Tieren zu folgen, doch sie tauchten nicht wieder auf. Plötzlich bemerkte ich, dass beide Delfine unmittelbar unter meinem Brett schwammen. Während ich auf dem Board weiterglitt, sah ich, wie die Meeressäuger sich leicht drehten und neugierig zu mir hochblickten. In diesem Moment durchdrang mich eine tiefe Euphorie. Ein magischer Moment. Als ich später voller Begeisterung meinen Freunden davon erzählte, fragte einer: »Hast du ein Bild?« Natürlich hatte ich kein Bild, ich nehme zum Surfen kein Handy mit, doch die Frage war symptomatisch: *photo ergo sum.* Der Wunsch, das eigene Ich im Kontext festzuhalten, gehorcht einem neuen Gesetz: ohne Bild keine Realität!

Oder nehmen wir die ständig laufenden Helmkameras, mit denen Skifahrer die Pisten hinuntergleiten. Man mag sich fragen, ob dabei der Fahrspaß oder die gelungene Aufnahme im Vordergrund steht. Immer häufiger geht es um das Bild, die Pose, das besondere Selfie, und so übernimmt das digitale Alter Ego die Regie des Erlebens und fordert immer gewagtere Aufnahmen. Der Einsatz von Helmkameras, gepaart mit der Sucht nach spektakulären Bildern, hat wahrscheinlich schon etliche Unfälle und Knochenfrakturen zur Folge gehabt.

Profilfotos der User sozialer Netzwerke belegen eindrücklich, wie sehr sich das zweite Ich in der virtuellen Welt dabei neu definiert. Wir zeigen uns von unserer besten Seite, und die Technik unterstützt uns dabei: Manche Fotoapparate analysieren das Motiv und lösen erst aus, wenn wir lachen, und eine Vielzahl von Apps »retuschieren« die Porträts.

Irgendwann sind wir nicht mehr diejenigen, die wir wirklich sind, sondern machen uns zu denjenigen, die wir sein möchten. Diese narzisstische Maskerade entkoppelt uns immer stärker von der Wirklichkeit.

Die *terra digitalis* gleicht einem gigantischen Kontinent, der immer dichter besiedelt wird. Diese Ersatzwirklichkeit beschenkt seine Bewohner mit Zeitlosigkeit. Der Preis für die Störung des Augenblicks sind festgehaltene Momente, die später abgerufen, mitgeteilt, verglichen und ausgewertet werden können. Doch genau hierdurch verliert das eigene Erleben seine Intimität, denn im Akt der Offenlegung verlieren wir ein Stück von uns selbst und beteiligen uns unbewusst an einer Auktion unserer digitalen Biografien: Wer erlebt mehr? Wer kann diesen Moment übertreffen? Wie vielen »gefällt« mein Leben?

Die scheinbare Anteilnahme der anderen mündet in ein stetes Vergleichen, in einen Wettstreit um Aufmerksamkeit. Hier lauert eine weitere Falle: der Zwang zur Vollständigkeit. Und so dokumentieren manche alles, was sie erleben, in einem kontinuierlichen Datenstrom, vom Frühstücksei bis zum letzten Glas Rotwein am Abend. Alleine bei der Plattform Facebook werden Mitte des Jahres 2017 in jeder Minute 510 000 Kommentare gepostet, 239 000 neue Einträge und 136 000 Bilder hochgeladen.[77]

In Hiroshima beobachtete ich während der Kirschblütenzeit zwei Schülerinnen, die mit einem Selfie-Stick vor den blühenden Bäumen posierten. Ich näherte mich, ohne dass sie es bemerkten, sie blickten nur auf den Bildschirm ihres Smartphones. Erst als ich mich aus Spaß hinter sie ins Bild stellte und sie das fremde Gesicht auf dem Bildschirm entdeckten, zuckten sie zusammen, schrien vor Erschrecken kurz auf und lachten dann, zurück in der Realität, erleichtert auf. Dass ich zuvor in der realen Welt direkt neben ihnen stand, hatten sie komplett ignoriert. Erst als ich in ihrer virtuellen Welt auftauchte, wurde ich von ihnen bemerkt.

Der Fokus unserer Aufmerksamkeit verschiebt sich. Der Apparat lockt uns ständig in seine Welt: Wer etwa ein Fischrestaurant sucht, den Weg zu einem Freund oder wissen möchte, ob er am Morgen einen Regenschirm mitnehmen soll, findet im Smartphone die passende Antwort. Das kleine Gerät lotst uns durchs Leben und prägt immer intensiver unser Verhalten. Konversationen stocken, sobald das Handy summt, und in Restaurants beobachte ich immer häufiger Gäste, die schweigend, jeder für sich, auf ihre Bildschirme starren.

Durch den ständigen Austausch mit den virtuellen Welten zerfällt das Ordnungsraster des Alltags. Die Dauererreichbarkeit löst die Trennung zwischen Arbeit und Freizeit auf. Wir sind ständig »on«, von morgens bis nachts. Rund die Hälfte der 18- bis 24-Jährigen prüft den Facebook-Account, sobald sie aufwacht.[78] Eine Untersuchung der Universität Bonn zeigt, dass die Studienteilnehmer 80 Mal täglich ihr Telefon aktivieren – tagsüber also durchschnittlich alle zwölf Minuten.[79] Bei einigen Probanden fielen diese Zahlen gar doppelt so hoch aus.

Eingehende Mails ignorieren Ruhezeiten und Urlaubsphasen, und ich erinnere mich, wie ich nach den Ferien von überlaufenden Postfächern begrüßt wurde. Die Erholung schwand dahin, denn ich hatte das Gefühl, an meinen ersten Arbeitstagen die während des gesamten Urlaubs angefallene Arbeit nachholen zu müssen. Doch worin bestand der Sinn von Urlaub, wenn das Business keine Pause machte? Manche meiner Kollegen gingen einen anderen Weg und riefen ihre beruflichen Mails täglich im Urlaub ab. Irgendwann entschloss ich mich zu einem radikalen Schritt und setzte eine automatische Antwort mit folgendem Wortlaut ein:

Ich befinde mich im Urlaub und bin in dieser Phase bewusst »offline«. Bitte haben Sie Verständnis dafür, dass ich keine eintreffenden Mails lese, weder zeitnah noch später. Ich werde alle einlaufenden Mails löschen! Falls die Angelegenheit also wichtig ist, können Sie mir Ihre Mail nach dem xx.yy.zz zusenden. Ab dann ist mein elektronisches Postamt wieder offen. Vielleicht erscheint Ihnen diese Handlungsweise radikal, doch in Zeiten der Dauererreichbarkeit sind mir Phasen der Fokussierung und des Abstands wichtig.

Jeder Aspekt unseres Lebens wird allmählich durch Technik und Algorithmen geformt, von der Navigation bis zu Bankgeschäften, von der Ernährung bis zum Freundeskreis, doch ist es nicht unsere Freiheit, den Apparat und seine Wunder als Option zu begreifen? Natürlich steht es jedem frei, sein Smartphone oder sein elektronisches Postfach auch zeitweise abzuschalten, doch die intensive Einbettung in unseren Alltag macht uns zu Abhängigen.

Es scheint, als könne man das ganze Spektrum der eigenen Aktivitäten darin abbilden, von Kochrezepten, Einkäufen, Bewegungsaktivitäten bis hin zur Suche nach einem geeigneten Partner. Dabei brennt sich eine neue Grammatik von Gesten und Wischbewegungen in unsere Motorik ein. Beim Datingportal Tinder etwa wischt man bei Interesse das Bild eines Kandidaten nach rechts.[80] Wischt man nach links, so hat man den potenziellen Bekannten für immer ausgeschlossen. Die Parole lautet »Yoso«: »you only swipe once«. Wir löschen also Menschen aus unserem Kreis mit derselben Geste, die wir etwa zum Löschen von Mails oder zum Blättern von Seiten verwenden. Uns steht dabei lediglich eine »Ja-nein«-Entscheidung offen, es gibt kein »Vielleicht«. Dieser binären Entscheidungslogik fehlt jedoch die Natürlichkeit einer echten Annäherung zwischen

Menschen, denn die anfängliche Zögerlichkeit, das vorsichtige Abtasten, das Hin und Her einer neuen Bekanntschaft, der zweite Blick etc. werden durch eine digitale Direktheit ersetzt – schnell, klar und kalt. Was zählt, ist der erste Blick, das Vorurteil. Unbewusst trainieren wir uns also ein Verhalten an, welches von der Logik eines Computeralgorithmus geprägt ist. Wir verhalten uns also nicht mehr wie Menschen, sondern wie die Maschine und folgen in der Partnersuche einer Programmschleife: *If* Partner geeignet, *then* abspeichern, *else* löschen. Von den vielen Facetten des natürlichen Auswahlprozesses, z. B. der Stimme, des Verhaltens, der Art und Weise, wie ein Mensch sich bewegt, des Geruchs, zählt allein der visuelle Eindruck eines einzigen Bildes. Wir werden mit einer gigantischen Datenbank an möglichen Partnern beschenkt und geben dafür natürliche Verhaltensweisen auf und passen uns der Maschine an. Wir geben ein Stück unserer selbst auf und erhalten im Gegenzug mehr Macht: Wir nutzen Navigationsgeräte und verlieren allmählich die Fähigkeit, uns selbst zu orientieren, wir nutzen Taschenrechner und verlernen das Kopfrechnen, wir vertrauen einer Wetterapp, statt den Abendhimmel zu lesen. Mit der Zeit geben wir so einen Teil unserer Autonomie auf, denn die neue Abhängigkeit ist bequem, schnell und scheinbar besser.

Es stellt sich die Frage, ob es in diesem Prozess kritische Schwellen gibt, Veränderungen, die unser Wesen womöglich über das Maß des Hinnehmbaren verändern würden. Wird beispielsweise die Entwicklung von »künstlicher Intelligenz« in einem epochalen Akt der Entmündigung enden, die uns Menschen der Kontrolle beraubt und uns zu Objekten von unkalkulierbaren Kräften macht? Manche befürchten, dass es einen solchen Moment der »Singularität« geben könnte, bei dem Algorithmen und vernetzte Computer die Macht über die Menschheit übernehmen könnten. Davon war an anderer Stelle in diesem Buch schon die Rede.

Die Maschinen werden immer besser, doch vielleicht wichtiger ist, dass auch wir uns in unzähligen kleinen Schritten verändern. Jeder einzelne erscheint uns logisch und wird als »Gewinn« oder als »mehr an Sicherheit« interpretiert. Bleiben wir bei der Partnerwahl: Alte Traditionen von »arrangierten Hochzeiten« werden in die digitale Welt gehoben, getragen von der Überzeugung, dass Bekanntschaften nicht etwa dem Zufall oder dem Schicksal entspringen, sondern berechenbar werden.

Die wechselseitige Attraktivität wird entschlüsselt als ein Set von Eigenschaften wie Alter, Hobbys, Einkommen etc. und bildet die Basis eines Matching-Algorithmus. Die Summe dieser Eigenschaften ist also der Input, mit dem dann eine wachsende Datenbank auf passende Partner gescannt wird. In einem Scoring-Prozess werden dabei wahrscheinliche Konstellationen herausgefiltert, und der Suchende erhält eine Liste von interessanten Kandidaten oder Kandidatinnen. Je besser die Vorhersage, desto präziser das Matching und umso größer der »Erfolg«. Offenbar funktioniert diese Art des Suchens und Findens, denn Partnervermittlungen erfreuen sich zunehmender Beliebtheit. Natürlich fehlt momentan eine langfristige Evaluierung. Wie lange halten diese Partnerschaften, münden die Vorschläge vielleicht nur in kurzfristigen Bekanntschaften, oder entspringen dieser Suche lange und glückliche Beziehungen?

Doch stellen Sie sich einen Moment vor, dass Sie, nachdem Sie einen Partner auf diese Art kennengelernt haben und schon Monate oder Jahre zusammenleben, eine Mail mit folgendem Inhalt erhalten:

> Lieber Kunde, unsere Software wurde in den vergangenen Monaten deutlich verbessert, und auch unser Datenpool ist gewaltig gewachsen. Auf Basis Ihrer Daten haben wir inzwischen ermittelt, dass es weit bessere Matches gibt als die Vorschläge,

die wir Ihnen seinerzeit unterbreitet haben. Sollten Sie Interesse haben, so melden Sie sich gerne. Bis Mai erhalten Sie einen Kundenrabatt von 30 Prozent. Gönnen Sie sich unser Update. Ihr wahrer Idealpartner wartet auf Sie!

Was würden Sie tun? Könnte es sein, dass Sie erste Zweifel beschleichen, vielleicht dann, wenn Sie mit ihrem jetzigen Partner gerade einen Konflikt austragen? Könnten Sie ruhig schlafen, wissend, dass irgendwo dort draußen vielleicht eine noch bessere und passendere »Lösung« auf Sie wartet? Wären Sie vielleicht versucht, zumindest die neuen Angebote anzuschauen? Vielleicht beginnen Sie unbewusst ihre jetzige Beziehung zu bilanzieren: Was ist gut, was könnte noch besser werden? Welche Eigenschaft stört mich?

Die Einzigartigkeit einer Beziehung wird graduell ersetzt durch eine Logik der Vergleichbarkeit: Statt das Ganze zu betrachten, beginnt eine Evaluierung einzelner Eigenschaften und Qualitäten. Das Unteilbare des Menschen zerfällt in dieser Logik zu einer Ansammlung messbarer Größen. Menschliche Beziehungen verlieren ihren organischen Zusammenhalt und werden bewertet wie die *features* bei der Konfiguration eines neuen Autos. Anstatt zu finden, lassen wir auswählen aus einem Angebot. Die Liebe in den Zeiten der Algorithmen ist kein Zufall mehr, keine Fügung des Schicksals. Der *coup de foudre* wird zu einer mathematischen Optimierungsaufgabe.

So mächtig diese Instrumente beim Auffinden des Glücks vielleicht sein mögen, so gefährlich sind sie, denn das Virus des steten Vergleichens könnte auch die Beziehung selbst infizieren. Wird dadurch die Zahl der Trennungen womöglich steigen?

Die »Wechselbereitschaft« wächst bei Stromkunden, Mobilfunknutzern oder Wählern, warum dann nicht auch bei Partnerschaften? Eine Eigenschaft des Internets ist die Logik des ständigen Vergleichens, und diese könnte unsere eigene Geisteshaltung verändern: Wir betrachten unsere Welt zunehmend durch eine ökonomische und utilitaristische Brille: Kunstwerke, Musiktitel, Waschmaschinen, Menschen, Bücher oder Filme werden mit Sternchen oder per »Gefällt-mir«-Button bewertet. Hochschulen werden in Rankings gegenübergestellt, Studenten sammeln Credit Points, Fernsehsender messen Quoten und Mitarbeiter werden mit obskuren Leistungspunkten evaluiert. Anstatt in den Spiegel zu blicken, berechnen wir unseren Body-Mass-Index. Unbewusst beginnen wir damit, das Maschinenprinzip der Messbarkeit auf alle Facetten unseres Alltags zu übertragen. So ermahnt mich die Bewegungs-App, dass ich bislang 8256 Schritte absolviert habe und noch weitere 1744 vor mir habe, um das vorgeschlagene Tagesziel zu erreichen.

Der Pakt mit der Maschine ist keine Einbahnstraße. Die andauernde Optimierung ignoriert die aufregenden Umwege des Lebens und reduziert unsere Vielfalt auf eine optimierte Einfalt. Was wir alle unterschätzen, ist die normative Kraft dieses Prozesses. Wir beginnen, uns der Maschine anzugleichen, und drohen dabei das zu vergessen, was uns selbst ausmacht. Maschinen sind kalt und verstehen nichts von Träumen, Wahrheit, Schönheit oder Liebe. Werden wir auf der Suche nach dem digitalen Paradies all jene Sinnlichkeit vergessen, die das reale Leben zu bieten hat? Von dampfenden Fischsuppen bis hin zu dem Geruch von frisch geschnittenem Gras nach einem Sommerregen? Computer und Mensch, wer am Ende wen programmiert, wird also davon abhängen, ob wir uns treu bleiben und unsere menschliche Unzulänglichkeit akzeptieren und in ihr all jene Schönheit erkennen, die kein Algorithmus jemals erfassen wird.

6
PRIVATSPHÄRE
Ein überholtes Konzept?

Das Buch verrät den Leser

Download. Der neue Roman ist da. Auf Ihrem elektronischen Reader blinkt das bunte Icon des Titels auf. Doppelklick. Sie beginnen zu lesen. Während Sie Zeile für Zeile in die Geschichte eintauchen, verfolgt die winzige Frontkamera über dem Bildschirm Ihre Augenbewegungen. Sie erfasst Ihren Blick, weiß genau, wohin Ihre Augen wandern, Wort für Wort, Abschnitt für Abschnitt. Wenn Sie das Ende der Seite erreichen, blättert das Gerät automatisch um auf die nächste Seite. Ganz schön praktisch! Sie lesen weiter, ungestört, denn das aktive Umblättern hemmt den Lesefluss. Mit diesem Feature können Sie sich ganz auf den Roman konzentrieren.

Szenenwechsel. Danderyd bei Stockholm im Februar. Ich bin verabredet mit Ingenieuren des Forschungszentrums von Tobii Technology. Meine Tour wurde vom Swedish Institute organisiert, eine viertägige Rundreise mit einem dichten Besuchsprogramm in diversen Hightech-Schmieden des Landes. Ich will herausfinden, wieso gerade Schweden so innovativ ist. Das Land zählt mit seinen knapp zehn Millionen Menschen zwar weniger Einwohner als das Bundesland Baden-Württemberg, doch die Innovationsfähigkeit dieser Nation ist beachtlich: Der erste Reißverschluss, der erste Herzschrittmacher, Tetra Pak, Skype, Spotify … all das wurde hier erfunden.

Im Labor von Tobii Technology experimentiert man mit technischen Anwendungen des *corneal-reflection eye-tracking.* Wie lassen sich Geräte durch die Bewegung der Augen steuern? Vincent, ein junger Entwicklungsingenieur des Unternehmens, ist begeistert von den Möglichkeiten der neuen Technik: »Unser Auge ist der schnellste Zeiger, schneller als jede Handbewegung, schneller als jede Computermaus oder jedes Trackpad. Mit unserer Technik können wir das Blickfeld genau erfassen, und das verspricht neue Anwendungen zum Beispiel in der Werbung, in der Medizin oder in der Psychologie. Wir helfen Menschen, die aufgrund einer Querschnittslähmung ihre Arme nicht mehr bewegen können. Mit unserem Eye-Tracking-System sind sie in der Lage, ihren Rollstuhl mit den Augen zu steuern.«

Mir fallen die Bilder und Postkarten an der Wand auf, sie zeigen überwiegend jüngere Patienten, die davon berichten, wie die Tracking-Technik ihr Leben verändert hat. »Wenn du mit einem der Betroffenen sprichst, dann weißt du, warum wir hier so intensiv forschen! Ein junger Mann hat mithilfe unserer Technik an einer Schachmeisterschaft teilnehmen können und sogar gewonnen!« Vincents Freude und Begeisterung sind echt. Technik kann für diese Menschen Wunder vollbringen und ihnen den Alltag erleichtern.

Der junge Ingenieur erzählt von anderen Anwendungsgebieten. Eye-Tracking wird inzwischen eingesetzt, um den gefürchteten Sekundenschlaf bei Autofahrern zu vermeiden. *Smart Eye* überprüft dabei die Augenlidbewegungen, die Blickrichtung und Kopfhaltung des Autofahrers und empfiehlt eine Pause, sobald das System erste charakteristische Anzeichen von Müdigkeit erkennt. Eine weitere Anwendung befasst sich mit der Mensch-Maschine-Schnittstelle. Durch das Eye-Tracking erkennt man, wohin Menschen auf einem Bedienpult blicken. Anlagenbauer können so das Layout der Steuerungsknöpfe optimieren. Wenn Testpersonen zum Beispiel eine Warnanzeige ständig übersehen, dann wird die Position der Anzeige entsprechend verändert. So haben die Techniker die wichtigsten Informationen der Industrieanlagen auch tatsächlich im Blickfeld.

Nach demselben Prinzip lässt sich auch Werbung ganz neu

und zielgerichtet gestalten. Bei manchen Anzeigen übersieht der Kunde zum Beispiel den Markennamen. Den kann man jetzt effektiver in den Fokus des Betrachters rücken. Schon bald wird diese Technik in jedes Smartphone und jeden Laptop eingebaut werden. Auch in der Internetwerbung gelten dann neue Spielregeln: Sie wird nur noch dann abgerechnet, wenn der Nutzer sie auch tatsächlich ansieht.

Wohin eine Person zuerst blickt, kann auch viel über ihren inneren Zustand verraten. »Probier's doch mal selbst«, fordert Vincent mich auf. Ich nehme Platz vor einem Spezialmonitor. Am Rand des Geräts befinden sich zwei winzige Kameras und Infrarotsensoren, die meine Augenbewegungen verfolgen. Vincent weist mich kurz ein und kalibriert das System auf meine Augen. Hierbei muss ich auf ein Fadenkreuz blicken, das zunächst in der Mitte und dann an den Ecken des Bildschirms auftaucht. Dann sehe ich mir einige Bilder an. Eine Landschaft, eine Straße mit Menschen, eine Werbetafel, eine Partyszene …

»Die ist hübsch, oder?« Erwischt! Vincent schmunzelt. Offensichtlich habe ich bei einem der Bilder einer attraktiven Frau auf die Brüste geschaut, und das Tracking-System hat es registriert. »Das machen alle, sex sells«, lacht mein Gegenüber.

Jede meiner Augenbewegungen wird vom System festgehalten. Anschließend zeigt mir Vincent mein persönliches Beobachtungsmuster. Bei Gesichtern fixiere ich unbewusst sofort die Augen, gefolgt vom Mund, erst danach taste ich den Rest ab, doch immer wieder springe ich zurück auf die Augen.

Jetzt zeigt er mir ein Spiel, angelehnt an das bekannte Moorhuhn-Schießen, bei dem ich das Gewehr nur mit den Augen ausrichte. Mit einem Lidschlag kann ich nachladen und schießen. Das System ist rasend schnell, und mir wird bewusst, welches Potenzial in dieser Augensteuerung steckt.

Beim nächsten Beispiel geht es um Textverarbeitung. Ich

kann mit den Augen Wörter markieren und auf dem Bildschirm verschieben. Eye-Tracking erfasst genau, ob ich einen Absatz beim Lesen auslasse oder eine Textpassage erneut lese. Natürlich protokolliert das System, was ich tatsächlich lese, Wort für Wort, Zeile für Zeile. Früher haben lesefaule Schüler »Effi Briest«, »Woyzeck« oder »Faust« beiseitegelegt und vor der Prüfung lediglich die Zusammenfassung studiert. Mit der Eye-Tracking-Technik kann der Lehrer in Zukunft genau überprüfen, ob die Schüler auch tatsächlich die Klassiker studiert haben. »Die armen Schüler,«, sage ich zu Vincent. »Big teacher is watching you!«

Zurück zu Ihnen und Ihrem Roman. Der Plot ist spannend, und Sie können gar nicht aufhören weiterzulesen. Ihre Leseaktivität wird dabei ständig direkt ins Netz übertragen. Die Verlage wissen also, in welchem Kapitel Sie sich gerade befinden und wie lange Sie am Abend zuvor noch vor dem Einschlafen weitergelesen haben. Welcher Verlagsmitarbeiter wüsste nicht gerne, ob und wie seine Käufer das Buch lesen? Bei den E-Readern lässt sich dann sehr genau analysieren, ob die Mehrheit der Leser zum Beispiel an einer bestimmten Textpassage aussteigt. Wenn die Leserschaft nach Kapitel 2 aufgibt oder etwa beginnt, in den Absätzen hin und her zu springen, könnte das ein Indiz für Langeweile sein und ein Hinweis darauf, dass der Autor diese Passage seiner Geschichte vielleicht überarbeiten sollte.

Die Romane der Zukunft werden optimiert werden, so wie heute schon viele Konsumprodukte. Aus ehemals freien Gedanken wird ein steuerbares Produkt. Bei heutigen Fernsehsendern ist dieses Quotendiktat im Minutentakt bereits seit Langem gang und gäbe. Die Quote wird nach jeder Sendung genau analysiert. Wenn die Zuschauerkurve einen signifikanten Knick nach unten aufweist, schauen die Verantwortlichen genauer hin. Geschieht das immer wieder beim Erscheinen eines bestimmten Moderators, so gibt es wahrscheinlich eine unangenehme Redaktionskonferenz. Die Quote zählt, die Quote bestimmt!

Während Sie also Ihren Roman lesen, protokolliert auch Ihr E-Reader, was und auch wie Sie lesen. Das System erfasst selbst winzige Schwankungen Ihrer Lesegeschwindigkeit. Daran erkennt man auch sofort, ob Sie ein Bücherwurm sind oder eher ein Gelegenheitsleser. Gerät der Leserhythmus bei bestimmten Wörtern wie »Polyvinylpolypyrrolidon« (ein Bindemittel, das u. a. in der Bierproduktion verwendet wird) aus dem Takt, ist der Nutzer höchstwahrscheinlich kein Chemiker. Wer hingegen bei Begriffen wie »Prosopagnosie« (die Unfähigkeit, sich Gesichter zu merken) oder »Deuteranomalie« (die Grünsehschwäche) fließend weiterliest, scheint wohl medizinisches Vorwissen zu haben.

Die eingebaute Kamera erfasst außerdem Ihre Mimik und prüft, ob Sie, wie die vielen anderen Leser, bei der einen oder anderen Textpassage schmunzeln und lachen. Wie ist Ihre Reaktion bei einer spannenden Passage? Wie hoch ist Ihr Empathie-Index?

Schon heute kann man aus Gesichtern eine Vielzahl von Merkmalen herauslesen. Die mathematischen Algorithmen erkennen auf Anhieb den Zustand der Augen, der Nase oder der Mundwinkel. Binnen Bruchteilen einer Sekunde lesen sie daraus den aktuellen Gemütszustand einer Person ab. Manche Fotoapparate nutzen ähnliche Softwaremodule und aktivieren zum Beispiel erst dann den Auslöser, wenn alle Personen auf dem Bild ihre Augen geöffnet haben. Neuere Programme erfassen inzwischen immer genauer, ob eine Person lacht oder ob sie traurig oder wütend ist. Lachen dabei die Augen mit, oder handelt es sich nur um ein vorgetäuschtes Lachen? Natürlich können die Algorithmen auch in etwa das Alter der betreffenden Person am Gesicht abschätzen.

Der russisch-amerikanische Künstler Lew Manowitsch hat in seinem Projekt Selfiecity 120 000 Selbstporträts von Menschen aus Bangkok, Berlin, Moskau, New York und São

Paulo untersucht.[81] Die Selfies aus den fünf Städten wurden aus den riesigen Datenbeständen von Instagram herausgelesen und in einem mehrstufigen Prozess geordnet und ausgewertet. Manowitsch und sein Team wollten herausfinden, ob es markante Unterschiede zwischen den lächelnden Gesichtern in den fünf ausgewählten Städten gab. In Bangkok und São Paolo wird zum Beispiel auf Selfies mehr gelacht als anderswo. Das Moskauer Lachen liegt hingegen mit einem Durchschnittswert von 0,53 auf der »Smile Score« (Skala des Lächelns) eher hinten. In allen Städten sind es vor allem Frauen, die solche Selbstporträts schießen; in Moskau gibt es sogar 4,6 Mal mehr Frauenselfies als Männerporträts. Die Variation der Posen ist in São Paolo besonders ausgeprägt, mit einer durchschnittlichen Kopfneigung der Frauen von 16,9 Grad! Solche Analysemethoden stellen inzwischen massenhaft Material für eine neue Generation von Sozialwissenschaftlern bereit.

Eines der Kamerasysteme bei Tobii Technology hat nicht nur meine Augenbewegungen, sondern auch die Weitung meiner Pupillen in Echtzeit erfasst. Bei starker Sonneneinstrahlung kontrahieren Pupillen und lassen so weniger Licht hinein, um das Auge vor zu viel Helligkeit zu schützen. Pupillen sind also eine automatische Blende. Doch bereits 1904 fiel dem Neurologen und Psychiater Oswald Bumke, damals Assistent an der Psychiatrischen und Nervenklinik Freiburg, ein zusätzliches Phänomen auf: Pupillen weiten sich auch bei einem Händedruck oder einem Willensimpuls. Mit der damaligen Technik konnte er bereits beobachten, »wie jede geistige Anstrengung, das Lösen einer Rechenaufgabe etwa, das Nachdenken über eine eben gestellte Frage im Pupillenspiel einen äußeren Ausdruck findet«. Die Pupillenerweiterung ist also auch ein Fenster in unser Innerstes. Inzwischen ist die Reaktion der Pupille auf psychophysische Einflüsse in vielen medizinischen Studien genauer erforscht worden. Wenn man den Probanden zum Beispiel Bilder potenzieller Sexpartner zeigt, dann weiten sich schlagartig ihre Pupillen. Das passiert, wie schon Bumke wusste, auch beim erfolgreichen Lösen von Aufgaben. Unser Gehirn belohnt uns und schüttet Neurotransmitter aus, die in uns ein positives Gefühl hervorrufen. In dieser biochemischen Kaskade von Glücksgefühlen kommt es auch zu einer Weitung unserer Pupillen. Beim Lösen der gleichen Aufgabe zeigen übrigens Personen mit einem höheren IQ weniger Pupillenerweiterung als jene mit einem geringeren IQ. Löst man in Versuchen Angst aus, so weiten sich die Pupillen – bei den »Intelligenteren« übrigens deutlicher. Diese körperliche Reaktion lässt sich nicht bewusst steuern und verrät einiges über unseren Gemütszustand.

Kehren wir mit diesem Wissen also zurück zu Ihnen und Ihrem Roman: Die eingebaute Kamera des Readers erfasst die Veränderung Ihrer Pupillen und damit Ihre emotionale Reaktion auf den Text. Diese Informationen werden kombiniert mit den Datenströmen zu Ihrer Lesegeschwindigkeit und Ihrer Mimik. Gewissermaßen gleichen Sie einem Patienten auf der Intensivstation, dessen Körperfunktionen mit einem Geflecht an Sonden und Messgeräten überwacht werden. Doch beim Lesen ist Ihnen nicht bewusst, dass Sie ebenfalls ausgelesen werden. Sie wähnen sich frei und unbeobachtet.

Auch Ihre sonstigen Aktivitäten werden protokolliert. Während Sie im Internet surfen, Mails schreiben oder online einkaufen, übermittelt ein weiterer Datenstrom, während Sie Buchstabe für Buchstabe eingeben, Ihre persönlichen Tippsequenzen. Die feinen zeitlichen Unterschiede, mit denen Sie zum Beispiel nach einem »e« ein »r« tippen, werden übermittelt und sind überraschend aussagekräftig. Gibt es ein typisches Tagesmuster? Sind Sie morgens schneller als am Nachmittag? Ist der Leistungsabfall groß, oder behalten Sie Ihr Tempo bei? Verändert sich Ihre Tippfrequenz vielleicht im Laufe von Wochen und Monaten? Und wie sieht es mit Ihrer Fehlerquote aus? Könnte vermehrtes Vertippen ein Hinweis auf Übermüdung oder gar auf eine Krankheit sein? Noch vor wenigen Jahren hätte man solch scheinbar belanglosen Details keine Aufmerksamkeit geschenkt, doch mit der unglaublichen Verarbeitungsgeschwindigkeit heutiger Systeme entsteht aus vielen dieser Datenströme eine wirkungsvolle Lupe, die Einblicke in Ihr Innerstes offenbart.

Das Buch liest Sie!

Inzwischen stecken Sie mitten in der Geschichte. Der Roman ist ungeheuer spannend, die beste Erzählung, die Sie je gelesen haben. Sie sind gefesselt, geradezu besessen, und können nicht anders, als weiterzulesen.

Der Spannungsbogen wurde, wie wir jetzt wissen, im Vorfeld auf seine maximale Emotionalität hin perfektioniert. Der Roman wurde zudem personalisiert und genau auf Sie zugeschnitten, er entspricht daher genau Ihren Vorlieben. Haben Sie es vergessen? Das Internet kennt Sie!

Die verfügbaren Daten über Ihre Mobilitätsprofile, Ihre Freunde und Interessen in sozialen Netzwerken, Ihre Einkaufsprofile und Essgewohnheiten, all diese Datenströme werden über mächtige Algorithmen in die Story eingewebt. Gerade diese persönliche Note macht die Geschichte für Sie noch attraktiver. Die Romanfigur teilt Ihre Vorlieben, fühlt wie Sie, reagiert wie Sie, und diese geheimnisvolle Verbundenheit schafft eine immense Identifikation. Erst nach Tagen fällt Ihnen etwas auf: Während Sie abends ein Glas Wein genießen, blicken Sie aufs Etikett der Flasche: »Baron Philippe de Rothschild«. War das nicht auch der Lieblingswein des Protagonisten? Und die Fitnessuhr an Ihrem Arm oder der neue Milchschäumer aus Dänemark, mit dem Sie endlich den perfekten Milchkaffee zubereiten können? Ist das alles Zufall? Seitdem Sie dieses Buch lesen, haben Sie sogar

Ihre Frühstückgewohnheiten umgestellt und genießen neuerdings Obstsalat mit Chiasamen.

Unbewusst beginnen Sie sogar damit, die Ansichten Ihrer Romanfigur zu übernehmen. Sie verwenden die gleichen Redewendungen, interessieren sich plötzlich für die gleichen Themen, und Ihre politischen Ansichten verändern sich. Auch Ihren Freunden ist es aufgefallen, dieses Buch scheint Sie zu beeinflussen.

Übrigens, Ihre Freunde tauchen ebenfalls im Roman auf. Ganze Szenen spielen in Ihrem vertrauten Umfeld. Auf frappierende Weise scheinen sich Ereignisse Ihres realen Lebens in dieser Geschichte zu spiegeln. Der Fahrradunfall, bei dem Ihre Tochter sich die Schulter verletzt hat: In der Geschichte ereignet sich die identische Szene. Und dann Ihr Geburtstag, fast surreal: Die Romanfigur feiert am selben Tag Geburtstag wie Sie! Als Sie morgens weiterlesen, steht es da, schwarz auf weiß: »Alles Gute zum Geburtstag, ich denke an dich!« Diese Annäherung ist unheimlich und faszinierend zugleich. Ihr Leben gleicht immer mehr dem Plot im Roman, oder ist es umgekehrt? Die Geschichte reagiert dynamisch auf Ereignisse in Ihrem Leben. Manchmal hinterlässt Ihre Romanfigur sogar Nachrichten für Sie auf Ihrem Smartphone: »Komm, lass uns joggen gehen …« Natürlich kennt sie auch Ihre Mobilnummer und weiß um Ihre Arbeitszeiten, Ihre Bewegungsmuster, Ihren Herzschlag … »Gute Besserung!« Ihr Roman hat gerade erkannt, dass es Ihnen heute nicht so gut geht. Welch eine Empathie!

Nie zuvor haben Sie mit solcher Hingabe die Seiten verschlungen, nie zuvor sind Sie so eingetaucht in diese andere und doch vertraute Romanwelt. Während Sie das 17. Kapitel verschlingen, erhalten Sie plötzlich eine verstörende Nachricht: Auf dem Bildschirm meldet sich Ihre Krankenversicherung und bittet Sie, sobald wie möglich einen Neurologen aufzusuchen. Die Anschrift der Praxis wird Ihnen auch gleich mitgeteilt, der Termin steht bereits in Ihrem Kalender.

Der Text ist höflich verfasst und weist Sie darauf hin, dass es kleinere Unstimmigkeiten in Ihrem Datenpool gibt. Eine reine Vorsichtsmaßnahme natürlich, alles diene nur Ihrer eigenen Sicherheit. Zwei Tage später werden Sie den empfohlenen Arzt aufsuchen, der Ihnen offenbart, dass die automatische Analyse Ihrer Daten ein erhöhtes Risiko für Parkinson ergibt. Sie sind schockiert.

Weltweit leiden über sechs Millionen Menschen an Parkinson, einer neurodegenerativen Erkrankung, für die es bislang keinen biochemischen Test gibt. Die Krankheit beginnt schleichend, und erst mit der Zeit werden die Symptome unübersehbar. Bestimmte Nervenzellen des Mittelhirns sterben ab, wodurch die Produktion des Neurotransmitters Dopamin vermindert wird. In der Folge beobachtet man z.B. das schwächere Mitschwingen eines Armes beim Laufen oder einseitige Schulterschmerzen. Parkinson ist tückisch, da die ersten Anzeichen erst dann auffallen, wenn bereits die Hälfte der betroffenen Nervenzellen abgestorben ist. Neben der motorischen Einschränkung und dem typischen Zittern manifestiert sich die Krankheit auch in der Stimme, da sie die Muskeln des Stimmtraktes angreift und so auch die Stimmbänder beeinträchtigt. Bislang ist die Früherkennung schwierig, doch es gibt einen vielversprechenden Ansatz.

Der britische Mathematiker Max Little untersuchte bei Patienten mithilfe von Algorithmen den Erfolg von Stimmbandoperationen. Seine Software analysierte Stimmaufnahmen und versuchte anhand typischer Muster in den Variationen der Tonhöhe den jeweiligen Genesungsverlauf zu bestimmen. Eines Tages stellte ihm ein Kollege Tonproben von gesunden Probanden und von Parkinsonpatienten zur Verfügung. Little testete, ob seine Software nur aufgrund der Stimmanalyse beide Gruppen unterscheiden könne. Schon die ersten Versuche waren überraschend erfolgreich. Little optimierte seinen Algorithmus, und die Trefferquoten verbesserten sich zunehmend. Inzwischen kann sein Analyseprogramm mit einer Trefferquote von 99 Prozent den Unterschied zwischen Gesunden und Parkinsonkranken im Frühstadium ermitteln. Bislang machte er seine Experimente unter Laborbedingungen, doch in einem Folgeprojekt, der Parkinson's Voice Initiative, schaltete Little in neun Ländern spezielle Telefonnummern und bat potenzielle Teilnehmer darum, Stimmproben zu hinterlassen.[82] Little will seinen Algorithmus weiter optimieren, um nicht nur die Frühdiagnose zu verbessern, sondern auch den möglichen Krankheitsverlauf aus den Daten »herauszuhören«. Noch wird den Teilnehmern Anonymität garantiert.

Natürlich ist Gesundheit in unser aller Interesse, und es werden immer mehr mobile Health-Apps angeboten. Die nachlassende Orientierungsfähigkeit bei Alzheimer gilt als frühes Symptom des einsetzenden Gedächtnisverlusts, doch bislang gab es hierzu keine präziseren Erhebungen. Im Frühjahr 2016 beteiligte sich die Deutsche Telekom an einem Projekt, aus dem eine kostenlose Spiele-App namens Sea Hero Quest hervorging.[83] Im Rahmen der Demenzforschung soll sie medizinische Vergleichsdaten liefern. Die App wurde von Wissenschaftlern des University College London, der Universität von East Anglia und der gemeinnützigen Organisation Alzheimer's Research entwickelt. Die Spieler befinden sich auf einem Ozean und sollen Meereswunder suchen. Dabei manövrieren sie ein kleines Schiff oder bewegen sich schwimmend von einer Insel zu einer anderen. Die besondere Herausforderung besteht darin, dass die kleinen Seekarten nur für einige Sekunden sichtbar sind. Der Spieler muss sich den Weg zum nächsten Wunder einprägen, um ihn dann aus der Erinnerung zu finden. Die App sammelt also Daten über die jeweilige Orientierungsfähigkeit des Spielers. Mit diesen Basisdaten und den Anmeldeinformationen der Spieler erfasst man zunächst, wie sich alte und junge Menschen, Stadt- und Landbewohner, Frauen und Männer in ihrem räumlichen Orientierungsvermögen unterscheiden. Weicht das Orientierungsvermögen eines Spielers deutlich vom ermittelten Durchschnitt ab, so könnte das ein Hinweis auf die beginnende Erkrankung sein. Langfristig will man damit die Frühdiagnose von Alzheimer verbessern.

Der anonymisierte Datenpool von Sea Hero Quest gehört jedoch nicht etwa einer offenen Initiative, sondern ist das Eigentum der Telekom. Universitäten wie das University College London und andere Forschungszentren können lediglich den Zugang beantragen und später auf die Daten zugreifen. Das Gesundheitsbusiness scheint sich auszuweiten, und neue Player wie Telekommunikationsunternehmen spielen jetzt mit. Dahinter verbirgt sich eine Spekulation: Die anwachsenden Datenpools sind die Goldminen der Zukunft.

Bei Parkinson und Alzheimer gibt es plausible und nachvollziehbare Hypothesen für die Früherkennung: die Veränderung der Stimme oder die Verschlechterung der Orientierungsfähigkeit. Doch in Zukunft wird man weit mehr aus den komplexen Datenwolken herauslesen können. Die tatsächliche Magie von Big Data liegt im Erkennen bisher unentdeckter Korrelationen: im Geflecht der Tippmuster, Bewegungsprofile, Sprachveränderungen, Mimik, Pupillenvergrößerungen spiegelt sich unser innerer Zustand. Wie der Arzt an Ihrem Blutbild Ihren Gesundheitszustand ablesen kann, werden Datenanalysten mit Ihren Algorithmen die Datenwolken analysieren. Wem es dann gelingt, den feinen Variationen bestimmte Merkmale zuzuordnen, dem öffnet sich die Tür in ein verheißungsvolles Wissen. Bei der Rasterfahndung in den Siebzigerjahren reichte die Kombination weniger Merkmale der Mieter, wie die Zahlart der Stromrechnung, Meldedaten, die besondere Lage der Wohnung und Kfz-Daten, um aus dem resultierenden Muster den Aufenthaltsort der RAF-Terroristen herauszufiltern. Doch wie aussagekräftig wird erst ein Muster sein, das durch das Übereinanderlegen Tausender Merkmale entsteht? Die neuen Algorithmen werden registrieren können, ob uns ein Herzinfarkt droht, ob wir an Depressionen leiden, Geldsorgen oder Probleme im Job haben oder uns demnächst von unserem Partner trennen.

Ihr Handy weiß, ob Sie tanzen

Kehren wir zurück in die Gegenwart: Smartphones sind für viele von uns fast so etwas wie ein Teil des Körpers geworden. Der Apparat ist ein ständiger Begleiter, beim Joggen, Einkaufen, auf der Arbeit oder während der U-Bahn-Fahrt. Wer sein Handy ständig bei sich hat, generiert Daten, auch dann, wenn er nicht telefoniert oder ein Foto macht, denn das Smartphone gleicht einem Minilabor, vollgespickt mit elektronischen Sinnesorganen, die fortwährend ihr Umfeld erfassen.[84] Die beachtlichen Fortschritte in der Sensortechnologie erlauben es inzwischen, unzählige physikalische und chemische Parameter auf kleinstem Raum zu erfassen und auszuwerten. Was einst nur mit einem teuren Laborschrank voller Elektronik möglich war, ist inzwischen auf die Größe eines Fingernagels geschrumpft.

Der Beschleunigungssensor in Ihrem Handy ist sogar noch kleiner, gerade mal drei mal drei Millimeter groß.[85] Im Innern dieses Chips dient ein nur wenige Mikrometer breiter Siliziumstab als eine Art Feder. Bei jeder Bewegung wird der Stab durch seine Massenträgheit ausgelenkt und verändert dabei seinen Abstand zu einer Elektrode. Die winzigen Abstandsänderungen verändern die elektrische Kapazität, und so lässt sich die Beschleunigung Ihres Handys exakt bestimmen. Direkt daneben steckt ein winziger Luftdruckmesser. Auch dieser Sensor ist ein Wunderwerk der Technik: Eine nur zehn Mikrometer dünne Siliziummembran ist durchzogen von piezoresistiven Dehnungsstreifen, die sich bei Schwankungen des Luftdrucks verformen. In der Folge verändert sich der elektrische Widerstand. So lassen sich Luftdruckänderungen von gerade mal 0,12 Hektopascal ermitteln, was einem Höhenunterschied von zirka einem Meter entspricht.

Allein durch die Kombination von Beschleunigungs- und Drucksensordaten lässt sich also nachvollziehen, ob Sie eine Treppe hinauf- oder hinabsteigen. Das charakteristische Auf-und-ab-Muster der Beschleunigung beim Treppensteigen verbunden mit der Zu- oder Abnahme des Luftdrucks ergibt ein typisches Muster. In Kombination mit dem Gyroskop-Sensor kann man sogar erfassen, ob die Treppe im Uhrzeigersinn hinaufführt oder nicht. Falls Sie beim Aufsteigen mit der Zeit langsamer werden, könnte das ein Indiz dafür sein, dass Sie müde werden, also ein Hinweis auf Ihre physische Kondition. Meldet der Sensor hingegen ein heftiges rhythmisches Hin und Her ohne entsprechende Luftdruckveränderung, und zeigen die GPS-Daten an, dass Sie Ihren Standort nicht verlassen, dann tanzen Sie vielleicht gerade. Durch die Einbeziehung der Uhrzeit lässt sich die Vermutung eingrenzen, denn es ist wahrscheinlicher, dass jemand abends um 23 Uhr tanzt, als morgens um 11 Uhr. Ein kurzer Abgleich Ihrer Ortsdaten verrät zudem, dass Sie gerade in einem Klub sind. Das eingebaute Mikrofon erfasst die Musik, die gerade läuft. Ihr Handy weiß, ob Sie tanzen – und zu welchem Song!

Ihr Smartphone verrät also, ob Sie gerade tanzen, Treppen steigen, schlafen, joggen oder sich an Ihrem Arbeitsplatz die Fingernägel lackieren: Der eingebaute BME680-Sensor besitzt zusätzlich einen winzigen Gasfühler, der auf flüchtige organische Stoffe in der Luft anspricht.[86] Er reagiert auf Lösungsmittel, Klebstoffe, Reinigungsflüssigkeiten oder Alkohol.

Und nun frage ich Sie: Hätten Sie etwas dagegen, wenn die neue App auf Ihre Sensordaten zugreift? Sie brauchen lediglich den kleinen Schiebeschalter zu betätigen, neben dem steht: »Sensordaten freischalten«. Im hellgrauen Erklärtext heißt es lapidar: »Mit diesen Daten verbessern wir die Leistung bestimmter Dienste.« Na, wie entscheiden Sie sich?

Vielleicht wäre es fair, wenn neben dem Schalter stünde: »Dürfen wir Ihren Lebenswandel erfassen?«

In heutigen Smartphones gibt es Thermometer, Barometer, Beschleunigungssensoren, Hall-Sensoren, einen Fingerabdrucksensor, GPS, einen Neigungsmesser, Luftfeuchtigkeitsmesser, Magnetometer, einen Näherungssensor, einen NFC-Sensor für die drahtlose Datenübertragung, einen Helligkeitssensor und dann noch die beiden Kameras (vorne und hinten), ein Mikrofon, einen Touchscreen, eine WLAN-Antenne und die winzige Sendeantenne.[87] Offen gesagt bin ich voller Bewunderung, dass die Hersteller es schaffen, all diese Teile in einem so kleinen Gerät unterzubringen. In welchem Umfang der Betreiber unsere Aktivitäten erfassen kann, macht mir hingegen eher Angst.

Ich vergaß übrigens, eines zu erwähnen: Als Sie nach der Aufforderung des Romans bei Ihrem Arzt erscheinen, erfahren Sie, dass dieser »Roman« kein gewöhnliches Buch ist. Er wurde von einem großen Pharmakonzern gemeinsam mit Ihrer Krankenversicherung entwickelt. Anhand der übermittelten Nutzerdaten wurde ein neues Früherkennungs-Screening möglich. Die spannende und bewegende Geschichte und die besondere Romanfigur sollen bei Ihnen bestimmte Reize auslösen. Ihre Reaktionen lassen sich dann erfassen und auswerten. Alleine durch diese Art von Früherkennung könne man Millionen im Gesundheitsbereich einsparen. »Seien Sie doch froh«, meint der Arzt. »Der Roman hat Ihnen vielleicht das Leben gerettet.«

Mein digitaler Verrat – ein Überwachungsselbstversuch[88]

Das Frühjahr hat sich in den Herbst verirrt. Obwohl wir fast November haben, herrschen Temperaturen wie im Mai. Föhnwetter in München. Die Biergärten haben noch auf, Menschen sitzen draußen, bunte Dirndl, T-Shirts, Radfahrer in kurzen Hosen. An diesem Wochenende besuchen meine Frau und ich zusammen mit unserer jüngeren Tochter die große Schwester. Sie hat gerade ihr Studium aufgenommen: neue Stadt, eigene Wohnung, große Universität, eigene Verantwortung. Unsere Tochter macht ihre ersten Gehversuche in einem neuen Lebensabschnitt, und meine Frau und ich lernen die schwere Lektion des Loslassens: Kinder werden groß.

»Ihr Paket ist angekommen.« Der Hotelportier händigt mir einen Karton aus. Absender: SySS GmbH, Tübingen. Das Experiment kann beginnen. Am Sonntag wollen wir in einer Sendung aufzeigen, was beim Abhören eines Handys so alles möglich ist. Die Redaktion der Fernsehtalkshow hat mich gebeten mitzumachen, und ich habe, nach einer längeren Abwägung mit meiner Frau, zugesagt. Wir erleben also ein etwas zwiespältiges Wochenende: Der familiäre Besuch bei meiner Tochter gerät vorübergehend zu einem Selbstversuch mit einem »infizierten« Handy.

Das Gerät der Firma Huawei ist ein ganz normales Handy, nur enthält dieses Exemplar einen Trojaner, ein winziges Zusatzprogramm, mit dem sich Daten von außen abgreifen lassen: Ortsposition, Gespräche, Telefonate, SMS-Nachrichten und sogar alle Fotos, die ich mache. Die Zusatzsoftware könnte schon durch das unachtsame Öffnen eines Mail-Anhangs installiert werden. Danach lassen sich damit sogar Gespräche belauschen, denn das Mikrofon des Mobiltelefons kann aus der Ferne eingeschaltet werden, ohne dass der Nutzer es bemerkt.

Gemeinsam mit der Redaktion und der SySS GmbH habe ich ein klares Prozedere bei meinem Selbstversuch verabredet: Wir alle sind uns einig, dass es hier lediglich um eine Demonstration des technisch Möglichen geht; die Privatsphäre meiner Familie darf nicht verletzt werden.

Ich schalte das Smartphone ein, tippe den mitgelieferten PIN-Code ein, und das Gerät antwortet sogleich mit einem leichten Vibrieren. Auf dem Bildschirm finden sich die üblichen bunten Logos für SMS, Mail oder Kamera. Wie verabredet rufe ich eine Mitarbeiterin von SySS an. Sie wird während des Versuchs gemeinsam mit einem Techniker die Daten aus der Ferne abgreifen und so ein Profil meiner Aktivitäten erstellen. Es ist wie ein Spiel: Ich werde bestimmte Dinge unternehmen, und die andere Seite muss herausfinden, wohin ich mich bewege oder was ich gerade tue.

»Mir ist das etwas unheimlich«, meint meine Frau. »Die können also jetzt genau hören, was wir hier reden?«

»Ja, können sie, wir haben aber klar vereinbart, dass du und die Kinder bei der anschließenden Auswertung herausgehalten werdet.«

Wir müssen der anderen Seite vertrauen, dass sie sich an die Spielregeln hält. Auf den Internetseiten von SySS findet man einen Ethikkodex, dem sich das Unternehmen verpflichtet hat, und dennoch ist uns beiden nicht wohl dabei. Auch bei diesem Smartphone lässt sich der Akku nicht entfernen, und so kann ich nie sicher sein, ob es wirklich ausgeschaltet ist. Unsere Unterhaltung wird einsilbiger als sonst, meine Frau schweigt viel.

Wir verlassen das Hotel und machen uns auf den Weg zu unserer Tochter. Ihre Studentenbude liegt mitten in Schwabing, und die kleine Schwester hat gleich bei der großen Schwester übernachtet.

Unterwegs gehen wir in eine Bäckerei. Während meine Frau Brötchen bestellt, denke ich an das Spionagehandy in meiner Tasche. Mit den GPS-Koordinaten ist es ein Leichtes, unseren Weg zu verfolgen, und per Mikro könnte die andere Seite vielleicht herausbekommen, was wir denn gleich frühstücken werden. »Zwei Semmeln, zwei Vollkornbrötchen und ein Schokocroissant macht …« Die Verkäuferin lächelt, und mich beschleicht ein erstes Gefühl von Schuld: Ab jetzt müsste ich jedem in meiner Umgebung sagen: »Vorsicht – jemand hört mit.« Wir nehmen die U-Bahn und fahren nach Schwabing. Bei der Auswertung wird mir später eine minutengenaue Bewegungsliste ausgehändigt werden: »… Trackpunkt am Bahnhof, Fahrt zwei Stationen mit der U3, elf Minuten Fahrt …«

Unsere Töchter liegen noch im Bett. »Na, wie war die Nacht? Übrigens hier ist das Handy, von dem ich euch erzählt habe; darf ich es aufladen, der Akku zeigt nur 40 Prozent an.«

Während wir das Frühstück in der engen Küche zubereiten, ziehen sich unsere Töchter an. »Die können womöglich mitschauen!« Mit dem Fuß schiebt meine Tochter das Gerät mitsamt Ladekabel unter die Kommode.

Wir sitzen am Frühstückstisch, und unsere Töchter sprudeln: »Hier die Schokocreme, willst du noch etwas Orangensaft, kannst du mir die Butter reichen?« Das Handy liegt unter der Kommode, wir sitzen am Frühstückstisch – aber sind wir wirklich allein?

Mein Blick fällt auf den Laptop meiner Tochter. Sie hat die Kamera über dem Bildschirm überklebt. Junge Leute sind wohl skeptischer, als wir denken …

Nach dem Frühstück wollen wir Wolfgang Heckl treffen. »Wolferl«, wie wir ihn gerne nennen, ist Physikprofessor an der TU München und Generaldirektor des Deutschen Museums, ein bayrisches Unikum mit einer besonderen Leidenschaft fürs Basteln und Reparieren. Natürlich habe ich ihm von meinem Handyexperiment erzählt und davon, dass wir belauscht werden. Als er uns an der Bahnstation abholt, hat er eine Schale mit Erdbeeren in der Hand. Seine bayrische Herzlichkeit ist ansteckend – Wolfgang verkörpert für mich die Essenz von »Laptop und Lederhosen«.

Zu Fuß gehen wir vorbei an der Zenith-Kulturhalle, wir wollen zu dem großen Flohmarkt. Wolfgang ist hier bestens bekannt, wird immer wieder herzlich von den Händlern begrüßt. In einer großen Halle stehen alte Möbel, Nachlässe und Kisten voller Sammelsurium. Alte Radios, Toaster, Zahnarztbesteck ... In einem Regal stößt Wolfgang auf ein tragbares Tonbandgerät aus den Sechzigerjahren. Das Batteriefach wackelt zwar etwas, doch das Gerät lässt sich bestimmt wieder in Gang bringen.

»Das war noch Wertarbeit, so etwas hält. Heut kauft's nur noch billigen Schmarrn!« Natürlich nimmt Wolfgang das Gerät mit.

Meine Frau blinzelt mir zu: »Untersteh dich!«

Während wir von Stand zu Stand flanieren, wird im entfernten Tübingen alles von den Mitarbeitern der SySS GmbH erfasst: unsere Gespräche, Fotos, der genaue Ort. Im späteren Protokoll dieses Vormittags heißt es dann lapidar: »Durch Bilder erkennen wir Begleitperson als Prof. Dr. Wolfgang Heckl, Generaldirektor des Deutschen Museums München.« Aus meinem Freund »Wolferl« ist plötzlich eine »Begleitperson« geworden, und ich bin nur noch »R. Y.«. Das liest sich dann so:

»Gespräch zwischen 12:36 Uhr – 13:06 Uhr (Audiomitschnitt)

Kernpunkte der Unterhaltung:

R. Y. sucht alte Puppenaugen.

Händler hat nichts Passendes, deswegen bietet er an, bei Eintreffen passender Waren der Begleitperson, Herrn Prof. Dr. Wolfgang Heckl, etwas zur Abholung zu hinterlegen.«

Als ich mir später das gesamte Protokoll durchlese, komme

ich mir vor wie ein Krimineller: In den akribisch erfassten Zeitprotokollen und der Auflistung der genauen Positionsdaten unserer Bewegungsprofile wird das Vokabular von Fahndern benutzt, die nach »verdächtigen Zielpersonen« suchen. Ein harmloser morgendlicher Flohmarktbesuch verwandelt sich bei diesem Sprachgebrauch zu einer subversiven Tätigkeit. Alles wirkt verdächtig, man spürt ein kaltes Misstrauen. Was ich suche, sind nicht Drogen oder Waffen, sondern lediglich alte Puppenaugen aus Glas, die ich für ein Kunstwerk benötige!

Selbst die Fotos, die ich an diesem Vormittag mit dem Handy knipse, tauchen im Protokoll wieder auf – Beweismaterial nennt man das wohl. Die Genauigkeit ist unmenschlich, denn im Protokoll lese ich Gesprächspassagen nach, die ich selbst vergessen hatte. In der digitalen Welt des Abhörens gibt es eben kein Vergessen. Jede Handlung, jede Bewegung, jedes Gespräch wird gespeichert und kann uns Jahre später vorgehalten werden.

Später an diesem Vormittag lädt uns Wolfgang zu sich nach Hause ein. Er zeigt meinen Töchtern seine Sammlung alter Schellackplatten, führt eine restaurierte alte Spieldose vor und schaltet mit Stolz ein greises Röhrenradio ein, das er mit viel Liebe wieder zum Leben erweckt hat. Wir genießen selbst gebackenen Kuchen, lachen viel, und das Handy in meiner Hosentasche ist immer dabei …

Mein Selbstversuch ist beendet. »Wir haben genug«, meint Kim, die SySS-Mitarbeiterin, am Telefon. Als ich das Spionagehandy ausschalte, wird mir bewusst, dass ich ja auch mein eigenes Smartphone herumtrage, und vielleicht hört es ebenfalls mit. Ausschließen kann ich das nicht, und in dem Fall wüsste ich auch nicht, wer »die anderen« sind.

Der Selbstversuch mit dem Handy hat mich erschüttert. Ich habe nichts zu verbergen, und doch lebt mein »Ich« von meiner Privatheit und meinen kleinen Geheimnissen. Doch diese Wunderwerke moderner Technik sind zu Verrätern verkommen, die wir ständig bei uns tragen, am eigenen Körper. Auch wenn ich rational wusste, was auf mich zukommt, bin ich erstaunt über die emotionale Wirkung, die dieses Abhörexperiment auf mich hat. Ich fühle mich wie ein digitaler Judas, ein Verräter, der eindringt in die Privatheit meiner Freunde und damit »den anderen« Zugang verschafft. Das Vertrauen meiner Freunde wird missbraucht, weil ich ein Handy bei mir trage, weil ich E-Mails versende oder in meinem elektronischen Adressbuch die Namen meiner Liebsten führe. Dass im Prinzip jeder von uns eine anonyme Datenmaschinerie füttert, die zunehmend mehr weiß über jeden Einzelnen, über seine Vorlieben und Geheimnisse, ist eine neue, nie da gewesene Qualität.

Die digitale Revolution ist in vollem Gang, und das Neue beschränkt sich nicht auf verbesserte Apparate und praktische Apps. Wir selbst drohen dabei von der Revolution überrollt zu werden. Wie lange wird es wohl noch dauern, bis wir unser Verhalten ändern und uns nicht mehr trauen, bestimmte Gedanken auszusprechen, nur weil wir dadurch ein bestimmtes Profil erfüllen könnten? Die Computer haben begonnen, uns zu programmieren, unser Verhalten und unser Denken, und wir merken nicht, wie wir uns den Maschinen unterwerfen: Wir schreiben SMS-Nachrichten mit dem Daumen, klicken auf Wörter und wischen auf Schirmen, so wie es die Maschine vorgibt. Wir umfahren Staus, weil wir unseren Navigationsgeräten folgen, nehmen den Regenschirm mit, weil die App schlechtes Wetter vorhersagt, und gratulieren unseren Freunden zum Geburtstag, wenn unser Handy uns daran erinnert. Wir googeln neue Bekanntschaften im falschen Vertrauen, dass die elektronischen Profile uns die Wahrheit sagen. Wir sprechen Texte in unsere Handys und vergessen dabei, dass die Handys unsere Worte und Gedanken speichern, analysieren und auswerten. »Die anderen« verstehen uns dank ausgefeilter Algorithmen und leistungsfähiger Software.

Ja, die Dienste sind zu weit gegangen in ihrer Sammelwut,

doch der Kern des Problems ist ein anderer. Geheimdienste waren seit jeher erpicht auf das Abhören und die Informationsbeschaffung, doch noch nie in der gesamten Menschheitsgeschichte konnten sie auf solch potente technische Apparaturen zurückgreifen wie heute. Und auch ökonomisch erleben wir diesen historischen Phasenübergang: Wir selbst, unser ganz persönliches Leben sind zum Produkt geworden, zu einem lukrativen Business, und unser digitales Abbild bestimmt zunehmend unser Sein. Es kennt unsere Vorlieben und Kaufmuster, versteht unsere Tagesabläufe und dringt in unsere Freundeskreise ein. Das digitale Alter Ego kennt uns besser, als wir selbst es tun, erinnert sich noch an das, was wir schon längst vergessen haben. Wie lange wird es dauern, bis wir den digitalen Porträts mehr vertrauen als den Menschen aus Fleisch und Blut, wie lange, bis die Maschine dem Bürger die Mündigkeit abspricht?

Ist es schon zu spät? Wenn wir der Bequemlichkeit des Neuen verfallen, werden wir unsere Autonomie verlieren und vergessen, wofür unsere Vorfahren gekämpft haben. Worte wie »Freiheit« und »Selbstbestimmung« werden dann ihren Inhalt verlieren, und bald werden wir uns womöglich unfrei fühlen, wenn unsere Handys keinen Empfang haben.

Wofür wir jetzt kämpfen müssen[89]

Täglich dringen neue Meldungen an die Öffentlichkeit: Telefone, Mails, SMS-Nachrichten, selbst Computerspiele wurden und werden belauscht, und dabei werden immense Datenmengen gesammelt. Geheimdienste und Internetkonzerne dringen in unser Leben ein. Wer weiß, was da noch kommt?

Die schützenden Wände unserer Privatsphäre sind feucht geworden. Schimmelflecken werden sichtbar, doch die ersten Renovierungsversuche scheitern kläglich: No-Spy-Abkommen, Delegationen in Washington, Kommissionen im Bundestag, Reden und Appelle – es hilft nichts, das Problem ist weiterhin virulent, und immer mehr dunkle Flecken tauchen auf, überall.

Das demokratische Gebäude nimmt Schaden, und die Quelle des Übels lässt sich nicht abstellen. Die Daten fließen munter weiter – von uns an sie: Bankdaten, Einkaufspräferenzen, Ortsangaben. Das Erstaunlichste und Erschreckendste ist unsere Unbekümmertheit: Wir wissen, dass sie unsere privatesten Dinge speichern und auswerten, aber wir ändern nichts und posten und chatten hemmungslos weiter. Warum nur?

Vielleicht fehlt ein sichtbares Opfer der Datendestillation. Jemand, der seinen Job verliert, oder jemand, der unschuldig ins Gefängnis geworfen wird. Anders als bei Gestapo und Stasi werden wir nicht Zeugen, wie unser Nachbar frühmorgens aus dem Bett geklingelt und verhaftet wird. Keine Gefangenen, keine Folteropfer, keine Verletzten, und so ziehen wir alle den fatalen Schluss: Das digitale Tier ist lieb und will doch nur spielen!

Talkshows, Leitartikel, Podiumsdiskussionen und flammende Appelle schaffen es nicht, das gesellschaftliche Bewusstsein zu ändern. Und die digitale Alltagserfahrung ist ja auch ungemein praktisch: die App zum Auffinden des Restaurants, die Ein-Klick-Bestellung im Onlineladen und das vibrierende Smartphone mit der nächsten WhatsApp-Mitteilung.

Immanuel Kant hat in seiner Definition der Aufklärung auf das eigene Denken hingewiesen – das *Sapere aude* (Wage es, weise zu sein!) – und im gleichen Atemzug vor dem Gift der Bequemlichkeit gewarnt: »Faulheit und Feigheit sind die Ursachen, warum ein so großer Teil der Menschen ... es anderen so leicht macht, sich zu deren Vormündern aufzuwerfen. Es ist so bequem, unmündig zu sein.« Kants Gedanken hallen nach, doch im anbrechenden digitalen Zeitalter droht aus der Unmündigkeit eine selbst gewählte vollständige Entmündigung zu werden.

Um zu begreifen, was auf uns zukommt, müssen wir die synergetische Kraft gleich mehrerer paralleler Entwicklungen verstehen:

Zunächst ist da der immense technische Fortschritt: Heutige Mobiltelefone besitzen so viel Speicherkapazität wie ganze Rechenzentren während meiner Studienzeit, die Leistung unserer Desktops übertrifft die der besten Supercomputer im Kalten Krieg um ein Millionenfaches.[90] Die Integrationstechnik stößt mit Nanosensoren in neue Dimensionen vor, und die zunehmende Vernetzung aller Apparate verstärkt das große Gewitter des Fortschritts. All das ist gleichermaßen faszinierend und unfassbar, selbst für Eingeweihte, und dabei nimmt die Entwicklung gerade erst Fahrt auf. Betrachtet man die Konzepte im Detail, dann offenbaren sich fundamentale Veränderungen in der Art und Weise, wie wir denken.

Erlauben Sie mir hierfür einen kurzen Exkurs in die Welt der Informationstechnik. Frühere Programmiersprachen waren dumm und verliefen noch nach stur imperativen Ansätzen: Befehl und Gehorsam, »Master« und »Slave«. Die Codes waren linear und in sich geschlossen, gefangen in einem abgekapselten Teil außerhalb unserer Realität. Es gab eine fast monarchistische Grundstruktur. Im Zentrum die »Central Processing Unit« (CPU), umgeben von ihren Sklaven, den anderen Schaltungen. Doch dann kamen Mikroprozessoren und Internet und stürzten das zentralistische Weltbild der Informationswissenschaft. Die Großcomputer wurden durch eine intelligente und kommunizierende Vielfalt ersetzt. Heutige Software besteht aus zahlreichen nebeneinanderlaufenden Streams und Ereignissen, die wiederum andere Ereignisse auslösen. Wenn Sie eine einfache Suchanfrage im Internet starten, lösen Sie im Hintergrund ein Feuerwerk von Prozessen aus: Bibliotheken und Klassen (Baupläne für die Abbildung von realen Objekten) werden aus der Ferne geladen, Methoden auf anderen Systemen abgerufen, geladene Skripte abgefeuert und Daten in alle Welt gesendet. Hätten Sie gedacht, dass Sie mit der simplen Suche nach einem Rezept für Rheinischen Sauerbraten einen transkontinentalen Prozess auslösen?

Kaum ein Laie macht sich ein Bild davon, wie immens das »Vertrauen« beim heutigen Programmieren ist. Man steckt vielfach Einzelteile zusammen, ohne wirklich zu wissen, was innerhalb der jeweiligen Softwareschnipsel wirklich abläuft. Heutige Betriebssysteme vereinen nicht selten über fünfzig Millionen Zeilen Computercode. Das Verhalten moderner Softwaresysteme ist dabei derartig komplex geworden, dass ein profundes Austesten immer schwerer wird. Unsere reale Welt wird mit »objektorientiertem« Code abgebildet, und moderne Software ist – für ältere Programmierer gewöhnungsbedürftig – erschreckend offen und ungebunden.

Im »Weltbild« dieser Programme leben unzählige Objekte – virtuelle Akteure mit Eigenschaften, die Aufträge erledigen, ihren Zustand verändern und sich mit anderen

Objekten austauschen. Die veränderten Paradigmen und Gedankenmodelle der Softwarebranche haben schon längst unsere reale Welt infiziert. Als ich vor etwa dreißig Jahren Alan Kay, dem Vater der objektorientierten Programmierung, bei einem Vortrag zuhörte, klangen seine Visionen noch kühn und abstrakt: »Alles ist ein Objekt!« Inzwischen feiern wir das »Internet der Dinge«. Computer, Handys, Autos, Lkws, Container, Flugzeuge, Turbinen, Kraftwerke, Verpackungen, Stromzähler, Thermostate, Fenster, Türen, Schlüssel, Autoreifen, Motoren, Rasenmäher, Kaffeeautomaten, Notstromaggregate, Krankenhausmonitore, Lautsprecher, Fernsehgeräte, Laufschuhe, Zahnbürsten ... alles wird verbunden mit dem digitalen Nervensystem. Nach Schätzungen des IT-Unternehmens Cisco waren im Jahr 2012 bereits weltweit 8,7 Mrd. Objekte mit dem Internet verbunden.[91] Nur ein Jahr später waren es bereits über 10 Mrd., und bis zum Ende des Jahrzehnts dürften es über 50 Mrd. Objekte sein. Cisco geht davon aus, dass dann 2,7 Prozent aller Objekte auf unserem Planeten miteinander verbunden sein werden. Allein die Zahl der Sensoren, die den Zustand eines Objekts zurückmelden, explodiert.

Kaffeeautomaten, Zahnbürsten, Fräsmaschinen, Antriebsaggregate, Heizungssysteme, Röntgenapparate, sie alle werden ihren Zustand weitermelden, und unbemerkt beginnen die Computersysteme damit, auch uns Menschen, unser Zuhause, unser Verhalten und unsere Biografien zu erfassen und als Objekte zu behandeln. Wie eine Maschine werden auch wir in messbare Eigenschaften aufgespalten, in einzelne Kategorien zerlegt und auf ein digitales Profil reduziert.

Wir haben uns da auf ein faszinierendes Spiel eingelassen. Für den Programmierer ist das objektorientierte Vorgehen zunächst eine ergreifende Erfahrung, denn sie gibt ihm das Gefühl größter Freiheit und Macht. Wir können unsere Welt auf völlig neue Weise gestalten und erfinden, wenn wir nur die Spielregeln der digitalen Denkart übernehmen und uns auf die rationale Reduktion und Abstraktion einlassen. Die feinen individuellen Unterschiede, Auslegungen, Zufälle, Launen und Vorlieben, eben genau das, was uns so menschlich macht, werden ignoriert, damit wir in das digitale Raster berechenbarer Größen passen. Wir akzeptieren stillschweigend, dass der Mensch auf die Summe seiner messbaren Attribute reduziert und quasi selbst zu einem digitalen Objekt wird. Und genau darin liegt der Faust'sche Pakt: Wir erhalten Macht, wenn wir dafür einen Teil von uns selbst opfern.

Wie weit man bereits ist, können Sie selbst mit einem einfachen Test nachprüfen: Die Google-App auf Ihrem Smartphone verfügt über eine Spracherkennung. Stellen Sie dem System doch folgende Frage:

»Wie alt wurde Ludwig van Beethoven?«

Das System versteht die Frage und antwortet: *Er wurde 56 Jahre alt.*

»Wo wurde er geboren?«

Er wurde in Bonn geboren.

Offensichtlich ist auch die zweite Antwort korrekt, doch ist Ihnen etwas aufgefallen? Ihre zweite Frage lautete lediglich: »Wo wurde *er* geboren?« Das System erfasst offensichtlich den Zusammenhang und weiß, dass mit »er« der Komponist gemeint ist. Beethoven ist in den Kategorien dieser intelligenten Suchmaschine zu einem Objekt geworden mit Eigenschaften wie Alter, Geburtsort usw. Dieses Beispiel zeigt, in welchem Ausmaß künstliche Intelligenz schon heute im Einsatz ist. In diesen Systemen wird alles auf ein Objekt reduziert, und es spielt keine Rolle, ob es sich dabei um ein Bauwerk oder um einen Menschen handelt. Ich habe den Test auch mit meinem Namen gemacht, und Google gibt brav Antwort.

Getrieben werden all diese Modellierungen von einem ökonomischen Kalkül, und damit sind wir beim zweiten Motor der oben angesprochenen synergetischen Entwicklung.

Die Ökonomie profitiert auf immense Weise von diesem Wandel, denn die Welt digitaler Transparenz, Messbarkeit und Vergleiche ermöglicht das perfekte Businessmodell. Wer hier die Regeln beherrscht, wird mächtiger als jeder andere, denn für den Zweiten gibt es bald keine Existenzberechtigung mehr. *The winner takes it all.* Die digitale Denkart reduziert unsere Welt auf messbare Objekte, und die ökonomische Gesinnung verpasst jedem Objekt ein Preisschild. Dieser Pakt zwischen Ökonomie und digitalem Denken akzeptiert keine Grenzen, denn aus allem kann man ein Businessmodell machen. »Liebe ist kein Zufall«, wirbt sogar ein Online-Partnerportal. Wenn Menschen zu kalkulierbaren Objekten werden, dann kann man diese Objekte auch sortieren und miteinander kombinieren: »Digital arrangierte Heirat – so habe ich deine Mutter kennengelernt, doch dann kam ein Update, und wir haben uns getrennt …«

Der dritte Faktor in diesem synergetischen Feld ist gewissermaßen ein religiöser – ich meine den Gedanken der Missionierung: Überzeuge/zwinge/foltere den anderen, bis er deinen Gott akzeptiert. Mache ihn abhängig! Die Konquistadoren hatten neben dem Kreuz lediglich drei Innovationen, die Ihre Macht besiegelten: das Schießpulver, den Kompass und Rüstungen aus Eisen; einzig dieser lächerliche technische Vorsprung ließ sie die ganze Welt erobern, von Längengrad zu Längengrad. Im Vertrag von Tordesillas wurde 1494 die Welt in zwei Teile zerschnitten. Eine Linie, 370 spanische Leguas (ca. 1770 Kilometer) westlich der Kapverdischen Inseln, teilte den noch unbekannten Globus auf. Noch bevor Magellans Flotte unseren Planeten zum ersten Mal umsegelte, wurde die Beute bereits verteilt: Was westlich der unter päpstlichem Segen gezogenen Linie entdeckt werden sollte, fiel den Spaniern zu, alle Länder und Völker östlich davon gingen an Portugal.

Aus dem Kompass ist die Suchmaschine geworden, aus Schießpulver und Rüstungen eine Schar intelligenter Objekte, Sensoren und Apparate. Und dieses Mal erleben wir Europäer, was es bedeutet, wenn Fremde ihre Fahnen in unser heimatliches Territorium rammen. Momentan erobern die USA und China den Rest der modernen Welt. Ihre unsichtbaren Karavellen durchqueren die digitalen Ozeane in Windeseile und kapern über Nacht komplette Kontinente. Google, Amazon, Huawei, WeChat, Apple, Facebook, Microsoft, sie alle haben wesentliche Teile des Internets besetzt. Wer sich dem digitalen Diktat nicht unterwirft, wird bestraft mit Langsamkeit und Isolation.

Im Gegensatz zu Europa verfolgen die USA oder China eine konsequente Strategie, und fast täglich erreichen uns Meldungen aus neuen vereinnahmten Kolonien. Google hat zum Beispiel das kleine Thermostatunternehmen Nest gekauft – für Insider ist diese Akquise logisch: Die Datenriesen Google, Amazon und Co werden demnächst an Ihre Tür klopfen, die Lichtschalter austauschen und an Ihrer Heizung drehen. Sie werden bei Ihnen einziehen mit bunten Apps, energiesparenden Smartpads und kleinen Assistenten, die Ihnen aufs Wort gehorchen. Sie selbst werden ihnen die Tür weit öffnen und sie hereinlassen, wie einst die ahnungslosen Eingeborenen die portugiesischen Seeleute begrüßten. Damals staunten die Schiffschronisten über den freundlichen Empfang, den die Eingeborenen den Fremden bereiteten, über ihre Offenheit und ihren Mangel an Besitzdenken. Frauen liefen nackt herum, denn sie hatten »nichts zu verbergen«. Auf den neuen Glasperlen steht der Spruch: »Weil es Ihr Leben so bequem macht«, und wieder werden viele glauben, dass sie nichts zu verbergen haben.

Wagen wir eine Zwischenbilanz: Hierzulande ist Ihr digitaler Buchhändler Amazon amerikanisch, so wie Ihr Warenhaus eBay, Ihr Musikshop iTunes, Ihre Fernsehsender YouTube und Netflix. Das Betriebssystem stammt aus den USA, genauso wie Ihr Berater für die Wahl des Restaurants, nämlich Google, und Ihr Nachrichtenlieferant heißt Google

News. Sie orientieren sich mit Karten von Google Street View, und schon bald kontrollieren Apps Ihre Lichtschalter, Ihre Haussteuerung, Ihre Spiele, Ihre Filme, Ihren Terminkalender, Ihr Adressbuch, Ihr soziales Netzwerk ... alles nicht »Made in Germany«, sondern »Controlled by the USA«.

Noch stehen wir am Anfang dieser globalen Übernahme, und spätestens, seitdem der Whistleblower Edward Snowden die Abhörpraktiken amerikanischer Geheimdienste aufdeckte, sollte jedem der amerikanische Machtanspruch deutlich sein. Doch was hat Deutschland, was hat Europa zu entgegnen? Nichts! Wo bleiben die europäischen Reaktionen auf den NSA-Skandal, wo der spürbare Widerstand gegen diese flagrante Verletzung unserer Grundrechte? Die US-amerikanische Hochnäsigkeit wird achselzuckend akzeptiert. Und die naive Hoffnung auf ein »No-Spy-Abkommen« mit den USA dokumentiert die beängstigende Ignoranz unserer Politik. Ein Blick in die US-Gesetzgebung zeigt, warum es nie zustande gekommen ist: Caspar Bowden, ehemaliger Privacy-Experte bei Microsoft, hat sich den Foreign Intelligence Surveillance Act (FISA), das US-Gesetz zur Überwachung in der Auslandsaufklärung, genau angeschaut und ein Briefing für die EU verfasst: Nach US-amerikanischem Recht ist die massive Ausspähung privater Daten von Nicht-US-Bürgern zulässig und rechtlich erlaubt. Die FISA-Bestimmungen sind ein Freibrief für das Sammeln jeglicher Daten von Nicht-US-Bürgern.

Im Klartext: Uns EU-Bürgern wird dieser gesetzlichen Grundlage zufolge keine Privatsphäre zugebilligt! Auch das Safe-Harbor-Abkommen zwischen der EU und den USA, welches die Grundlage für den Schutz von Daten im Cloud-Computing bildet, ist nicht das Papier wert, auf dem es gedruckt wurde – eben weil das FISA-Gesetz dem entgegensteht. Während der deutsch-amerikanischen Konferenz an der Harvard-Universität im Herbst 2015 fragte ich den anwesenden Ex-CIA-Direktor Michael Hayden, ob man sich zumindest darauf verständigen könne, dass wir Europäer denselben Datenschutz genießen sollten wie ein US-Bürger. Hayden, ein durchaus freundlicher Mann mit weicher Stimme, zögerte keine Sekunde. Er erklärte, dass er zunächst die Interessen der USA verfolge. Damit legitimierte er das Abhören und Ausspionieren der »anderen« Bürger durch die Geheimdienste.

Nochmals im Klartext: Eine eingehende Analyse der geltenden Rechtslage in den USA hätte bei jedem EU-Datenschützer, noch vor den Offenbarungen Snowdens, Alarm auslösen müssen. Doch keiner der zuständigen Beamten hat seine Hausaufgaben gemacht. Als die Bundeskanzlerin 2013 verkündete: »Auf deutschem Boden gilt deutsches Recht«, war das in Wahrheit ein Eingeständnis, dass nationale Politik machtlos zu sein scheint, wenn es um die effektive Lösung globaler Fragen geht. Stattdessen werden die Chefs von Google, Facebook & Co wie Staatsgäste empfangen …

Es braucht eine breite soziale Bewegung, damit wir uns aus der Abhängigkeit von den digitalen Großmächten befreien können, unabhängig davon, ob es sich dabei um Nationalstaaten oder Konzerne handelt.

Doch hier ergibt sich eine zweite, vielleicht grundlegendere Chance: ein verändertes Bewusstsein des Bürgers.

Das verdeckte Potenzial des Internets liegt – jenseits der Stärkung von Großkonzernen und Geheimdiensten – in der Entfaltung des Bürgers. Hier schlummert eine epochale Chance für die Demokratie, und in manchen Bereichen erkennt man bereits, wohin der Weg führen könnte. Wenn wir uns aus den Fesseln des stillen Konsumentendaseins befreien, unsere eigene Kreativität entfalten und bündeln, ist jeder Konzern machtlos. Der Open-Source-Gedanke ist ein unmittelbarer Angriff auf ein rein ökonomisches Denken, das bislang nur Minderheiten zu den Gewinnern des Fortschritts macht. In der Softwarebranche etabliert sich allmählich eine alternative Kultur des Teilens: Unzählige offene Apps, Programme und Betriebssysteme schießen wie Pilze aus dem Boden. Ironischerweise zeigen auch hier die USA, wie es gehen könnte.

Bei der neuen *Sharing Economy* steht nicht der Profit, sondern das Teilen im Vordergrund. Crowdfunding und Crowdsourcing (Schwarmfinanzierung und Auslagerung von Aufgaben an eine Gruppe von Usern) sind auf dem Vormarsch. Internetplattformen, bei denen jeder sich einbringen und neuen Ideen zur Realisierung verhelfen kann, bergen eine großartige Chance. Der Fokus liegt hier auf dem Allgemeinwohl. Hier spielt das Volk, also jeder von uns, seine Macht aus, und die einende Funktion des Netzes bremst selbst Großkonzerne aus. Immer mehr junge Menschen setzen auf das Prinzip »Nutzen statt Besitzen« und verweigern sich dem klassischen Konsumgedanken. Die Neuwagenkäufe gehen in den letzten Jahren bei jungen Menschen deutlich zurück, denn Carsharing-Angebote verändern den Markt. Bei den neuen Produkten steht nicht Gewinnmaximierung an erster Stelle, sondern Nachhaltigkeit und faire Entlohnung. In den Medien kaum beachtet, boomen kostenlose Lernplattformen, Repaircafés und Tauschbörsen.

Die Fließrichtung der Wirtschaft vom Produkt zum Konsumenten beginnt sich umzukehren und macht die Industrie zum Dienstleister des informierten Kunden. An vielen Stellen zeigen sich erste feine Risse im bisherigen ökonomischen Fundament unserer Gesellschaft. Die Gesetze des Marktes in Verbindung mit den beachtlichen technologischen Fortschritten führen allerdings nicht automatisch zu einer Verbesserung der Lebensumstände. Das lehrt die Geschichte: Die Dampfmaschine und die aufkommende Industrialisierung führten erst über den steinigen Weg von Protesten und Kämpfen zur Schaffung neuer Stabilität und zur Etablierung der sozialen Marktwirtschaft.

Heute sind wir erneut gefordert, neue stabile Lösungen

für eine technisch geprägte Zukunft zu entwickeln. Vielleicht entspringt daraus tatsächlich eine *New Economy.* Das Internet würde zum Geburtshelfer einer demokratischeren Welt und nicht zum Verstärker eines gierigen Hyperkapitalismus. Dieser Weg wäre eine Antwort auf ein System des Misstrauens, des Ausspionierens und der Verselbstständigung globaler Finanzsysteme. Vertrauen, Offenheit und Fairness sind auf Dauer der zivilisiertere und wahrscheinlich auch der ökonomisch günstigere Weg.

Der jetzige Kurs hingegen führt in eine zunehmende Instabilität von Staat und Wirtschaft. Er würde eine digitale Hochrüstung zur Konsequenz haben und uns zu Gefangenen machen in einer Welt von Firewalls, Überwachung und eines globalen Cyberkriegs. Während ich dieses Buch schrieb, infizierte die Cyberattacke mit *WannaCry*-Schadprogrammen weltweit über 200 000 Computer in 150 Ländern. Diese Attacke war ein erster Vorgeschmack auf das, was noch kommen könnte. Krankenhäuser, Energie- und Wasserversorgung, Verkehrssysteme und ganze Produktionsbereiche sind im Internetzeitalter auf neue Weise verwundbar geworden. Als Reaktion darauf entwickelt sich weltweit eine Sicherheitshysterie, die zum Teil autoritäre Züge annimmt. Es entsteht eine sich wechselseitig verstärkende Spirale: Der Aufbau einer digitalen Verteidigungsindustrie wird zur Entwicklung noch raffinierterer digitaler Angriffswaffen führen.

Erinnern wir uns: Die nukleare Hochrüstung erreichte im Kalten Krieg perverse Ausmaße, bis die Kostenexplosion schließlich die Spirale des Overkills beendete. Heute gibt es einen globalen Konsens, dass Atombomben keine reale Option sind. Aus heutiger Sicht hätten wir uns dieses nukleare Hochrüstungsspiel schenken können, und alle Nationen hätten davon profitieren können, wenn früher begriffen worden wäre, dass der Weg des wechselseitigen Aufrüstens in eine Sackgasse führt. Vielleicht sollten wir uns daher von klugen Ökonomen die langfristigen Kosten des digitalen Misstrauens vorrechnen lassen.

Blicken wir für einen Moment in eine dystopische Zukunft: In der Totalvernetzung schlummert das Potenzial einer Totalüberwachung des Bürgers: Beim »Citizen Score«, der bereits in China angedacht wird, soll ein Punktesystem jeden Bürger bewerten.[92] Das persönliche Punktekonto füllt sich bei »sozial erwünschten« Handlungen wie Blut spenden, freiwilligen Diensten oder gemeinschaftlichem Engagement. Kritische Äußerungen, Unzuverlässigkeit, Vergehen im Straßenverkehr oder »falsche« Freunde führen hingegen zu einem Punkteabzug. Der Score ist für jedermann einsehbar. Bei einem hohen Punktestand wird zum Beispiel die Kreditaufnahme erleichtert, Anstellungsformalitäten werden vereinfacht, der Betroffene erhält verbilligte Flugtickets.

Schon heute ermitteln Banken mit diversen Daten unsere Bonität, und Airlines führen »No-fly«-Listen. Ein Citizen Score wäre eine Erweiterung auf alle Lebensbereiche und ein wirkungsvolles Instrument nicht nur in den Händen von Autokraten und Diktaturen. »Don't be evil« (Tue nichts Böses) heißt es im Verhaltenskodex von Google. In dieser Logik des Optimierens würden Krankenversicherungen unsere gesundheitlichen Aktivitäten protokollieren, Autohersteller unseren Fahrstil und Staatsschützer unsere politischen Präferenzen auswerten. Sie alle würden uns gute Gründe für dieses Vorgehen nennen. Doch im Bewusstsein dieser ständigen Observierung würden wir allmählich unser Verhalten ändern. Der normative Druck würde uns zwingen, uns immer mehr dem vorgegebenen digitalen Profil anzupassen.

Ende 2013 formulierte eine Gruppe von Autoren um Juli Zeh und Ilija Trojanow ein Manifest mit dem Titel »Die Demokratie verteidigen im digitalen Zeitalter«.[93] Der Aufruf wurde von 562 Schriftstellern aus achtzig Nationen unterschrieben und in dreißig Zeitungen weltweit publiziert.

(Auch mein Name findet sich unter den Erstunterzeichnern.) Eine prominente Gruppe von Wissenschaftlern, zu denen auch Dirk Helbing, Professor für Computational Social Science an der ETH Zürich, zählt, warnte Ende 2015 in einem »Digital Manifest« vor einer drohenden Datendiktatur.[94] Doch trotz solcher Appelle scheint sich wenig zu verändern. Die Massenüberwachung durch Geheimdienste und auch die kommerzielle Ausspähung unserer intimsten Aktivitäten läuft ungeniert weiter. Die tragende Säule unserer Demokratie, die Menschenwürde, wird geopfert.

Wollen wir wirklich in einer Zukunft leben, in der wir, unsere Gedanken und Gespräche unter ständiger Beobachtung stehen? Wollen wir einwilligen in einen Prozess, der uns alle zu potenziellen Verdächtigen macht? Wo bleibt die Freiheit des Einzelnen in einem System, das im Dienste der »Sicherheit« eben diese Freiheit zerstört? Unser Bewusstsein muss sich ändern, und genau dafür müssen wir jetzt kämpfen!

7

ANGST

Wie umgehen mit Panikmache und Bedrohungen?

Das Müsli war alle[95]

Niemand hatte mich gewarnt, als ich vor Wochen mein Zimmer buchte, doch bei der Ankunft in Hamburg stöhnt der Taxifahrer: »In Ihrem Hotel tagen die Innenminister!«

Unsere Fahrt verläuft chaotisch. Die halbe Hamburger Innenstadt ist gesperrt. Schranken, Blaulicht, Umleitungen, Stau, Kontrollen. Mit Verspätung erreichen wir das Hotel. Entlang der Außenalster patrouillieren vor Hauseingängen und Seitenstraßen Polizisten und Sicherheitsbeamte. Was für ein Aufgebot!

An der Hotelrezeption entschuldigt man sich für die Unannehmlichkeiten. Überall, in der Lobby, auf den Fluren, im Aufzug stehen Herren in grauen Anzügen mit breiten Schultern und wachsamen Augen. Sie tragen grüne Badges, darauf steht »Personenschutz«. Sie sind freundlich, wir witzeln. »Ja, Herr Yogeshwar – hier sind Sie sicher.«

Der Blick aus meinem Zimmer im siebten Stock fällt auf die Außenalster. Novemberwetter in Hamburg, kalt, feucht und grau. Die Silhouette der Stadt hat sich in einen feinen Nebelschleier gekleidet. Im Hotelprospekt heißt es: »Als Gast in unserem Hotel in Hamburg entdecken Sie neue Perspektiven auf unsere schöne Stadt.« Von oben betrachte ich das massive Sicherheitsaufgebot: martialisch ausgerüstete Polizisten in dunkelblauen Overalls mit Helmen und Funkgeräten, zivile Beamte mit dem obligaten Knopf im Ohr, Pferdestaffeln und Blaulicht auf Luxuslimousinen. Warum richtet man eine solche Tagung mitten in einer Stadt aus? Die Länderinnenminister könnten doch auf einem Schiff tagen, da wäre die Sicherheit doch einfacher zu garantieren. Doch wer weiß – vielleicht ist der eine oder andere von ihnen nicht seefest?

Ich muss ins Fernsehstudio. Taxi? Nein – in der Nähe des Hotels sind keine Taxen erlaubt. Die Sicherheitsbeamten sind ausgesprochen höflich und entschuldigen sich. Ich verrate ihnen meine Idee von der ausgelagerten Tagung. Sie nicken. Ja, auch ihnen erscheint der ganze Aufwand hier übertrieben. Wir verstehen uns. Ich gehe also zu Fuß, um irgendwo dort draußen in der »unsicheren« Welt ein Taxi zu finden. Der Regen hat zugenommen.

In der Fernsehsendung reden wir über mein Buch »Ach so!«: Antworten auf Fragen des Alltags. Warum fällt der Apfel vom Baum? Warum haben Frauen kalte Füße?

Als ich heimkehre – zu Fuß, weil die Taxen ja nicht vorfahren dürfen, fragt mich der Polizist: »Wohin wollen Sie?«

»In mein Hotel – tut mir leid, dass auch die Innenminister dort wohnen.«

Ich muss ihm meine Zimmerkarte zeigen. Dann erkennt mich der junge Beamte: »Sind Sie nicht der aus dem Fernsehen?«

Wir reden über die Absurdität von Straßensperren und über den ganzen Aufwand. »Politiker sind doch Staatsdiener«, meine ich, »sie sollten uns Bürgern dienen, doch hier scheint sich das wohl umzukehren. Eine Stadt mit Bürgern, Taxifahrern und Polizisten dient den Ministern.«

Er lacht, und sein offener Blick passt gar nicht zu der gepanzerten Uniform. Die ganze Nacht wird er draußen ausharren müssen. In der Kälte und im Novemberregen. »Sehen Sie«, meint er, »da habe ich das Abitur gemacht, und nun lande ich hier!«

Wir reden offen, zwei ganz normale Bürger. Funktionen und Dienstgrade spielen keine Rolle. Er mag meine Sendung und interessiert sich für wissenschaftliche Themen. Und auch in Sachen Terrorhysterie liegen unsere Ansichten nahe beieinander. Wir wünschen uns eine gute Nacht, und ich stelle mir vor, wie schwer es wohl sein muss, wenn man mit dieser Einstellung die ganze Nacht gegen den angeblichen Terror anfrieren muss. In den Spätnachrichten ist die Rede von einem verdächtigen Gepäckstück in Namibia. Eine Bombe im Flugzeug Richtung Deutschland?

Ich bin kein Sicherheitsexperte, doch offen gesagt glaube ich nicht an die Brisanz dieser Nachricht. Das passt doch alles zu gut. Bei mir im Hotel die Innenminister, und ausgerechnet jetzt wird verkündet, dass Deutschland demnächst Ziel eines Terroranschlags werden kann. Das riecht nach Inszenierung.

Ich kann nicht einschlafen, denn mir wird bewusst, dass das Hotel, in dem mein Bett steht, zur Zielscheibe des Terrors werden könnte. Wenn schon Attentat, dann doch hier! So viel Polizei signalisiert doch drohende Gefahr, das beruhigt nicht – im Gegenteil. Auf der nächtlichen Außenalster patrouilliert ein Boot, und entlang der leeren Straße stehen frierende Polizisten.

Ich rufe meine Frau an. Den Kindern geht es gut. Mein Sohn macht dieses Jahr Abitur und war bei der Berufsberatung. Geh nicht zur Polizei, denke ich, sonst musst du sinnlos frieren. Mir fällt ein, dass unser Gespräch bestimmt abgehört wird. Bei dem Polizeiaufgebot wird doch bestimmt alles überprüft. Ein Gutenachtkuss ist vermutlich nicht sicherheitsrelevant, aber verdammt wichtig.

Nach dem Auflegen fühle ich mich einsam. Ich sehe fern, schalte den Fernseher aber bald aus und blicke aus dem Fenster.

In der Wissenschaft muss man Phänomene verifizieren, und solange dieses nicht geschieht, fehlt der endgültige Beweis. Jeder von uns kann zum Beispiel das Gesetz der Schwerkraft selbst überprüfen, doch in der Welt des Terrors herrschen offenbar andere Regeln: Wenn Sicherheitsbehörden angebliche Bomben finden oder von einem erhöhten Risiko sprechen und dieselben Sicherheitsbehörden von uns Bürgern mehr Geld verlangen, dann ist das absurd. So etwas nennt man Selbstbedienung. Keiner von uns Bürgern kann überprüfen, ob das alles stimmt. Und überhaupt mag ich diese Panikmache nicht. Als Naturwissenschaftler habe ich gelernt, Risiken quantitativ zu vergleichen. Die Wahrscheinlichkeit, dass ich bei einem Autounfall getötet werde, ist weit größer, als Opfer eines Terroranschlags in Deutschland zu werden. Nein, ich habe keine Angst, und selbst wenn alle Polizisten Hamburgs um mein Bett stehen, behalte ich meinen klaren Kopf. Das, was hier passiert, ist eine Inszenierung. Ich schlafe ein.

Am nächsten Abend lese ich in einem Kinosaal aus meinem Buch. Ich erzähle, warum Äpfel vom Baum fallen und Vorurteile uns beeinflussen und davon, dass es nicht hilft, eine Münze am Automaten zu reiben, bevor man sie einwirft. Das Hamburger Publikum ist offen und sehr herzlich. Wir lachen viel an diesem Abend, und anschließend muss ich wieder zurück in mein gut bewachtes Hotel an der Außenalster.

Nach dem Aufstehen hat es der Terrorkoffer sogar schon auf die Titelseiten der Tageszeitungen geschafft. Ich ärgere mich über diese unkritische Haltung meiner Journalistenkollegen. Warum beteiligen sie sich an dieser Sicherheitshysterie? Warum wird nicht hart hinterfragt, anstatt einfach zu glauben, was uns da verkündigt wird?

Ich frühstücke erneut inmitten von BKA-Beamten, Staatssekretären, Fahrern und Personenschützern. Der Kellner weist mir einen Tisch zu. Ausgerechnet direkt neben dem Bundesinnenminister. Er sitzt alleine im gestreiften Hemd und liest Zeitung. Wir begrüßen uns kurz, und ich frage ihn, warum man solche Tagungen nicht auf dem Land abhält. »Das ist eben Sache des gastgebenden Bundeslandes«, meint er.

Ich bestelle einen Cappuccino und mache mich auf zum Buffet. Inzwischen komme ich mir völlig deplatziert vor. Ich zweifele an dieser ganzen Terrormanie, lehne die überzogenen Formen staatlicher Überwachung ab, halte nichts von

Tagungen, die ganze Innenstädte blockieren, und sitze mitten zwischen den Apologeten eines Sicherheitsstaates.

Am Buffet sind Müsli und Fruchtsalat alle. Kein Wunder, die sportlichen Personenschützer ernähren sich gesund!

Die unmittelbare Sitznähe zu unserem Innenminister ist mir unangenehm, und ich bemühe mich wegzuhören. Ich lese in der Zeitung vom Koffer. Beim Durchleuchten seien Batterien gefunden worden, die über Kabel mit einem Zünder und einer laufenden Uhr verbunden waren. Der Minister liest dieselbe Zeitung, und ich frage mich, ob er das alles schon vorher wusste. Vielleicht ist er stolz, weil sein Name so oft erwähnt wird. Er steht heute im Rampenlicht.

Beim Verlassen des Frühstücksraums bemerke ich, wie sich der Blick der Sicherheitsbeamten verändert hat. Die anfängliche Skepsis hat sich aufgelöst. Offenbar weiß man, dass von mir keine Gefahr ausgeht. Doch bitte – ich gehöre nicht dazu! Bei meiner Abreise merke ich, dass ich eben doch ein einfacher Bürger bin. Kein Taxi. Ich gehe mit meinem Koffer erneut in die »unsichere Zone« jenseits der Absperrungen und warte zwanzig Minuten, bis ein Taxi anhält.

Der Fahrer kommt aus Afghanistan und beklagt, dass die westlichen Medien ein verzerrtes Bild seiner Heimat zeigen. »Die Briten und Amerikaner arbeiten doch mit den Taliban zusammen«, echauffiert er sich. »In Afghanistan gibt es unzählige Bodenschätze und Uran, das wollen die sich doch nur unter den Nagel reißen. Terror und Anschläge, das ist doch alles Humbug!«

Am Flughafen sind die Sicherheitsvorkehrungen wie erwartet verschärft worden. Es gibt viele Schutzwesten und Maschinengewehre. Vor mir steht ein leerer Kinderwagen – vermutlich ein »Sicherheitsproblem«. Im Flugzeug serviert man uns einen Snack. Es gibt Müsli – endlich!

Nur noch mit Schutzbrille[96]

The only thing we have to fear is fear itself

– Franklin D. Roosevelt –[97]

Sonnenfinsternis 2015, Deutschland. Vielfältige Warnungen füllen die Zeitungen: Niemals in die Sonne schauen! Nur mit Schutzbrille! Die Energieversorger bangen angeblich: »Droht uns jetzt der Strom-Blackout?« Schulkinder dürfen nicht vor die Tür, Eltern sind besorgt. Die übertriebenen Warnungen in den Medien lassen die Sonnenfinsternis wie eine herannahende Bedrohung erscheinen. Schade!

Wir haben ein kleines Video gedreht, um all jenen, die keine Spezialbrille kaufen konnten, eine Alternative zu bieten: Wenn man mit dem Rücken zur Sonne steht und die Frontkamera des Handys in den Himmel richtet, kann man das Spektakel problemlos verfolgen. Das Video ist nur wenige Stunden alt, prompt reagieren die Medien. Fachredakteure schreiben mich an und fragen: Verbrennt da nicht die Handykamera? Offensichtlich scheinen unsere Medien aus der Spirale der ewigen Panikmache nicht mehr herauszufinden, dabei sind die Sorgen überzogen.

Beispiel Blackout: Die Schlagzeilen anlässlich der Sonnenfinsternis lauten u. a.: »Droht jetzt der doppelte Energie-Blackout?«, »Werden die Lichter ausgehen?«, »Testfall für die Energiewende«, »Droht Deutschland ein Stromausfall?«. In Deutschland gibt es inzwischen viele Photovoltaikanlagen, die Strom produzieren. Die installierte Nennleistung beträgt hierzulande immerhin über 36 000 MW. Verdunkelt sich die Sonne, dann reduziert sich die eingespeiste Strommenge, und dieser Leistungsabfall könnte – so die Argumentation der Warner – das Stromnetz schädigen.

ABER: Der Abfall geschieht nicht plötzlich, sondern über einen längeren Zeitraum. Das Spektakel dauerte hierzulande von dem Beginn der Verfinsterung bis zum Ende über zwei Stunden. Selbst auf dem Höhepunkt der Finsternis betrug die Abdeckung nur etwa 77 Prozent. Das bedeutet, die Sonne leuchtet in dieser Phase der Finsternis immer noch mit einem Viertel ihrer Intensität. Zudem ist diese Schwankung exakt kalkulierbar. Alles was passiert, ist vorhersehbar, und so lässt sich die Zuschaltung von Reservekapazitäten während der Finsternis planen. Die Sonne geht schließlich jeden Tag unter, daher gibt es inzwischen eine gewisse Routine, was derartige Schwankungen betrifft.

Fazit: Die mediale Panik wegen eines Blackouts ist unbegründet!

Beispiel Handykamera: Ja, gebündeltes Sonnenlicht kann Brandschäden verursachen – wer hat nicht als Kind das Experiment mit der Lupe gemacht.

ABER: Schauen Sie sich einmal an, wie winzig die Handykamera ist. Der Durchmesser beträgt, je nach Modell, gerade Mal wenige Millimeter. Bei meinem Handy besitzt die Linse eine Fläche von etwa 1 Quadratmillimeter. Die Sonne schenkt uns rund 1000 Watt pro Quadratmeter. Oder 0,001 Watt pro Quadratmillimeter. Mit anderen Worten, die Lichtleistung, die auf den Chip des Handys fällt, beträgt schlappe 0,001 Watt – und das reicht nicht aus, um Schäden zu verursachen. Abgesehen von dieser simplen physikalischen Überlegung kann man sich auch verdeutlichen, dass Handykameras, die ohnehin keinen mechanischen Verschluss besitzen, sehr häufig der direkten Sonnenstrahlung ausgesetzt sind. Würden hierbei Schäden auftreten, hätten die Hersteller ein Problem, denn die Kameras würden dann reihenweise ausfallen.

Fazit: Die Sorge vor einer Zerstörung der Handykamera ist also ebenfalls unbegründet.

Rationale Argumente können einem zwar eine konkrete Sorge abnehmen, doch die Angst ist damit nicht besiegt. Angst, Risiko und Verantwortung bilden eine Dreieckskonstellation, die es näher zu untersuchen gilt.

Womöglich hat sich inzwischen auch bei uns ein Denken etabliert, das ich erstmals vor einigen Jahrzehnten in den USA beobachtete. Damals, in den Siebzigerjahren, schüttelte ich den Kopf, als ich in einem Kaufhaus in New York ein Schild mit der Aufschrift »Vorsicht – nasser Boden!« sah. Ich fragte meinen amerikanischen Freund, warum man solche Warnschilder überhaupt aufstelle, denn man sehe doch wohl, dass der Boden nass sei. Seine Antwort war kurz: »Versicherungen und Schadenersatz!« Wenn jemand hinfällt, dann kann er das Kaufhaus auf eine hohe Geldsumme verklagen.

In den USA ist daraus inzwischen ein Sport geworden. Wir erinnern uns an den wohl bekanntesten Fall: Stella Liebeck verklagte McDonald's auf Schadensersatz und kassierte 640 000 US-Dollar, weil sie sich am heißen Kaffee der Fast-Food-Kette verbrüht hatte. Die Lektion saß, und seitdem geben Geschäfte, Produzenten und öffentliche Institutionen aus Angst vor möglichen Klagen absurde Warnhinweise: »Kleidung nicht am Körper bügeln!«, heißt es in der Anleitung eines Bügeleisens. Der Hersteller von Kinderwagen warnt gar: »Vor dem Zusammenklappen das Kind entfernen!«

In der Folge ist niemand mehr bereit, Verantwortung zu übernehmen. Wenn etwas passiert, dann ist der Mutige der Schuldige.

Sobald das Wort »Sicherheit« fällt, gibt es scheinbar kein Gegenargument mehr. Das Sicherheitsdenken fördert unsere kollektive Feigheit. Lehrer trauen sich nicht, ihre Schüler während der Sonnenfinsternis in die Pause zu schicken, denn eines der Kinder könnte ja aus Neugier in die verdunkelte Sonne blicken. Und dann, wer ist am Ende schuld? Die Angst führte dazu, dass Schüler in verdunkelte Klassenzimmer gesperrt wurden, nur weil Schulen vor der um sich greifenden Hysterie kapitulierten.

Aus dem Kräftedreieck von Angst, Risiko und Verantwortung ist ein Geschäft entstanden. Da werden Versicherungen gegen Aquarienbruch abgeschlossen, obwohl im Haushalt kein Fischbecken vorhanden ist. Den Ausschluss einer Selbstbeteiligung bei einem Unfall lassen sich Autovermietungen mit einem horrenden Aufpreis bezahlen. Und selbst für Last-Minute-Reisen werden inzwischen Reiserücktrittsversicherungen angeboten.[98] Versicherer profitieren von unserer Scheu, selbst Verantwortung zu übernehmen. Als ich in einem Hotel in Indien bemerkte, dass es keine Feuerlöscher gab, erkundigte ich mich an der Rezeption. Die Antwort des Managers lautete: »Sorgen Sie sich nicht, wir sind versichert!« Man macht uns glauben, dass eine Feuerversicherung gegen das Feuer hilft und Autos durch Unfallversicherungen sicherer werden. Der gesunde Menschenverstand weicht der Angstmache, und so zahlen wir teure Rundum-Schutzpakete, damit wir beruhigt schlafen können.

Doch warum tappen wir in diese Falle? Unser unvernünftiger Umgang mit der Angst hat mit unserer verzerrten Wahrnehmung zu tun. Daniel Kahneman und Amos Tversky, beide Psychologen an der Hebräischen Universität in Jerusalem, machten in den Achtzigerjahren eine Reihe von Experimenten, bei denen es um Gewinn und Verlust und die damit verbundene Risikowahrnehmung ging.[99] Verluste sind für uns weit schlimmer als »Nicht-Gewinne«. Man hat schließlich keine Angst davor, *nicht* zu gewinnen, aber durchaus Angst, etwas zu verlieren. Die beiden Wissenschaftler fanden heraus, dass wir nicht rational handeln und uns an Wahrscheinlichkeiten orientieren; das Maß unserer Risikobereitschaft hängt vielmehr ganz direkt davon ab, ob uns ein

Gewinn winkt oder ein Verlust droht. Selbst bei einem anstehenden Gewinn bevorzugen wir meist die sichere Variante, auch wenn wir mit etwas mehr Risikobereitschaft statistisch sogar mehr gewinnen könnten. Ganz nach der Volksweisheit: Besser einen Spatz in der Hand als eine Taube auf dem Dach. Bei anstehenden Verlusten hingegen entscheiden wir uns für eine riskantere Alternative, wenn damit am Ende die Chance verknüpft ist, gar nichts zu verlieren.

Ganz ähnlich ist es bei der Diskrepanz zwischen »gefühlter« Sicherheit und dem tatsächlichen statistischen Risiko, ein Umstand, der von Versicherungen gerne ausgenutzt wird. Wir fühlen, und sie rechnen! Jedes noch so winzige Restrisiko nimmt in unserer Wahrnehmung einen überproportional großen Raum ein, und wir geben viel Geld aus, um solche »Sicherheitslücken« zu schließen. Im Irrglauben an eine hundertprozentige Sicherheit tappen wir in die Falle.

Die Früchte des Angstbaums sind vielfältig. Die Ernährung wird zum Risiko: Salz fördert den Bluthochdruck, Fett den Herzinfarkt, Grillfleisch ist krebserregend, und selbst meine geliebten Pommes werden – Stichwort Acrylamid – zu einer Bedrohung. Kaum ein Tag vergeht, ohne dass es neue Warnhinweise zu Konservierungsstoffen, Nitrosaminen, allergenen Substanzen, gesättigten Fettsäuren, Cholesterin, schädlichen Bakterien oder polyzyklischen aromatischen Kohlenwasserstoffen in unserem Essen gibt. Die Angst wirkt: Zählte beim Essen doch immer vor allem der Geschmack, so ist heute nichts wichtiger, als dass es »gesund« ist.

Als »Orthorexie« bezeichnet man ein fast krankhaftes Verhalten, sich »gesund« zu ernähren. Die Angst, das Falsche zu essen, führt zu extremen Vermeidungsmustern: Menschen verzichten auf Milch, Weizenmehl, Zucker, Fleisch, laktosehaltige Produkte oder auf Gluten. In den Tageszeitungen wurden Begriffe wie »Gluten« und »Laktose« 2015 zehnmal häufiger verwendet als 2005.

Nehmen wir das Beispiel Gluten: Rund ein Prozent der Menschen hierzulande leiden unter *Zöliakie*, einer medizinisch nachgewiesenen Klebereiweiß-Unverträglichkeit. Die Betroffenen müssen ein Leben lang auf Gluten verzichten, denn schon kleinste Mengen sind für diese Gruppe ein Risiko. Schaut man sich jedoch die Zahl glutenfreier Angebote im Supermarkt an, so offenbart sich eine bemerkenswerte Diskrepanz: Etwa zehnmal mehr Menschen, als es aus medizinischer Sicht notwendig wäre, entscheiden sich inzwischen für glutenfreie Produkte. Fachleute raten sogar von einer glutenfreien Ernährung ab, es sei denn, man leidet unter Zöliakie.[100]

Obwohl »Ohne«-Produkte erheblich teurer sind und für Nichtbetroffene sinnlos, werden sie dennoch vermehrt gekauft. *Ohne* ist gesünder, lautet das Werbecredo, mit dem Firmen inzwischen viel Geld verdienen.

In einem Experiment unserer Fernsehsendung *Quarks & Co* befragten wir Passanten in einer Fußgängerzone zu ausgewählten Lebensmitteln *mit* und *ohne.*[101] Die Teilnehmer mussten einordnen, welche Variante ihnen gesünder erscheint. 18 Prozent entschieden sich für die glutenfreie Variante. In einem Fall, bei einer frei erfundenen Substanz, die wir *Mui* nannten, sagte jeder Achte: »Ohne ist besser.« Aus Angst, uns falsch zu ernähren, verzichten wir sogar auf Stoffe, die es in Wirklichkeit gar nicht gibt!

Angst ist ein schlechter Ratgeber und führt, wie wir gesehen haben, zu irrationalem Handeln und Fehlentscheidungen. Der größte Angstschock in der westlichen Welt ereignete sich am 11. September 2001. Die Bilder der gekaperten Flugzeuge, die in die Hochhäuser rasten, waren entsetzlich und brannten sich in unser Gedächtnis ein. Nie zuvor waren wir direkte Zeugen eines solchen Angriffs. Die Liveübertragung im Fernsehen löste eine weltweite Welle von Betroffenheit aus. Über Nacht war sie da: die Angst vor dem Terror.

Manche waren derart verunsichert, dass sie in den Folgemonaten kein Flugzeug betraten und stattdessen das Auto nahmen. Nach den Attentaten verzichteten vor allem viele Amerikaner auf Flugreisen. Der Risikoforscher Gerd Gigerenzer untersuchte daraufhin die Zahl der Unfälle auf den Interstate Highways.[102] Anhand der Daten des US-Verkehrsministeriums konstatierte er einen signifikanten Anstieg tödlicher Autounfälle innerhalb der ersten zwölf Monate nach den Terrorakten. Offenbar häuften sich durch den Verkehrsanstieg auch die tödlichen Verkehrsunfälle. Gigerenzers Fazit: »Alles in allem sind etwa 1600 Amerikaner infolge ihrer Entscheidung, die Risiken des Fliegens zu vermeiden, auf der Straße umgekommen. Diese Todesrate ist sechsmal so hoch wie die Gesamtzahl der Passagiere (256), die bei den vier Todesflügen starben.«[103]

Die perfide Logik der Terroristen fruchtet, denn durch die erzeugte Angst destabilisieren sie unsere Gesellschaft. Angst und Verunsicherung lassen uns falsche Entscheidungen treffen. Die Folgen unseres Angstverhaltens wirken wie ein zweites Attentat. Nicht die Bedrohung, sondern die Angst vor der Bedrohung tötet uns. Das Attentat im Advent 2016 am Berliner Breitscheidplatz mit zwölf Toten war der erste größere islamistische Anschlag auf Zivilisten in Deutschland.[104] Und doch: Das Risiko, auf dem Weg zum Weihnachtsmarkt von einem Auto überfahren zu werden, ist ungleich größer, als dort einem Anschlag zum Opfer zu fallen.

Dennoch werden immer neue – und teure – Sicherheitsmaßnahmen eingeführt. Dabei könnten wir mit einem Bruchteil der aufgewandten Mittel etwa 5000 Menschen jährlich in Deutschland das Leben retten. Antibiotikaresistente Keime töten laut einer europäischen Studie alleine in Deutschland jedes Jahr etwa 15 000 Menschen.[105] Etwa ein Drittel, also ca. 5000 dieser Krankenhausinfektionen, wären durch konsequente Umsetzung der Hygieneempfehlungen gegen Krankenhauskeime vermeidbar.

Wem ist schon klar, dass fast 15 Mal so viele Menschen durch Suizid umkommen wie durch Mord, Totschlag und Körperverletzung mit Todesfolge zusammengenommen?[106] Vielleicht wäre es vernünftiger, mehr Psychologen und Psychiater einzusetzen, statt mehr Polizisten einzustellen.

Unsere diffusen Ängste führen zu einer *Phobokratie*, einer Herrschaft der Angst. Ständig werden wir daran erinnert, wenn es zum Beispiel auf Flughäfen heißt: »Sicherheitshinweis: Bitte lassen Sie Ihr Gepäck nicht unbeaufsichtigt.« Dieses Mantra der Sicherheit wiederholt sich im Großen wie im Kleinen, egal, ob es sich dabei um Flughäfen, Lebensmittel, Versicherungspolicen oder Antivirensoftware handelt. Politiker aller Couleur begeben sich mit überzogenen Angstszenarien auf Wählerfang: Sie sprechen von der Angst vor dem Zerfall Europas, der Sorge vor Überfremdung oder warnen uns vor einer drohenden wirtschaftlichen Rezession. Die Medien verstärken diese Furcht, indem sie sich beim Kampf um Aufmerksamkeit gegenseitig überbieten. In einer repräsentativen Studie eines großen deutschen Krankenversicherers wurden 2400 Bürger nach ihren größten politischen, wirtschaftlichen und privaten Sorgen befragt.[107] Die Angst vor Terrorismus stand dabei mit 73 Prozent an erster Stelle, ein historischer Rekordwert, obwohl, wie oben gezeigt, das Risiko im Vergleich zu anderen lebensbedrohlichen Faktoren verschwindend gering ist. Der Journalist Tobias Jochheim hat es treffend formuliert: »Wer den Terror mit kühler Mathematik als Scheinriesen entlarvt, vereitelt auch den Plan der Terroristen: Sie wollen uns so irre vor Angst machen, dass wir vor lauter Verlangen nach mehr Sicherheit unsere über Jahrhunderte erkämpfte Freiheit selbst abschaffen. Wer betont, wie begrenzt die Macht der Terroristen über uns ist, verhöhnt nicht etwa ihre Opfer. Er ehrt sie mit dem Schwur: Unsere Angst bekommen die Täter nicht.«[108]

Unsere Ängste sind unverhältnismäßig, denn wir leben, zumindest hierzulande, in der sichersten Phase der Geschichte.

Nie ging es den Menschen in diesem Land besser, die Kindersterblichkeit ist minimal, unsere Gesundheitssysteme sind hoch entwickelt, die Ernährung ist besser als je zuvor, und wir genießen eine der längsten Friedenszeiten in Europa. Wo bitte ist das Problem? Dennoch, die Angst bleibt, und Risikoforscher und Statistiker scheitern bei dem Versuch, sie mithilfe von sachlichen Argumenten zu vertreiben. Vernunft allein scheint ein schwaches Gegengift zu sein.

Ängste, ob berechtigt oder nicht, haben seit jeher für Gesellschaften auch eine einende Funktion gehabt. Angst liegt in unseren Genen, ist Bestandteil unserer Evolution, denn unsere Urahnen standen auf der Speisekarte vieler Raubtiere. Beutetiere suchen, im Gegensatz zu Raubtieren, den Schutz der Gruppe. Angst verbindet uns. Sie hilft bei der Findung kollektiver Identitäten, sie wirkt wie ein gesellschaftlicher Klebstoff. Vielleicht artikuliert sich in der Zukunftsangst auch unser Bedürfnis nach Gemeinsamkeit in Zeiten, in denen der Fortschritt den gesellschaftlichen Zusammenhalt aufzulösen droht.

Die Auffassung, dass der technische Fortschritt uns von unseren Ängsten befreien wird, erweist sich als Trugschluss, denn die unvorhersehbare Zukunft selbst wird zur Projektionsfläche für dunkle Vorahnungen und überzogene Angstszenarien. Vielleicht ist es daher hilfreich, sich mit der Instrumentalisierung von Ängsten auseinanderzusetzen. Angst war nämlich stets auch ein lukratives Businessmodell.

Im 15. und 16. Jahrhundert profitierten Ablasshändler in Europa von der Angst vor dem Fegefeuer. Mit ihren Ablassbriefen konnte man sich von Sünden und damit von den heraufbeschworenen Qualen des Fegefeuers freikaufen. Die Verbindung von Seelsorge und Finanzdienstleistung war ein perfektes Geschäft. Die Kirche verkaufte Ablassbriefe und stopfte so ihre Haushaltslöcher. Der Medici-Papst Leo X. ließ das lukrative Ablassgeschäft ausweiten und finanzierte damit den Bau des Petersdoms. »Sobald die Münz' im Kasten klingt, die Seele aus dem Feuer springt«, so lautet der bekannte Satz des Dominikanermönchs Johann Tetzel. Als dieses Geschäft allmählich absurde Züge annahm, wurden die Menschen skeptisch, und es formierte sich Widerstand. Martin Luther läutete mit seinen 95 Thesen die Reformation ein und bereitete dem Ablasshandel ein Ende. Genau genommen änderte er aber lediglich das Geschäftsmodell. Er verkündete, dass jeder Christ durch wahre Reue und nicht durch Ablassbriefe die Vergebung von Schuld erlangt.

Heute ist es nicht mehr die Angst vor Hölle und Fegefeuer, sondern die Angst vor Migration und demografischer Entwicklung, vor Arbeitslosigkeit, dem Klimawandel oder der Digitalisierung, die zu neuen Geschäftsmodellen führt. Sicherheits- und Rüstungsindustrie, Pharmafirmen, Energieversorger oder Lebensmittelhersteller verdienen genauso daran wie Medienverlage und Internetkonzerne. Sie alle profitieren, indem sie die Ängste vor sich hertragen wie eine Monstranz.

Wenn wir diese Mechanismen durchschauen, können wir endlich die Aufklärung vollenden, deren Bestreben es war, uns Menschen von den Urängsten zu befreien. Der US-Präsident Franklin D. Roosevelt rief 1934 bei seiner ersten Amtseinführung den besorgten Mitbürgern zu: »The only thing we have to fear is fear itself« (Das Einzige, was wir zu fürchten haben, ist die Furcht selbst).

8
WISSEN
Bildung und Kulturgeschichte

Was wir alles nicht wissen[109]

Mein erster Schultag an der Cluny Convent School in Jalahalli
(ich stehe links neben der »Sister«)

Mein erster Schultag war ein Schock. An einem sonnigen Sommertag im Jahr 1964 wurde ich, gemeinsam mit meinem Zwillingsbruder Pierre, an der Cluny Convent School in Jalahalli, nördlich der Stadt Bangalore, abgegeben. Das Schulgebäude, ein schäbiger gelblicher Bau mit einem Wellblechdach, war alles andere als einladend. Zunächst mussten wir Schüler uns auf dem Hof aufstellen, schön geordnet in Reihen. Die Leiterin der Schule begrüßte uns, und während ihrer Rede beobachtete ich, wie meine Mutter zwischen den anderen Eltern am Rande stand, teilnahmslos und dennoch irgendwie nervös.

Es handelte sich um eine staatliche Schule mit Uniformzwang. Hellblaues Hemd und graue kurze Hose. Nach dem Appell gingen wir Kinder in die uns zugewiesenen Klassenräume. Als ich kurz später aus dem Fenster blickte, sah ich, wie meine Mutter im Auto davonfuhr, und mich überkam ein untröstliches Gefühl der Einsamkeit. Mein Bruder, der in einer anderen Bank Platz genommen hatte, schwieg, und an seinem Gesichtsausdruck konnte ich ablesen, dass auch er bedrückt war.

Das karg eingerichtete Klassenzimmer spendete keinen Trost. An den schmutzigen Wänden hingen Buchstaben und Zahlentafeln, die später Teil des Unterrichtsstoffs werden sollten. Über dem Lehrerpult blickte eine kitschige hellblaue Madonnenfigur mit ausgestreckten Armen auf uns herab. Es roch unangenehm nach Schweiß, Schiefertafeln und feuchter Schulkreide. An diesem Tag fühlte ich mich zum ersten Mal in meinem Leben eingesperrt.

Schule war für mich wie ein Gefängnis: Ich durfte mich nicht mehr frei bewegen, sondern musste artig sitzen bleiben, während die Krähen draußen munter auf und ab stolzierten. Warum durfte ich nicht, wie sonst auch, meiner Neugier freien Lauf lassen? Die Klassenlehrerin ermahnte uns, ruhig zu sein, und hielt dabei den erhobenen Zeigefinger vor ihren Mund, während sie ein lautes »Zhzzzzzzzzz« von sich gab. Etwa zwanzig Kinder, die normalerweise herumtollen und schreien würden, saßen nun schweigend im Klassenzimmer und hörten der Lehrerin zu. Ihr Gesicht war glatt und jung, und im Gegensatz zu uns Kindern trug sie keine Uniform, sondern ein buntes Kleid mit Blumenmustern. Mir fiel jedoch sofort ihre Zahnlücke auf. Ihre Vorderzähne hatten exakt in der Mitte einen kleinen Spalt, der ihr jugendlich wirkendes Gesicht verzerrte. Sie lispelte leicht, und ich erinnere mich, dass ich später beim Erlernen der Laute nie genau wusste, ob das Zischen dazugehörte oder nicht. In dieser ersten Unterrichtsstunde wurden wir instruiert aufzuzeigen, bis die Lehrerin uns das Wort erteilte. Sie durfte bestimmen, wer etwas zu sagen hatte und wer nicht. Für jeden Freigeist ist so etwas eine Demütigung – wie können die eigenen Gedanken der Willkür eines anderen unterworfen werden? Mein Gefühl der Ohnmacht verstärkte sich noch, als etwas später die Schulleiterin den Raum betrat. Sie war eine Ordensschwester in weißem Gewand mit Kopfbedeckung, und alleine durch ihr außergewöhnliches Aussehen strahlte sie eine beängstigende Autorität aus. Auf ihrer weißen Brust mahnte ein dunkles Kreuz an eine noch höhere Macht. Wir Schüler mussten aufstehen und im Chor »Good morning, sister!« sagen. Die unterwürfige Art, mit der die Klassenlehrerin plötzlich in den Hintergrund trat, um der weißen Schwester die Bühne zu überlassen, verdeutlichte das streng hierarchische Gefüge dieser Schule. Diese Unterwürfigkeit als Ausdruck der Macht sollte mir später noch häufig begegnen, wenn Ministerialbeamten oder Assistenten ihren Minister oder Chef devot hofierten.

Die Schwester forderte uns auf zu beten! Meine Eltern hatten uns liebevoll erzogen, jedoch ohne jede Spur von Frömmigkeit. Nun musste ich meine Hände zusammenfalten und brav das nachsprechen, was uns vorgebetet wurde. An diesem ersten Schultag zerfiel meine kindliche Welt, die von Freiheit und Offenheit geprägt war. Autorität, Ruhe, Disziplin, Strebsamkeit und Angst sollten mich eine lange Schulkarriere hindurch begleiten, und nichts davon konnte meine Neugier wecken und fördern. Die Notwendigkeit, sich an einem Dienstag um zehn Uhr für Mathematik zu interessieren, um dann eine Stunde später das Deutschbuch aufzuschlagen, hat sich mir bis heute nicht erschlossen. Lernen in einem vorgegebenen Zeitraster tötet jede Leidenschaft, denn diese verlangt nach Freiräumen.

Als die Schulleiterin nach dem Gebet die Klasse verließ,

hieß es wieder aufstehen, und mit unserem lauten »Bye bye, sister!« händigten wir den unsichtbaren Stab der Macht erneut an die Klassenlehrerin aus. Der Unterricht begann, doch ich erinnere mich, wenn ich an diesen Tag denke, vor allem an die vielen Unterweisungen, Regeln und Rituale, die meinen Schulalltag von nun an prägen sollten.

Plötzlich ertönte die Schulglocke. Ich erschrak, als das Schulgebäude schlagartig vom Toben und Schreien der hinausstürmenden Schüler erfüllt wurde. Die aufgestaute Energie in den stillgehaltenen Klassenräumen entlud sich auf dem Schulhof in einem Gewitter von Geschrei und Gerenne. Manche Schüler hasteten wie von Sinnen durch den staubigen Schulhof, schubsten ihre Kommilitonen oder schrien grundlos den Himmel an. Ein paar Minuten später beim erneuten Ertönen der Schulglocke erlosch diese ungebremste Lebendigkeit, und erneut drückte ich wie alle anderen die Schulbank.

Unsere erste Übung bestand im Kritzeln eines Buchstabens auf unserer Schiefertafel, eines »A« oder besser ein »Ääh«, denn in Südindien wurde das englische Alphabet gelehrt: »Ääh, Bii, Cii, Diih …«. Natürlich inspirierte mich die Tafel zum Zeichnen, doch der nasse Schwamm der Lehrerin ertränkte auch diese letzte Freiheit. In der Schule müssen alle dasselbe tun, entweder Zahlen oder Buchstaben malen oder das gleiche Buch an der gleichen Stelle aufschlagen. Mit dieser sinnlosen Synchronität trieb man meine Mitschüler und mich im Laufe der Jahre im Gleichschritt durch die Wissenskontinente der Mathematik, Sprachen oder der Geschichte. Kein Erwachsener würde je auf diese Weise in einem starren Verbund ein Buch lesen oder eine Rechenaufgabe lösen, doch in Schulen verlangen wir, dass die Kinder diesen intellektuellen Grunddienst absolvieren.

Mein Lichtblick an diesem Tag saß schräg vor mir: Lilly! Sie hatte lange geflochtene Zöpfe, die an ihren Enden mit roten Schleifchen zusammengebunden waren. Ihr pechschwarzes Haar glänzte. Lilly warf mir ein offenes Lächeln zu, und diese warmherzige Geste ließ mich die sonderbare Schulwelt um mich herum vergessen. Lilly war mein Strohhalm. Bei Katastrophen, etwa nach einem Flugzeugabsturz oder einem Schiffbruch, beobachtet man häufig unter den zufällig zusammengekommenen Überlebenden eine besonders intensive Bindung. Der extreme Umstand scheint die Überlebenden derartig zusammenzuschweißen, dass manche später sogar heiraten. Vielleicht war es dieses Band äußerer Umstände, das Lilly zu meinem rettenden Anker machten. Meine Mutter erzählte noch Jahre später, dass die einzige Auskunft, die ich über diesen ersten Schultag zu Hause gab, der Satz war: »Lilly is a pretty girl!«

Wegen der vielen Umzüge meiner Eltern zwischen Indien, Luxemburg und Deutschland mussten wir Kinder häufig die Schule wechseln. Jedes Mal bedeutete das, den Lehrstoff aufzuholen oder fremde Sprachen im Eiltempo zu erlernen. Doch an der Grundstruktur änderte sich trotz der unterschiedlichen Schulsysteme nichts. Überall zählten Disziplin, Anpassung, Gehorsam und Fleiß, und jede Schule verlangte von ihren Schülern, dass diese bei den Prüfungen das erlernte Wissen abspulten. Überall wurden die Leistungen benotet und verglichen und verletzten die jungen Seelen in ihrem Selbstwertgefühl. Einige meiner besten Freunde blieben sitzen oder mussten sogar die Schule verlassen, und insgeheim litt ich mit ihnen. Die kreativsten Spielgefährten fielen durch das Raster, weil sie nicht in der Lage waren, sich an das strenge System anzupassen.

Die geforderte Konformität ist kein geeigneter Nährboden für Kreativität, und ich könnte Dutzende Beispiel hierfür aufzählen: Als mein Sohn eines Tages aus der Grundschule nach Hause kam und mir ein selbst gemaltes Naturbild zeigte, las ich am Rand den Kommentar seiner Lehrerin: »Der Himmel ist blau!« Mein Sohn hatte sich für lila entschieden …

Ist es nicht erschreckend, wie viele junge Menschen mit

dem letzten Schultag ihr Mathematik- oder Physikbuch für immer zuschlagen? Wie kann es sein, dass wir in Zeiten des Wandels so sorglos mit der natürlichen Lust am Lernen umgehen? Was mich erschreckt, ist nicht das wenige, das Sie und ich gelernt haben, sondern das viele, das wir wohl versäumten, weil wir im System Schule zwar gelernt, aber nicht wirklich verstanden und verinnerlicht haben.

Etwa fünfzig Jahre nach meinem ersten Schultag wurde ich gebeten, den Hauptvortrag während eines großen Schulleiterkongresses in Düsseldorf zu halten.[110] Mein Vortrag befasste sich mit neuen Wegen der Wissensvermittlung. Der Hörsaal war bis auf den letzten Platz besetzt, und etwa 2500 Schulleiter waren versammelt. Nach einer kurzen Einführung bat ich alle Anwesenden, ihren Namen sowie den der Schule auf einem Blatt zu vermerken. Daraufhin eröffnete ich dem überraschten Publikum, dass ich es nun prüfen wolle. Schließlich hätten die Schulleiter selbst fast zwanzig Jahre lang die Schulbank gedrückt und Seminare an der Uni belegt, und mich würde interessieren, was davon hängen geblieben sei. Meine Fragen seien einfach und hätten einen direkten Alltagsbezug.

Meine erste Frage lautete:

Wie groß muss ein Spiegel sein, damit ich mich ganz darin sehen kann? Hat es vielleicht mit dem Abstand zu tun? Bitte notieren Sie Ihre Antwort auf dem Blatt.

Nach kurzer Bedenkzeit formulierte ich die zweite Frage:

Warum ist es im Winter kalt und im Sommer heiß?

Und weiter ging es mit der dritten Frage:

Wie kommt es, dass aus einem kleinen Samen ein großer Baum wächst? Woher hat der Baum das ganze Material?

Die Stimmung fiel binnen Sekunden auf einen Tiefpunkt, und als ich kurz darauf die ausgefüllten Blätter einsammeln ließ, ging ein Raunen durch den Saal. Ich wollte mit dieser zugegeben unkonventionellen Methode die Teilnehmer für einen Moment in die Gefühlswelt ihrer persönlichen Schulerfahrung zurückversetzen. Eine Welt, in der Lehrer die Klassenarbeiten ihrer Schüler einsammeln, um sie dann, oft nach Wochen, mit rot getränkten Kommentaren zurückzugeben.

»Wie fühlen Sie sich?«, fragte ich in den Raum. »Dieses Gefühl, das Sie momentan erleben, ist beklemmend, oder? Und doch erleben es Ihre Schüler fast täglich. Meinen Sie nicht, wir sollten das ändern?«

Mein unverschämter Test offenbarte Verblüffendes: Lehrer schneiden bei diesen Fragen genauso miserabel ab wie Schüler, Akademiker kaum besser als Menschen ohne höheren Bildungsabschluss; und auch der Vergleich von Jüngeren und Älteren offenbart keine signifikanten Wissensvorsprünge. Wir alle versagen beim Beantworten simpler Alltagsfragen. Obwohl gleich mehrmals im Unterricht von der »Photosynthese« die Rede war, fehlt uns das wirkliche Verständnis.

Dass ein Baum sein »Baumaterial« vorwiegend aus der Luft bezieht – der Kohlenstoff des Holzes stammt aus dem Kohlendioxid der Luft –, ist den Allermeisten trotz aller Biologielektionen und Prüfungen genauso fremd wie der Grund für unterschiedliche Jahreszeiten. Die hängen mit der Neigung unserer Erdachse zusammen: Auf der Halbkugel, die Richtung Sonne zeigt, herrscht Sommer, während auf der anderen Halbkugel bedingt durch die geneigte Erdachse das Sonnenlicht schräger einfällt und so zu niedrigeren Temperaturen führt. Auf der sonnenabgewandten Seite unseres Erdballs herrscht daher Winter. Da die Erdachse ihre Neigung beim Lauf um die Sonne wie ein Kreisel beibehält, kehren sich die Jahreszeiten also ein halbes Jahr später um.

Auch die Spiegelfrage illustriert, wie wenig vom Schulwissen übrig bleibt. Auch Sie mussten die Abbildungsgesetze der Physik abspulen: »Einfallswinkel gleich Ausfallswinkel« etc. Doch bei der Übertragung ins richtige Leben versagt das System, obwohl wir jeden Abend beim Zähneputzen in den Badezimmerspiegel blicken. Damit Sie sich ganz darin sehen können, muss der Spiegel *exakt halb so groß* sein wie Sie selbst. (Ich weiß, dass jetzt einige von Ihnen zweifeln und vielleicht behaupten, das Ganze habe doch auch mit dem Abstand zu tun. Probieren Sie es aus, wenn Sie zweifeln! Sie werden sich danach garantiert ein Leben lang daran erinnern.)

Wie kann es also sein, dass unsere Schulbildung selbst bei solch simplen Fragestellungen versagt? Ein Grund liegt meines Erachtens im feinen Unterschied zwischen Lern- und Leistungsorientierung.

Bei der *Leistungsorientierung* geht es vorwiegend um das Sammeln möglichst guter Schulnoten. Man lernt mit dem Ziel eines guten Abschlusses, um somit auch Zugang zu weiteren Ausbildungsgängen zu erhalten. Der Stoff wird kurzfristig im Zwischenspeicher geparkt, und nach der Prüfung vergessen wir schnell, worum es dabei ging. Das standardisierte Abfragen zielt lediglich auf das Reproduzieren des Schulstoffs, jedoch nicht auf das wirkliche Verständnis. Hauptsache, die Noten stimmen.

Lernorientierung hingegen begreift Bildung als wirkliche Lebensbereicherung und setzt auf die Übertragung des Erlernten in den eigenen Alltag. Ein großartiger Lehrer fragte meine Tochter einmal: »Schau aus dem Fenster: Wo überall kannst du da draußen Mathematik erkennen?« Diese völlig andere Haltung macht uns zu Entdeckern und fördert die natürliche Neugier, die jedes Kind ohnehin besitzt.

Ich erinnere mich selbst an einen außergewöhnlichen Lehrer, der uns Schülern mit größter Hingabe die Lust auf elektronische Schaltungen vermittelte. Bei einer Gelegenheit fragte ich ihn, warum man bei bestimmten Kondensatoren auf die Polarität achten müsse. Seine Antwort war lapidar: »Versuch's doch mal mit der falschen Polung!« Kurz darauf gab es einen lauten Knall. Das Bauteil war explodiert, und die Splitter hatten sich im Raum verteilt. Er blickte mich grinsend an: »Jetzt hast du es verstanden … und mach bitte die Sauerei weg!« Seine Lektion wirkte, denn er hatte mich ermutigt, selbst zu entdecken und die Dinge selbst auszuprobieren.

Wie prägend dieser Lehrer war, zeigte sich viele Jahre später, als während eines Schuljubiläums ehemalige Schüler darum gebeten wurden, einen knappen Text für die Festschrift zu verfassen. Gleich ein Dutzend erwähnten in ihren Artikeln diesen Lehrer und schwärmten von seiner so unkonventionellen Vermittlungsmethode. Einige hatten den Kontakt zu ihm nie abbrechen lassen und schätzten seinen Rat auch Jahre später noch. Dieser Lehrer war ein respektierter Freund und kein Richter.

Bildung ist immens wichtig, vielleicht wichtiger als je zuvor. Doch während sich unsere Welt ins 21. Jahrhundert katapultiert, verharrt unser Bildungssystem in den Mustern des 19. Jahrhunderts. Noch immer ignorieren wir die elementaren Erkenntnisse der Lernforschung und verlangen Konformität, anstatt die Kreativität des Einzelnen zu fördern. Es werden nationale Bildungsstandards aufgestellt und jede Woche neue Vergleichstests erfunden, doch das Prüfen an sich hilft nichts, wenn wir nicht unsere Haltung zur Schule überdenken. Eine Anstalt, die ursprünglich willige Beamte für den späteren Dienst heranzüchten sollte, ist schlichtweg ungeeignet, wenn es um die Anforderungen unserer Zukunft geht.

Trotz eindeutiger Hinweise und internationaler Vergleiche schaffen wir es hierzulande nicht einmal, die Bildung gerechter zu gestalten. In Deutschland gibt es immer noch einen bedauerlichen Zusammenhang zwischen sozialer Herkunft und der Bildungsbiografie eines Schülers. Allein die Sorge um die Einstufung für die weiterführende Schule macht bereits den Besuch der Grundschule zu einem Spießrutenlauf für Kinder, Eltern und Lehrer. Doch wann erkennen wir, wie gefährlich diese frühe Aufteilung ist? Unsere maroden Schulbauten sind ein trauriger Beweis dafür, dass

Bildung offenbar nicht den Stellenwert genießt, den sie angesichts einer Welt im Wandel haben sollte. Der Sanierungsbedarf an deutschen Schulen belief sich 2016 auf 34 Milliarden Euro![111] Doch es passiert zu wenig, und so muten wir unseren lernenden Kindern undichte Fenster, defekte Heizungen und Schimmel an den Wänden zu.

Während Politiker das Thema Bildung gerne vor den Wahlen aufgreifen, um es danach getrost wieder zu vergessen, oder in nie enden wollenden Debatten über die Zuständigkeiten von Bund und Ländern streiten, ist auf der anderen Seite des Atlantiks längst eine andere Praxis der Wissensvermittlung entstanden.

Im Sommer 2004 half der damals 28-jährige Salman Khan seiner Cousine Nadia.[112] Nadia lebte in New Orleans und hatte Verständnisprobleme in Mathematik. Salman Kahn, der kurz zuvor seinen Master in Computerwissenschaften und Elektrotechnik am MIT absolviert hatte und inzwischen für den Hedgefonds Wohl Capital Management in Boston arbeitete, entwarf eine kleine Website für seine Cousine. So kam Nadia trotz mehr als 2000 Kilometern Entfernung in den Genuss eines besonderen Nachhilfekurses. Salman besitzt ein großes didaktisches Talent. Mithilfe eines einfachen Messenger-Programms produzierte er zunächst kleine Online-Sequenzen mit Erklärungen und Aufgaben für Nadia. Mit ruhiger Stimme vermittelte er ihr das Bruchrechnen, lotste sie durch die Tiefen der Suche nach dem kleinsten gemeinsamen Nenner, erklärte ihr die kleinen Tricks beim Kürzen von Brüchen oder das Geheimnis der Primfaktorzerlegung.[113]

Als Nadias Leistungen sich deutlich besserten, verfolgten auch ihre jüngeren Brüder Arman und Ali die Online-Nachhilfestunden ihres Cousins. Sal Khan erweiterte seine Website, kaufte sich ein Tablet und verwandelte den Bildschirm in eine belebte Tafel, auf der er den mathematischen Schulstoff Schritt für Schritt einer wachsenden Schülerschar erläuterte. Am 16.

November 2006 postete er sein erstes Video. Als er realisierte, dass seine Unterrichtseinheiten von immer mehr Schülern und Studenten angesehen wurden, kündigte er seinen Job und schuf eine neue Welt von Online-Tutorials. Inzwischen nutzen zehn Millionen Schüler weltweit den kostenlosen Nachhilfeunterricht, und sie können hierbei auf über dreitausend Videos zugreifen. Khan und sein Team entwickeln die Lernplattform kontinuierlich weiter. Personalisierte Lernpläne mit Aufgaben und Tests ermöglichen ganz individuelles Lernen. Im Unterschied zum starren Frontalunterricht wird dabei auch das Lerntempo des Einzelnen berücksichtigt. Khan wies nach, dass vor allem schwache Schüler ihre Leistungen durch die Tutorials deutlich verbessern können.

Das starre Zeitraster von Stundenplänen löst sich auf, denn jeder kann selbst entscheiden, ob er sich an diesem Tag länger auf das Lösen mathematischer Aufgaben konzentriert, um sich dann später dem Geschichtsunterricht zu widmen. Der Lernplan wird zwar vorgegeben, doch jeder Schüler kann dabei seinen individuellen Weg gehen. Durch kleine Tests bekommt der Lernende ein ständiges Feedback über seinen eigenen Wissensstand. Aus dem Gleichschritt des Klassenzimmers entsteht eine individuelle Lernbiografie. Die Plattform wird inzwischen auch in einigen Schulen eingesetzt. Die Aufgabe des Lehrers verändert sich hierdurch: Normalerweise muss er den größten Teil seiner Zeit in die Vermittlung des Unterrichtsstoffs investieren, doch nun kann er sich verstärkt einzelnen Schülern widmen. Aus dem Wissensvermittler wird ein Begleiter.

Die Khan Academy zählt zu den erfolgreichsten kostenlosen Online-Lernplattformen weltweit.[114] Milliardäre wie Bill Gates, aber auch viele Firmen und Einzelpersonen unterstützen mit großzügigen Spenden den Ausbau dieser Onlineschule. Mit einem wachsenden Stab von Programmierern, Lehrern und Datenanalysten wird jede Unterrichtsstunde ausgewertet und optimiert. Dieser lebendige usch ist eine Revolution im Bildungssystem, denn in isten Schulen fehlt dieser wichtige Dialog. Lehrer erur selten ein kompetentes und kritisches Feedback anderer Kollegen. Diese Einsamkeit des Lehrers aber löst sich zunehmend auf.

Inzwischen schießen immer mehr solcher Lernplattformen aus dem Boden: 2012 gründeten die Eliteuniversitäten Harvard und MIT die Onlineplattform edX.[115] Es handelt sich um einen sogenannten MOOC (Massive Open Online Course). Hierbei kombiniert man Videos der Vorlesung mit Lesematerialien und offenen Foren, in denen sich die Lernenden austauschen können. Bereits im ersten Jahr von edX schrieben sich 155 000 Studenten ein – mehr als alle MIT-Studenten in der hundertfünfzigjährigen Geschichte dieser Hochschule zusammengerechnet! Zunehmend beteiligen sich weitere namhafte Universitäten an der Plattform: die Universität in Berkley, die TU Delft, die Sorbonne in Paris, die ETH Zürich oder die RWTH Aachen.

Das Curriculum von edX umfasst über 1300 Kurse, und in den virtuellen Klassenräumen tauschen sich Studenten aus Brasilien, den USA, Indien oder Südkorea aus, bilden Lerngruppen und besprechen in Skype-Konferenzen den Lehrstoff. In dieser größten virtuellen Universität der Menschheitsgeschichte kann man den besten Experten im Unterricht folgen. Onlinebildung ist global, und an einem einzigen virtuellen Kurs zu Genetik, Makroökonomie oder zur Geschichte der Londoner Choleraepidemie von 1854 nehmen Zehntausende Studenten aus allen Kontinenten teil. Gerade für Entwicklungsländer sind Plattformen wie edX eine großartige Chance, denn hierdurch können auch ärmere Studenten ihren Wissenshunger stillen. Inzwischen sind weitere virtuelle Universitäten entstanden wie Coursera, Udacity, NovoEd und viele andere.

Wikipedia ersetzte einst die klassischen Nachschlagewerke und wurde zur größten kostenlosen Enzyklopädie der Welt.

Onlineschulen und -universitäten haben ein ähnliches Potenzial, indem sie den Zugang zu Bildung global ermöglichen.

Natürlich kann kein Bildschirm das soziale Miteinander einer Klassengemeinschaft ersetzen, und es wäre absurd, Schulgebäude abzureißen, um in Zukunft nur noch getrennt voneinander in virtuellen Klassenzimmern zu sitzen. Doch auch unsere Schulen werden sich wandeln müssen. Ein Lehrer, dessen Unterricht in der gesamten Welt verfolgt werden kann, verlässt den geschützten Raum des Klassenzimmers. Sein Vermittlungstalent wird auf die Probe gestellt, denn draußen gibt es Konkurrenz. Die Onlinekurse und die unzähligen Video-Tutorials bringen erstaunliche Talente zum Vorschein. Manche Onlinelehrer sind großartig, obwohl sie selbst noch Schüler sind. Es gibt Kinder und Jugendliche, die in kurzen Sequenzen ihren Mitschülern Mathematik- oder Physikstoff erläutern, und ihre frische und unkonventionelle Art der Vermittlung ist einfach hinreißend. Das Internet bietet eine Chance für gute Lehrer, denn sie können den Radius ihres Wirkens enorm vergrößern.

In freien Stunden verfolge ich manchmal Universitätsvorlesungen im Netz und könnte süchtig werden nach dem Charisma einiger Professoren. In einem Fall, es handelte sich um einen Computerkurs an der Stanford University, folgte ich den Ausführungen von Mehran Sahami.[116] Nie zuvor hatte ich einen so lebendigen Kurs über Programmiermethoden erlebt, und ich staunte über die Leichtigkeit und Klarheit, mit der Mehran sperrigste Inhalte vermittelt. Zwischendurch warf Mehran seinen Studenten Süßigkeiten zu. Ich schrieb ihm und forderte ihn auf, doch auch virtuell Süßigkeiten zu verteilen, denn dort draußen säßen doch weit mehr Studenten als in seinem Vorlesungssaal. Prompt kam seine Antwort: ein virtuelles »Bonbon«!

Schule ist nicht der einzige Lernort: Museen, Science Center, FabLabs und Repair-Cafés haben große Potenziale. Seit 2007 findet alle zwei Jahre in Hannover die sogenannte IdeenExpo statt: Für neun Tage verwandelt sich das Messegelände der Stadt in das größte Klassenzimmer Europas.[117] Bei diesem Jugend-Event für Naturwissenschaften und Technik erhalten Schulklassen mit ihren Lehrern einen lebendigen Einblick in mögliche Berufsfelder. Es gibt unzählige Mitmachstationen, Wettbewerbe, Exponate, Workshops, Wissensshows, Diskussionen und Science Slams. Universitäten, Verbände, Unternehmen und Schulen engagieren sich bei diesem gemeinsamen Projekt. Auch ich habe von Beginn an diese unkonventionelle Lerninitiative aktiv unterstützt und erlebe hautnah, wie groß der Wissenshunger junger Menschen ist. Für Lehrer ist diese Veranstaltung ein Füllhorn an Inspirationen, denn sie sind überrascht, mit wie viel Spaß und Hingabe ihre Schüler außerhalb des Klassenzimmers Dinge ausprobieren und Inhalte aufsaugen. Fünftklässler bauen zum ersten Mal in ihrem Leben kleine Schaltungen zusammen, programmieren spielend Roboter oder schreiben ihr erstes Computerprogramm und erleben dabei das begeisternde Gefühl, selbst etwas zu schaffen. Hier kann man alles ausprobieren, vom Schmieden eines Türgriffs bis hin zum Experimentieren mit einem 3-D-Drucker, und ich frage mich immer wieder, warum es nicht mehr solcher übergreifender Hands-on-Projekte gibt. Die Resonanz auf die IdeenExpo belegt jedenfalls, wie groß das Bedürfnis nach solchen alternativen Lernangeboten ist. 2017 zählte man in nur neun Tagen 360 000 Besucher!

Bei aller berechtigten Euphorie über solche Projekte, im System Schule zeigt sich ein bedenklicher Trend: Unsere Bildung sollte frei und unabhängig von ökonomischen Interessen sein, doch Konzerne wie Google, Microsoft oder Apple erobern inzwischen mit Laptops und Software die Klassenzimmer. 2012 wurde bekannt, dass Firmen von der Onlineplattform Coursera gegen Bezahlung Informationen über gut abschneidende Absolventen erhielten.[118] Unser Verständnis von Bildung könnte sich also von der kritischen und unabhängigen Lehre hin zu einem Training und Anwerben zukünftiger Arbeitskräfte wandeln.

Öffentliche Schulen sollten, wie ich finde, mündige und kritische Bürger hervorbringen und nicht willige Arbeitnehmer. Der eklatante Geldmangel im Bildungssektor öffnet Tür und Tor für andere Interessengruppen. Schulen werden in die Abhängigkeit von wirtschaftlichen Fördervereinen getrieben, und Hochschulinstitute können sich zunehmend nur noch mit Drittmitteln aus der Industrie finanzieren. Zwischen 1995 und 2012 hat sich der Anteil der Drittmittel an den Hochschulfinanzen von 13,6 auf 29,2 Prozent mehr als verdoppelt. Rund ein Fünftel davon kam aus der Wirtschaft.[119] Durch Stiftungsprofessuren, immer mehr Wirtschaftsvertreter in Hochschulräten oder Kooperationsverträge zwischen Universitäten und Industrieunternehmen vergrößert sich diese Abhängigkeit weiter. Bei der Auswahl ihrer Forschungsprojekte berücksichtigen Hochschulen immer stärker Themen, die drittmitteltauglich sind.

Der kritische Geist der Hochschulen droht durch die ökonomischen Kategorien der Rankings und Credit Points und angesichts einer wachsenden Zahl privater Hochschulen geschwächt zu werden. Zwar werden unsere Hochschulen hierzulande noch immer überwiegend öffentlich gefördert, doch ihre zentrale Rolle als Nährboden auch kritischer gesellschaftlicher Debatten darf nicht beschnitten werden.

Bildung ist mehr als die Aneignung von Kompetenzen, sie lässt uns reifen und bereichert unser Leben. Das Ziel jeder Schule sollten daher selbstständige, reflektierte und selbstbewusste junge Menschen sein. Gerade in Zeiten des Wandels wird das Lernen zu einem kontinuierlichen Prozess, der uns ein Leben lang begleitet. Unsere Zukunft wird, wie nie zuvor in der Geschichte, von der Lernfähigkeit unserer Gesellschaft geprägt. Wie keine Generation vor uns verfügen wir dabei über neue und aufregende Zugänge, mit denen wir unseren Wissenshorizont erweitern können. Wir müssen uns endlich von der Schulform verabschieden, die wir selbst erlebt haben, denn wir befinden uns mitten in einer globalen Bildungsrevolution.

Unser Bestreben, mehr zu verstehen[120]

Meine Kinder gehören zur Generation der »Digital Natives«. Sie sind aufgewachsen mit all den Annehmlichkeiten einer modernen Digitalwelt; mit Internetanschluss, mit Navigationsgeräten, mit ewig bereiten Smartphones und mit der seltsamen Vorstellung, dass das Internet auf jede Frage eine passende App bereithält. Sie zählen zur »Daumengeneration« und befragen damit ihre Bildschirme oder kontaktieren ihre Freunde. Ihre Welt ist die Welt von Skype, Facebook, WhatsApp, YouTube, Wikipedia oder Spotify, und den meisten von ihnen ist nicht bewusst, dass ihre Welt noch sehr jung ist, noch nicht einmal zwanzig Jahre alt. Erinnern wir uns: 2003 startete Skype, 2004 begann die Ära Facebook, ein Jahr später gründeten Steve Chen und seine Kollegen YouTube, und der Musikteildienst Spotify ging erst 2006 online. Nirgendwo sonst ist der immense Fortschritt so sichtbar wie in der Technik, die diese Generation prägt. Neues ersetzt Altes, so wie Computer, die schon nach wenigen Jahren beim Erscheinen einer neuen Software ausgemustert werden, weil sie inkompatibel sind. Ist unsere Vergangenheit womöglich ebenfalls inkompatibel mit der Zukunft?

Wie anders unsere Welt geworden ist, wurde meiner Tochter bewusst, als sie einen alten Schallplattenspieler auf dem Flohmarkt erwarb. Während man heute mit einer einfachen Wischgeste den nächsten Musiktitel abspielt, entdeckte sie, dass es eine Zeit gab, als Menschen Schallplatten aus der Hülle nahmen, sie reinigten und auflegten, um sie dann mit gebotener Vorsicht abzuspielen. Das Knistern und Zischen, die sorgsame Pflege der empfindlichen Nadel des Tonabnehmers oder die Unmöglichkeit des schnellen Wechsels von einem Track zum nächsten machten sie nachdenklich, doch irgendwie fand sie auch Gefallen an diesem Zelebrieren des Musikhörens und an der Langsamkeit dieses Prozesses.

Unsere Kultur hat sich im Zeitalter von Downloads, Updates und Fernbedienungen fundamental gewandelt. Jeder von uns konstatiert, wie rasend schnell das Bewusstsein für Vergangenes schwindet. Der Rechenschieber oder die Logarithmentafel meiner Schulzeit wirken auf die heutige Schülergeneration genauso rätselhaft wie die Tatsache, dass es in bestimmten Regionen dieser Welt bis vor Kurzem nicht einmal verlässliche Landkarten gab. Erkenntnis ist das Ergebnis eines langen, aufregenden und manchmal beschwerlichen Prozesses. Der Blick in unsere Vergangenheit offenbart, wie die Generationen vor uns nach einer Antwort auf Fragen suchten, die auch wir uns heute stellen.

Beim Betreten von Museen und Archiven machen wir eine Zeitreise, die stets in unserer Gegenwart endet. Anhand einiger Exponate des Mathematisch-Physikalischen Salons im Dresdner Zwinger möchte ich Ihnen darlegen, wie Vergangenheit, Gegenwart und Zukunft miteinander verbunden sind.

Die glänzenden Astrolabien, Armillarsphären, die prächtigen Himmelsgloben und die wunderschönen alten Messinguhren, sie erzählen uns ihre und auch unsere Geschichte. Die Exponate dieser Sammlung stecken voller Erfindungsreichtum und Liebe zum Detail, und wer sich genauer mit ihnen befasst, erkennt ihre Genialität. Sie erzählen uns vom leidenschaftlichen Wissensdrang unserer Vorfahren, von einer Zeit, in der die Erde noch Mittelpunkt des Universums war und die Wissbegierigen gerade erst damit begannen, unsere Welt zu vermessen.

Die Tatsache, dass Kurfürst August und seine Nachfolger seit 1560 wissenschaftliche Instrumente, astronomische Geräte und jede Menge feinmechanischer Apparate in der Kunstkammer sammelten, die dann 1728 unter August dem

Starken im Zwinger als das »Königliche Cabinet der mathematischen und physikalischen Instrumente« zu einem eigenständigen Museum wurden, gibt uns die einzigartige Chance, die Entwicklungen dieser Disziplinen genau zu verfolgen. Schon im ersten Inventar, das 1587 nach dem Tod des Kurfürsten erstellt wurde, finden sich etwa hunderttausend Exponate, darunter 450 wissenschaftliche Instrumente.

Eines dieser Objekte hat es mir besonders angetan: einer der ältesten erhaltenen Himmelsgloben aus dem späten 13. Jahrhundert. Er stammt höchstwahrscheinlich aus dem Maragha-Observatorium, gelegen im heutigen Nordiran. Der Globus zeigt 48 Sternbilder und etwa 1000 Sterne. Auf seiner Messingoberfläche findet sich der Name *Muhammad,* Sohn des Astronomen Mu'ayyad al-Din al-'Urdi. Urdi entwickelte damals ein mathematisches Modell, mit dem der Lauf der Planeten sehr viel genauer erfasst werden konnte als im bis dahin gängigen Ptolemäischen System. Das Erstaunliche dabei: Urdi ging von einem geozentrischen Modell aus, doch seine Interpretation war ein fundamentaler Durchbruch. Mathematisch gesehen entsprach seine Berechnung dem Ansatz des Nikolaus Kopernikus, der 1543 mit seinem Buch »De Revolutionibus Orbium Coelestium« die nach ihm benannte kopernikanische Wende einleitete.

Wenn heute im schwelenden Konflikt zwischen der christlichen und islamischen Welt Aussagen wie »die Achse des Bösen« fallen, lohnt sich der genaue Blick auf die Sterne. Inmitten der griechisch-lateinischen Konstellationen Orion, Cygnus (Schwan), Ursa Major (Großer Bär) oder Aquila (Adler) leuchten helle Sterne mit arabischen Namen wie Aldebaran, Algol, Altair, Deneb oder Rigel. Die Botschaft dieser alten Himmelskarten und Globen beschenkt uns mit Hoffnung und sollte uns Vorbild sein, denn über uns leuchten zwei Kulturen in friedlicher Gemeinsamkeit.

Unweit von Urdis Globus befindet sich ein anderer Globus, im Jahr 1515 gefertigt von Johann Schöner aus Bamberg. Dargestellt ist unsere Erde oder besser das, was man von ihr zu dieser Zeit wusste. Vier Jahre später sticht Ferdinand Magellan mit einer gut ausgestatteten Flotte von fünf Schiffen von Sevilla aus in See. Auf der Suche nach dem Paso, der Durchfahrt zu den Gewürzinseln, wird er als erster Europäer den Pazifik erreichen und unseren Planeten umsegeln. Der Globus von Johann Schöner weiß noch nichts von dieser historischen Entdeckungsreise; der Pazifik wurde noch nicht bereist, und die amerikanische Westküste war gänzlich unbekannt. Durch die Betrachtung der Globen nehmen wir Teil an diesen großen Entdeckungen, und jedes einzelne Objekt markiert eine wichtige Etappe auf unserem Weg der Erkenntnis.

Auf dem Globus von Johannes Praetorius, gefertigt in Nürnberg 1568, etwa verläuft der Nullmeridian noch durch Madeira. Wir können erleben, wie sich die Zentren der Macht verschieben. 1718 gewinnt Paris als Nabel der Welt, bis die Nulllinie dann ab 1738 endgültig durch Greenwich läuft.

Die Vermessung der Welt hat großen Einfluss auf die wechselnde Macht der Nationen. Diese wissenschaftlichen Instrumente bringen nicht nur Licht in das Dunkel der Welt, sondern ihr Gebrauch verhilft manchen Ländern zum Aufstieg und bringt ihnen Reichtum und Ruhm ein. So, wie Portugal und Spanien einst durch den Kompass zu Weltmächten wurden, so sind es heute die digitalen Serverfarmen und Plattformen, die erneut den Schwerpunkt der Welt verschieben. Die Kernbotschaft dieser alten Unikate ist essenziell: Auch unsere heutige Weltordnung unterliegt dem Wandel, denn große Imperien gehen unter und machen anderen Platz.

Im Nachbarraum erzählt eine Kolbenvakuumpumpe eine weitere Geschichte: Einer der vier Bürgermeister der Alten Stadt Magdeburg, Otto von Guericke, befasste sich intensiv mit der neuen Technik von Pumpen. 1649 erfindet er die Kolbenvakuumpumpe und gilt seitdem als Begründer der Vakuumtechnik. Wir alle kennen seinen bekannten Versuch mit den Magdeburger Halbkugeln, den er 1654 auf dem Reichstag zu Regensburg in Anwesenheit von Kaiser Ferdinand III. einem staunenden Publikum vorführte. Sein Experiment hatte weitreichende philosophische Konsequenzen.

Das gläubige Europa fürchtete sich vor dem Nichts, dem Leeren. Auch Aristoteles und die platonische Schule lehnten es ab, an das Nicht-Seiende zu glauben. Diese prinzipielle Ablehnung spiegelte sich im Begriff des »Horror vacui«. Das Nichts konnte und durfte es nicht geben, denn Gott war überall. Das zeigt sich selbst im römischen Zahlensystem, denn hier gibt es kein Symbol für die Null, die Europa erst mit den arabischen Ziffern erreichte. Auch der Raum zwischen den Sternen konnte nicht leer sein, er war der Vorstellung nach erfüllt von geheimnisvollem Äther.

Und jetzt wagt also einer, den abgeschlossenen Raum leer zu pumpen, und begeht damit einen historischen Tabubruch. Der äußere Luftdruck presst, wie wir heute wissen, die evakuierten Kugeln zusammen. Mit seinem gewagten Versuch belegte Guericke also die Existenz des Luftdrucks, und die Angst vor dem »Horror vacui« löste sich auf! Mitte des 17. Jahrhunderts waren Experimente und Vorführungen mit der Vakuumpumpe zentraler Bestandteil der neu gegründeten wissenschaftlichen Akademien in London und Paris.

Solche elementaren Fragen scheinen uns bis heute zu verunsichern: Als der große Ringbeschleuniger am europäischen Forschungslabor CERN seinen Betrieb aufnahm, befürchtete man die Entstehung eines schwarzen Lochs.

Verpasste Chancen

Auch die aktuelle Frage nach Innovationsstandorten im globalen Wettbewerb ist nicht neu: Mit der Erfindung der Vakuumpumpe war Otto von Guericke aus heutiger Sicht ganz nah an die Erforschung und Formulierung der idealen Gasgleichungen herangekommen, also der festen Beziehung zwischen Druck, Volumen und Temperatur eines Gases. Technisch wäre dies mit dem damaligen Instrumentarium möglich und naheliegend gewesen. Doch es war der Ire Robert Boyle, der 1662 diesen fundamentalen Zusammenhang erkannte und jedem Physikstudenten bis heute durch das Boyle-Mariottsche Gesetz bekannt ist – warum aber nicht der Mann aus Sachsen? In Sachsen besaß man ein überwältigendes Arsenal an für die damalige Zeit modernen Instrumenten, doch es fehlte der letzte Wille zur weiteren Erforschung; die Kraft, das Rad der Erkenntnis weiterzudrehen. Wir stoßen hier auf einen bis heute wesentlichen Faktor: die Förderung des wissenschaftlichen Standorts. Die Royal Society in London und die Académie des sciences in Paris – beides staatliche Wissenschaftsakademien – wurden zum Nährboden der klugen Köpfe. Dort hatte man mit beachtlicher staatlicher Förderung ein besseres Wissenschaftsmanagement etabliert. Der Sonnenkönig Ludwig XIV. höchstpersönlich wohnte mit seinem herausragenden Wirtschaftsminister Colbert der Gründung der französischen Wissenschaftsakademie im Jahre 1666 bei. Diese nationale Anstrengung und klare Priorisierung verlieh der damals noch jungen Wissenschaft in Frankreich Gewicht und Autorität. Deutschland hingegen war in dieser Phase in Kleinstaaten zersplittert.

Gute Wissenschaft braucht Instrumente, technische Fertigkeiten, Handwerker, die mit Sorgfalt neue Apparate konstruieren; doch sie braucht auch den kreativen Geist, die Atmosphäre der offenen Auseinandersetzung und eine geschützte Freiheit, um sich entfalten zu können. Das Motto der jungen Royal Society lautete: »Nullius in verba« (nach niemandes Worten). Wissenschaftliche Zusammenhänge werden durch das Experiment aufgedeckt und nicht durch Konformität. Genau darin aber unterschied sich das damalige Deutschland von Frankreich und England. Kein einziges der damaligen Gasgesetze wurde in Deutschland formuliert!

Über dreihundert Jahre später, als es um den Sprung dieses Landes in die neue Welt des Internets ging, fehlte es wieder an staatlicher Einsicht und Unterstützung. Die »Datenautobahn« wurde von den hiesigen Verantwortlichen sträflich ignoriert. (Auf die Frage, was er in Sachen »Datenautobahn« zu tun gedenke, antwortete der damalige Bundeskanzler Helmut Kohl: »Für den Bau von Autobahnen sind neben dem Bund hauptsächlich die Länder zuständig!«) Ich erinnere mich, dass ich, gemeinsam mit anderen Wissenschaftsjournalisten, 1994 während einer Veranstaltung der Wissenschaftspressekonferenz in Bonn den damals verantwortlichen Forschungsminister aufforderte, sich doch für den Ausbau des Internets einzusetzen. »Nutzen Sie doch E-Mail, das wäre zumindest ein Signal!« Der Minister schüttelte den Kopf.

In den USA hingegen erkannte die Politik schon früh das Potenzial des Internets: Vizepräsident Al Gore setzte sich mit großem Elan für den *Information Superhighway* ein. Bereits 1991, damals war er Senator, initiierte er den *High Performance Computing Act*[121], dem weitere Initiativen folgten. Er organisierte Konferenzen, brachte die entscheidenden Player zusammen, und am 11. Januar 1994 erklärte er in einer Rede an der Universität von Kalifornien: »Wir haben einen Traum ... für einen Information Superhighway, der Leben retten kann, neue Arbeitsplätze fördern wird und jedem Amerikaner, egal ob jung oder alt, die Chance auf die beste Ausbildung überhaupt geben wird.«

Die wissenschaftlichen Kunstwerke des Mathematisch-Physikalischen Salons entfalten ihre Magie erst auf den zweiten Blick, denn hinter den reich verzierten Ornamenten aus Messing und Gold verbirgt sich unsere tiefe Sehnsucht, die Welt, die uns umgibt, zu begreifen. Erinnern Sie sich noch einmal an den Globus von Johann Schöner aus Bamberg, den ich anfangs erwähnte. Die Konturen der irdischen Kontinente waren anno 1515 nur bruchstückhaft bekannt oder gänzlich unbekannt. Hierin liegt eine berührende Parallele zwischen der damaligen und der heutigen Zeit. Heute senden wir Teleskope ins All und stellen dieselben Fragen wie damals: Wie ist die Beschaffenheit der Materie, wie die Struktur des Weltraums, und welche Rolle spielen wir in dieser Welt?

Diese Objekte haben Schritt für Schritt unsere Welt verändert und sie zu derjenigen gemacht, die wir heute vorfinden. Selbst bei den Handy-Apps meiner Tochter findet sich diese stille Verbindung zu den verzierten Messingapparaten der Vergangenheit. Diese Kenntnis unserer Vergangenheit verleiht uns eine fast göttliche Perspektive, denn wir betrachten die historischen Instrumente und Entdeckungen im Wissen darum, worin sie in unserer Gegenwart gemündet sind. Das weckt in uns den Wunsch, auch die Welt, die auf uns zukommt, besser zu begreifen.

Würden wir die Bücher vermissen?[122]

In seinem Buch »Blackout« beschreibt der Autor Marc Elsberg die katastrophalen Auswirkungen eines großflächigen Stromausfalls in Europa. Offen gesagt, dachte ich nach der Lektüre einen Moment darüber nach, ob wir uns zu Hause ein kleines Notstromaggregat anschaffen sollten. Der Technothriller beschreibt in einer spannenden Story, wie abhängig wir alle inzwischen von Strom, Telefon oder Internet sind. So abhängig, dass ein Ausfall dieser Infrastruktur für uns alle existenziell wäre. Man erkennt also schnell die Notwendigkeit, für den Fall eines Blackouts ausgefeilte Notfallpläne und Back-up-Lösungen bereitzuhalten.

So, wie der Roman jedem Laien die Verletzbarkeit unserer Industriegesellschaft vor Augen führt, müsste auf ähnliche Weise eine Story über den drohenden Verlust unserer Kulturgüter geschrieben werden. Sind wir auf das allmähliche Verschwinden unserer Kulturgüter und damit auf einen kulturellen Blackout vorbereitet?

Mitte der Sechzigerjahre wurde in Ägypten der Assuan-Staudamm gebaut. Er drohte den Tempel von Abu Simbel, das steinerne Zeugnis der göttlichen Macht des Pharaos Ramses II., zu überschwemmen. Der Staudamm versprach Fortschritt, und dieser sollte nicht durch jahrtausendealte Steinfiguren ausgebremst werden. Damals ging ein Aufschrei durch die Welt, und die UNESCO mahnte den Erhalt des Sonnenwunders an. In vielen Ländern fand der Appell Gehör; das Ergebnis kennen wir: eine groß angelegte Versetzung des Tempels. Verschiedene internationale Ingenieurbüros und Baufirmen, zum Beispiel Hochtief aus Essen, waren daran beteiligt, den Tempel in 1036 Blöcke zu zerteilen und an einer 65 Meter höher gelegenen Stelle wieder aufzubauen. Dieser spektakuläre Umzug stieß auf weltweite Aufmerksamkeit. Die Erhaltung dieses Stücks Menschheitsgeschichte war der Welt etwas wert. Konkret beliefen sich die damaligen »Umzugskosten« von Abu Simbel auf ca. 80 Millionen US-Dollar, das entspräche heute etwa 620 Millionen US-Dollar. Als die gerettete Anlage eröffnet wurde, war ein kollektives Gefühl von Genugtuung, vielleicht sogar von Stolz zu spüren. Obwohl ich erst neun Jahre alt war, erinnere ich mich gut an die Begeisterung meiner Eltern, die das Großprojekt im Detail verfolgten.

Auch der Wiederaufbau der 2004 abgebrannten Herzogin Anna Amalia Bibliothek in Weimar beschenkte unser Land mit diesem Gefühl gemeinsamer Wertschätzung. Leider hatte es einer Katastrophe bedurft, um uns den Wert dieser Kulturgüter und die Nachlässigkeit unserer Gesellschaft gegenüber dem Schatz unserer Vorfahren vor Augen zu führen. Archive verschimmeln, Bibliotheken werden geschlossen, und die Konservierung unserer Kulturgüter wird finanziell ausgetrocknet.

Die jahrzehntelange unsachgemäße Aufbewahrung oder die Zusammensetzung bestimmter Papiersorten machen die häufig unterschätzte Arbeit an der Erhaltung der Schätze unserer Vergangenheit immer schwieriger. In unserer schnelllebigen Welt, die immer mehr von ökonomischen Kriterien bestimmt wird, fehlt das adäquate Businessmodell für unser kulturelles Erbe. Archive und Bibliotheken sind keine Profitcenter – mit alten Folianten oder Partituren kann man kein Geld machen.

Dass die Möglichkeiten, die uns die Digitalisierung bietet, hier Abhilfe schaffen könnten, wäre ein Trugschluss. Digitale Werke sind im Gegensatz zu materiellen Dokumenten nicht einzigartig, sondern – und genau darin besteht die Magie des Digitalen – eins zu eins reproduzierbar. Sie lassen sich beliebig kopieren, und es gibt kein Original.

Inzwischen werden auch Bibliotheksbestände digitalisiert, und für den User ist es eine wahre Freude, per Mausklick einfachen Zugang zu einzigartigen Kulturschätzen zu bekommen. Dieser Prozess der Digitalisierung ist jedoch teuer, und kommerzielle Unternehmen nutzen die klamme Finanzsituation staatlicher Stellen zu ihren eigenen Gunsten. Ein stetig wachsender Teil unseres Kulturguts wandert in digitaler Form auf Serverfarmen ins Ausland, etwa nach Irland oder den USA.

Noch besitzen wir das Original, doch wie lange noch? Manche begehen den Denkfehler, dass die Digitalisierung eines Werks das Original und dessen aufwendige Pflege überflüssig macht. Aber man bedenke, dass eine mittelalterliche Handschrift nur ein einziges Mal weltweit existiert. Ihre Struktur und die Beschaffenheit des Papiers, die Textur der Seiten, die genaue Färbung der Illustrationen, die Art des Bindens, die handschriftlichen Anmerkungen der Leser, die abertausend kleinen und feinen Details sind und bleiben fest mit diesem einen Original verbunden. Keine digitale Kopie der Welt kann dieses einzigartige Werk ersetzen.

Anders als auf dem Bildschirm, wo vom Gelöschten wirklich nichts verbleibt, hinterlässt der Radiergummi immer noch eine Spur des Zweifels. In alten Manuskripten ist es für mich berührend zu sehen, wie der Autor ganze Passagen überdachte, durchstrich und veränderte oder welche Takte der Komponist ausprobierte, bis er mit der Sequenz zufrieden war. Bei diesen alten Manuskripten sind wir selbst im Nachhinein Zeugen eines kreativen Entstehungsprozesses, wir sehen den Weg zum Ergebnis. In der digitalen Welt sehen wir nur noch das Endprodukt.

Doch mehr und mehr gewöhnen wir uns daran, unserer Kultur auf nicht stoffliche, nicht reale Art zu begegnen – beim Lesen, beim Musikhören oder beim Betrachten von Bildern. Doch E-Books z.B. besitzen keine Individualität, keine Seiten mit Eselsohren, keine Passagen mit handschriftlichen Anmerkungen, keine Kapitel mit Kaffeeflecken, keine Blätter, aus denen der Urlaubssand rieselt. Man gewöhnt uns Konsumenten mit der Zeit daran, lediglich für eine immaterielle Kulturnutzung zu bezahlen, die keinerlei Spuren hinterlässt. Eine solche Kultur ist flüchtig und zeitlich befristet, verharrt nur noch im Hier und Jetzt, immer aktuell und doch alles vergessend. Diese Flatrate-Kultur mag ökonomisch sinnvoll sein, doch sie verändert uns auf fundamentale Weise. Und die altehrwürdige Institution Bibliothek, die gerade das Nichtökonomische in den Vordergrund stellt, worin liegt ihr *return on investment?* Wissen teilen, statt es zu verkaufen – welch ein Anachronismus im Zeitalter digitaler Geschäftemacherei! Die offene Bibliothek gilt es zu verteidigen, denn sie bildet das Betriebssystem einer besseren Gesellschaft.

In wenigen Jahren werden wir feststellen, dass Väter und Mütter ihren Kindern keine Bücher mehr vererben – nicht einmal der Account ist übertragbar. Damit verlieren wir das, was unser Ich ausmacht, nämlich unsere Einzigartigkeit. Der Tod wird zum digitalen Löschprozess ohne Radierspuren.

Trotzt aller digitaler Euphorie: Wir sind das Original – jeder von Ihnen ist eines! Vielleicht erklärt das auch unsere Lust auf Unikate: Bei Auktionen wechseln Originalbilder für gigantische Summen den Besitzer, eben weil es sie nur ein einziges Mal gibt, trotz perfekter Reproduktionstechnik. In Weimar schreitet man die Originaltreppe im Goethehaus hinauf im erfüllenden Bewusstsein, wenigstens einmal auf einer (Treppen-)Stufe mit dem Genie zu stehen.

Der ehemalige Direktor des Britischen Museums in London, Neil MacGregor, startete vor einigen Jahren ein faszinierendes Projekt: *A history of the World in 100 Objects.* MacGregor erzählt dabei Menschheitsgeschichte anhand ausgewählter Originale seines Museums: von der Tontafel aus Ninive, der alten Münze mit dem Kopf von Alexander und dem Schiffschronometer der von Charles Darwin genutzten HMS Beagle bis hin zum Flugblatt zum hundertjährigen Reformationsjubiläum aus Leipzig, um nur einige der Objekte zu nennen.

Jedes dieser Originale erzählt uns seine Geschichte und erlaubt uns, uns eine vergangene Welt vorzustellen. So ergibt sich ein mosaikähnliches Bild der Geschichte unserer Welt. Doch von der frühen Menschheitsgeschichte wissen wir wenig: Für 95 Prozent unserer Geschichte gibt es kaum Zeugnisse, nur wenige steinerne Objekte, welche die Zeiten überdauert haben.

Dem schriftlichen Kulturgut kommt daher eine besondere Rolle zu. Es ist das präziseste Fenster, durch das wir zurückblicken können. Dieses kulturelle Erbe ist ein Schatz, aber auch eine Verpflichtung: Es ist der Staffelstab unserer Kultur, den eine Generation der folgenden zu übergeben hat, denn nur so bleibt diese – und damit implizit auch unsere – Kultur am Leben. Doch wir gehen nicht sorgsam genug damit um. Seit Jahrzehnten beklagen Fachleute, dass wir handeln müssen. Die unzähligen Archive und Bibliotheken mit ihren umfangreichen historischen Beständen sind bedroht. Alleine 60 Millionen Druckschriften aus den deutschen Bibliotheken weisen Schäden auf – ein Drittel davon gilt sogar als schwer geschädigt.

Die Vergangenheit stirbt uns davon, und wir schauen zu, ohne wirklich aktiv zu werden. Bei einem meiner Besuche in der Weimarer Bibliothek zeigte mir der damalige Direktor Michael Knoche eine Erstausgabe von Kopernikus. Das Werk, gedruckt 1543, war ein Meilenstein der Menschheitsgeschichte. Vor dem Bibliotheksbrand 2004 wurde es gerettet. Mit sichtbaren Brandspuren liegt es in einem kleinen grauen Karton und wartet darauf, behandelt zu werden …

Was wäre, wenn in einem kurzen Zeitraum Tausende Folianten, alte Druckwerke oder historische Briefwechsel verschwänden? Wie würde unsere Gesellschaft reagieren, wenn sie so einen wichtigen Teil ihres Gedächtnisses verlöre?

Würden wir diesen Verlust beweinen und diese Amnesie als historische Katastrophe verzeichnen? Gibt es eine Kultur ohne Vergangenheit?

Der kulturelle Blackout wäre subtiler als der plötzliche Ausfall von Elektrizität, doch in seinen Konsequenzen würde unsere Gesellschaft ihren Halt verlieren. Diese immanent wichtigen Brücken in die Vergangenheit begründen unsere Weltsicht und halten die Gesellschaft zusammen. Die lebendige Vergangenheit gleicht dem Schwert und den schweren Ballasttanks eines großen Segelschiffs. Versteckt unter der Meeresoberfläche verleihen sie dem Boot Stabilität, wenn der Wind in die Segel greift. Eine vergangenheitsblinde Kultur wäre den Stürmen schutzlos ausgeliefert. Bei Flaute merkt man vielleicht nichts davon, doch sobald der Wind sich erhebt, erwirken die Naturkräfte das Kentern.

Unser Kulturgut ist kein »Nice to have«, kein buntes Accessoire, das man sich leistet wie eine bunte Handtasche zu einem neuen Abendkleid. Unsere Gesellschaft steht an einer epochalen Weggabelung zwischen dem Gestern und dem Morgen. Umso wichtiger sind gute Wegweiser, die uns Orientierung schenken. Kulturgüter haben genau diese Rolle, sie sind kulturelle Stabilisatoren unserer Gesellschaft. Wir sollten dem drohenden kulturellen Blackout entgegentreten.[123] Wir müssen diesen Schatz bewahren und den kostbaren Staffelstab wohlbehalten an die folgenden Generationen weitergeben.

9
AUSTAUSCH
Was ist die Wirklichkeit?

Heavy Roses – Die Zukunft der Bilder[124]

Edward Steichen, »Heavy Roses«, Voulangis, Frankreich, 1914

Sie gilt als die letzte Aufnahme, die der Fotograf Edward Steichen vor Ausbruch des Ersten Weltkriegs in Frankreich machte: »Heavy Roses« (Schwere Rosen) entstand in Voulangis im Frankreich des Jahres 1914.[125] Der schleichende Tod der sinnlichen Blüten ist Sinnbild dessen, was der Welt im folgenden Weltkrieg widerfahren würde.

Diese Fotografie erinnert an ein Gemälde. Tatsächlich spielte Steichen zum Zeitpunkt der Aufnahme noch mit dem Gedanken, Kunstmaler zu werden, doch nach dem Krieg tauchte er ganz ein in die damals neue Welt der Kunstfotografie.

Die Produktion der ersten Fotografien war jedoch noch aufwendig. Der Fotograf brauchte dazu ein schweres Stativ mit ausladendem Fotoapparat. Nicht nur hierdurch, sondern auch durch Faktoren wie die geringe Lichtempfindlichkeit der Emulsionen, die lange Belichtungszeit oder die Beschränktheit der Filmplatte wurde die Motivwahl eingeschränkt. Das Ergebnis konnte immer nur ein Ausschnitt unserer sichtbaren Welt sein, denn bewegte Objekte verwischten unter der langen Belichtungszeit. So zeigen die ersten Bilder vorwiegend Stillleben oder maskenhafte Porträts, bei denen die Abgebildeten für den Zeitraum der Aufnahme vollkommen bewegungslos ausharren mussten. Vieles erinnerte immer noch an Malerei. Tatsächlich bedeutet das aus dem Griechischen stammende Wort »Fotografie« so viel wie »Zeichnen mit Licht«.

Der Apparat sieht mehr als wir

Doch die Aufnahmetechnik wurde stetig weiterentwickelt. Die Kameras wurden kleiner, und die neuen elektronischen Bildsensoren begnügten sich mit immer weniger Licht. Die Aufnahmen waren dabei zunehmend realitätsnaher, und der Apparat verschaffte uns sogar Zugang zu Welten, die unseren Augen bis dahin verborgen geblieben waren. Er tauchte ein in mikroskopische Universen und zeigte uns die Welt der Bakterien oder bannte mit kürzesten Belichtungszeiten den Bruchteil eines Augenblicks. Ein fallender Wassertropfen, dessen Krone sich im Moment des Aufschlagens ausbildet, wurde erst durch Highspeed-Aufnahmen sichtbar. Der Apparat öffnete unsere Augen für eine Welt, für die wir bis dahin blind waren.

Die Entwicklung der Infrarotkameras machte die Nacht zum Tag und öffnete den nächtlichen Himmel für uns: Die Deep-Field-Aufnahmen des Weltraumteleskops Hubble deckten nach einer Belichtungszeit von zusammengerechnet zwanzig (!) Tagen Abertausende bunt leuchtende Galaxien in der Tiefe des Kosmos auf.[126] Nie hatte Homo sapiens einen derart tiefen Einblick in das Universum erhalten. Die ferne Strahlung stammte aus einer frühen Phase des Universums und erhellte unsere Vorstellung von der Geburt der Welt. In weniger als einem Jahrhundert hatte die Technik unsere Sinne überholt. Der Apparat sieht inzwischen mehr als wir. Wir können seine Ergebnisse nicht mehr überprüfen und müssen ihm glauben, so wie ein Blinder, dem man die Welt beschreibt.

War der Fotoapparat bis zum Ende des 20. Jahrhunderts ausschließlich ein Begleiter bei besonderen Anlässen oder das Werkzeug des Berufsfotografen, so markiert der massenhafte Einbau kleiner Kameras in unsere Smartphones zu Beginn des 21. Jahrhunderts einen Wendepunkt im Selbstverständnis der Fotografie. Ihr Instrument wird für uns alle zum ständigen Begleiter. Experten schätzen, dass im Jahr 2016 1,3 Billionen Fotos gemacht wurden, die meisten davon mit Smartphones. 1,3 Billionen Fotos – das sind 2,4 Millionen Fotos pro Minute – Tag und Nacht.[127] Noch nie seit Menschengedenken wurde so viel im Bild festgehalten. Mit dem Aufkommen des Internets der Dinge und automatischer Sensoren wird die Zahl der visuellen Daten in den kommenden Jahren zwangsläufig explodieren. In der Summe strömen auf uns also mehr Bilder ein, als wir mit unseren Sinnen überhaupt verarbeiten können. Zum ersten Mal divergieren Produktion und Rezeption.

Die Selfie-Manie hat sich weltweit ausgebreitet. Wir erleben eine nie da gewesene Visualisierung unserer Biografien. Alles wird festgehalten: angerichtete Teller im Restaurant, neue Klamotten, Reiseerinnerungen, Konzerte, Liebesaffären. Wann immer uns etwas auch nur annähernd interessant erscheint, drücken wir auf den Auslöser und posten es in die Welt. In Anlehnung an den Leitspruch von René Descar-

Petersplatz in Rom: 2005 anlässlich der Totenwache des Papstes ...

tes heißt es heute: Ich fotografiere, also bin ich. Und so befüllen wir die sozialen Netzwerke mit unseren visuellen Biografien, die wir mit der Welt teilen. Wir schießen Fotos, um unser digitales Ego zu befriedigen, und bei dem Versuch, eine Szene einzufangen, zerstören wir den Zauber des realen Erlebens.

Vergleicht man das Verhalten der Gläubigen auf dem Petersplatz in Rom bei zwei bedeutenden Ereignissen, nämlich 2005 und 2013 anlässlich der Totenwache des Papstes bzw. der Ankündigung eines neuen Pontifex, so blicken 2005 fast alle Anwesenden noch zum Altar.[128] Zwei Jahre danach kommen die ersten Smartphones auf den Markt, und weniger als sechs Jahre später halten die Besucher im Moment des Erscheinens des neuen Kirchenoberhauptes ihre Smartphones und Tablets in die Höhe, wie eine Hostie der Neuzeit. Die Formel lautet: kein Foto – kein Ereignis. Die Vergewisserung unserer Existenz ist das Bild. Wenn es fehlt, finden wir nicht statt – oder wie Groucho Marx in seinem unvergesslichen Film »Duck Soup« (»Die Marx Brothers im Krieg«) sagte: »Wem glaubst du, mir oder deinen Augen?«

Mit digitaler Bildbearbeitung schönen wir das Bild der Wirklichkeit und manipulieren unsere Wahrnehmung. Aus dem Abbild der Realität wird das Konstrukt unserer Fanta-

… und 2013 bei der Verkündung des neuen Pontifex

sie. Komplette Wohnzimmer und Straßenszenen entstehen im Computer und verstärken unsere Sehnsucht nach einer Idealwelt.

Bilder verändern ihren Betrachter

Auch wir wollen plötzlich so aussehen wie die digitalen Avatare. Sängerinnen straffen sich die Falten, Politiker richten sich die Zähne, und Nachrichtensprecher färben sich die Haare, denn der visuelle Eindruck zählt. Vergleicht man die politische Wahlwerbung der Siebzigerjahre mit den heutigen Kampagnen, so ist die Veränderung offensichtlich.

Noch nie war es so leicht, ein Foto zu machen, und noch nie gab es so viele »Fotografen«. Im Bildjournalismus zeichnet sich ein Wandel ab: Heute sind es nicht mehr Fotoreporter, die Bilder und Videos liefern, sondern Passanten, die sich zufällig am Ort des Geschehens aufhalten. Nachrichtenmedien greifen immer häufiger auf solche Quellen zurück. Wir haben es mit einem Paradigmenwechsel zu tun: Der Informationsfluss hat seine Richtung gewechselt. Eigentlich war es Aufgabe der klassischen Medien, die Geschehnisse zu interpretieren und einzuordnen. Dabei war das Bild am Anfang nur die Ergänzung zu einer Meldung. Doch bedingt durch die Schnelligkeit, mit der inzwischen Bilder verbreitet werden, wird das Foto selbst zur Meldung. Oft fehlt uns die genaue Kenntnis des Kontextes. Das Bild eines Anschlags oder einer Flugkatastrophe, das unmittelbar nach dem Ereignis im Netz auftaucht, erreicht uns ohne Hintergrundinformation oder Interpretation. Obwohl wir etwas zu sehen bekommen, verstehen wir nicht, was wirklich geschieht. Wir werden zu Teilnehmern einer bebilderten Spekulation.

Unsere Eltern und Großeltern machten Fotos von Hochzeiten, Familientreffen, Reisen oder politischen Höhepunkten und maßen diesen Ereignissen dadurch besondere Bedeutung zu. Diesen Hauch des Besonderen kann man in alten Fotografien noch entdecken. Denken Sie nur an das Familienfoto, das als Ersatz dient für einen geliebten Menschen, der nicht bei uns ist. Manchmal berühren oder herzen wir es sogar, so als hätte es eine eigene Persönlichkeit. Diese Bilder scheinen vom Fortschreiten der Zeit unangetastet zu bleiben. Sie erhalten sich die Aufmerksamkeit ihres Betrachters, konservieren die Essenz dieses besonderen Moments und lenken den Blick auf ihre fesselnden Details. Oder wie es der französische Philosoph Roland Barthes ausdrückte: »Was immer auch ein Foto dem Auge zeigt und wie immer es gestaltet sein mag, es ist doch allemal unsichtbar: Es ist nicht das Foto, das man sieht.«[129]

Doch wie sollen unsere Nachkommen das visuelle Erbe ihrer Liebsten auf die Handvoll Fotos durchforsten, die es wert sind, aufbewahrt zu werden? Alte Fotografien – wenige, ausgewählte Momentaufnahmen – erzählten uns ganze Lebensgeschichten. Was sollen wir mit Hunderten von Frühstücksbreifotos anfangen? Auch hierfür wird es Abhilfe geben: Digitale Assistenten werden die Alben durchsuchen und uns ihre Auswahl präsentieren. Doch jeder, dem wir dabei die Zugriffsrechte gewähren, hat dann auch automatisch Einblick in unsere Biografie, in unser Kaufverhalten, unsere Freundschaften, unsere politischen Überzeugungen und Liebesaffären. Bedenken Sie: Sobald Sie andere auf Ihr Album zugreifen lassen, erlauben Sie ihnen damit, Sie zu lesen! Mit der Privatheit eines Bildes ist es vorbei, wenn Computerprogramme seinen Inhalt entschlüsseln. Doch kann ein Algorithmus tatsächlich erfassen, was uns in unserem Innersten berührt?

Der Apparat interpretiert die Bilder

Die Identifikation der Autodichte auf einem Bild ist sehr nützlich, um die Wahrscheinlichkeit und das Ausmaß von Staus vorherzusagen. Bereits heute ist moderne Technologie z. B. an Flughäfen dazu in der Lage, Personen mit gesundheitlichen Problemen zu identifizieren oder solche, die eine Gefahr für die Öffentlichkeit darstellen könnten oder von der Polizei gesucht werden. Ein aktuelles Gesichtserkennungsprogramm ist in der Lage, einen Straftäter in weniger als zehn Sekunden zu identifizieren – ein Quantensprung im Vergleich zu den herkömmlichen Ermittlungsmethoden.[130] In unserer schönen neuen Welt der unbegrenzten Bilder zählen nicht mehr die außergewöhnliche Perspektive eines Fotos oder das ästhetische Licht. Bilder werden von Maschinen analysiert und auf relevante Informationen abgesucht, auf Nummernschilder, Namen, Personenzahl oder Ortschaften. Diese destillierten Daten können gespeichert, übertragen, abgerufen und mit weiteren Informationen kombiniert werden. Den großen Unternehmen geht es also weniger um das Bild an sich, sondern vielmehr um seine ökonomische Interpretation. Damit können sie unser Verhalten immer genauer vorhersagen und uns somit beeinflussen.

Wir müssen der Tatsache »ins Auge« sehen, dass immer mehr Fotos von Maschinen statt von Menschen gemacht, überprüft und analysiert werden. In Zukunft werden kalte Geräte ihre elektronischen Augen auf uns richten. Intelligente Programme werden Umgebungssensoren auslesen, Lokalisierungen vornehmen, Muster, Strukturen oder Bewegungen extrahieren und diese in einer gigantischen Datenbank analysieren.

Der Apparat betrachtet uns

Bald werden unsere Städte und Häuser mit intelligenten Augen ausgestattet sein, und überall werden Sensoren unseren Alltag prägen und in unsere privatesten Bereiche vordringen. Wir sollten uns darüber klar sein, dass sich dann ein wesentliches Prinzip umkehrt: Nicht mehr wir machen die Bilder, sondern wir werden von Bildern erfasst und gedeutet. Wenn dieser Strom aus visuellen Datenanalysen seinen Fokus auf uns richtet, werden es diese Bilder sein, die über uns bestimmen oder uns richten.

Sie atmet nicht! Die Zukunft der Stimme

Der Taxifahrer schüttelt den Kopf, als ich ihm mein Ziel nenne: »Die machen ja Festivals für Verrückte!« Es ist ein grauer Novembertag im Jahr 1979. Gemeinsam mit Freunden fahre ich durch die Innenstadt von Metz, vorbei an schäbigen Fassaden und ärmlichen Hochhäusern einer vernachlässigten und alt gewordenen Stadt im Nordosten Frankreichs. Bei manchen Gebäuden ahnt man noch etwas vom vergangenen Glanz, von der Blütezeit von Kohle und Stahl. Doch diese Zeit ist vorbei, und die Gebäude wirken wie Tote, die man zurückließ, nachdem die Zechen und Walzwerke stillstanden.

Metz liegt zwar nur eine Autostunde südlich von meiner Heimat Luxemburg, aber es ist alles anders. Die Farben und Gerüche, der Klang der Straßen, die Gestik der Fußgänger, die Farben der Ampeln. Die *Rencontres internationales de musique contemporaine*[131] sind das Festival für zeitgenössische Musik, ein Muss für Komponisten, Musikinteressierte, Verleger, Avantgardesüchtige und Kritiker des Establishments. In diesen Tagen ist Metz eine Festivalstadt. Ich bin damals gerade mal zwanzig Jahre jung. Die schrägen Töne der mitunter auch sehr schrägen Komponisten passen zur unverständlichen Welt der Quantenmechanik, mit der ich mich als Physikstudent konfrontiert sehe. Irgendwie werde ich angezogen von dieser Radikalität des Neuen, vom Mut, etabliertes Terrain zu verlassen, um das Unbekannte zu suchen. Mehrere Tage lang gibt es Musikvorführungen, Konferenzen und Happenings; manche sind skurril, andere überfordern mich – doch es ist nie langweilig, wenn im Metzer Theater mit seinen roten Samtsesseln das Licht ausgeht.

Mauricio Kagel setzt bei einer seiner Kompositionen, bei der er das Geräusch des Feuers mit einer Abflussrinne einfangen will, fast das Theater in Brand. Es braucht erstaunlich lange, bis das Publikum bemerkt, dass das Feuer auf der Bühne nicht Teil der Performance ist. Viele halten die wild gestikulierenden und schreienden Künstler für einen Teil des Gesamtkunstwerks. Erst nach Minuten begreift das hingerissene Publikum den tatsächlichen Ernst der Lage. Die Nichtreaktion auf den Beinahebrand zeigt, wie offen und anarchisch die neue Kunst ist. Man muss mit allem rechnen. Huuurz!

Die Sopranistin Cathy Berberian hyperventiliert bei der Uraufführung eines Werkes ihres Ex-Ehemanns Luciano Berio derart intensiv, dass ich über die Brutalität fast empört bin. Man kann seine Exfrau auch mit einer Partitur umbringen! Diese Kunst tastet sich an Grenzen heran, und manches ist an Schroffheit kaum zu überbieten. Während einer Matinee im Bahnhofsrestaurant verspricht der legendäre Komponist John Cage eine Performance: Das Publikum ist zahlreich erschienen, und Cage beginnt damit, einige Esstische aus der Mitte des Raumes an das Ende des Saals zu schieben. Im Glauben, der Maestro brauche Platz für seine Kunst, bricht im Publikum eine Welle der Hilfsbereitschaft aus. Verleger, Journalisten und auch wir einfachen Konzertbesucher packen an und bewegen die Tische an den Rand, während auch Cage freundlich blinzelnd mitschiebt. Wenige Minuten später ist der Saal gerichtet. In der Mitte ist genug Platz für das, was da kommen mag. Erwartungsvolles Warten. Cage schreitet langsam zu den geparkten Tischen und schiebt sie wieder zurück in den Raum. Ein Tisch, danach den zweiten. Gelächter. An diesem Morgen haben wir alle aktiv an der Erstaufführung eines Werkes von John Cage mitgewirkt. Das »Quietschende Tischrücken« wird zu einem Stück zeitgenössischer Kunst.

Auch wenn Metz in diesen Tagen keine gefällige Musik bietet, so ist jedes Konzert eine Wundertüte. Mal wird auf

Schrottteilen herumgehämmert, oder aber ganze Symphonieorchester arbeiten sich an schier unspielbaren Partituren ab. Mal applaudiert das Publikum frenetisch, oder aber Pfiffe erfüllen den Raum, ohne dass ich den Zusammenhang zwischen Gehörtem und der Publikumsreaktion erkennen kann. Manche Künstler verbeugen sich fast entschuldigend, wohingegen andere, wie Karlheinz Stockhausen, ihr Publikum gerade mal dulden.

Bei einem Vortrag stellt sich das IRCAM vor, ein Forschungsinstitut für Musik und Akustik, das wenige Jahre zuvor in Paris gegründet worden ist. Die Räumlichkeiten des *Institut de Recherche et Coordination Acoustique/Musique* werden von den meisten Paris-Besuchern übersehen, obwohl sie unmittelbar an das bekannte Centre Pompidou angrenzen. Allerdings hat man das Institut unter die Erde verlegt, um dem Straßenlärm zu entgehen. Man experimentiert mit der digitalen Klangsynthese. Mit mathematischer Präzision lassen sich so Klänge entwerfen oder nachbilden. Das FM-Synthese-Verfahren wird hier entwickelt und prägt später den Keyboardsound der Popmusik.

Die Vorführung ist beeindruckend: Mit den Computerprogrammen kann man den Sound von Glocken, Trommeln oder Streichern nachahmen, und aus dem blinkenden Apparat erklingen Klarinetten- oder Klaviertöne, die kaum noch vom Klangbild der realen Instrumente zu unterscheiden sind. Gegen Ende der Demonstration wird dem Publikum eine künstliche Stimme präsentiert, eine tiefe Bassstimme, die sich kontinuierlich hochschraubt und nach und nach alle Stimmlagen durchläuft, bis am Ende ein Sopran in höchsten Lagen erklingt. Es scheint, als würde die Stimme dabei das Geschlecht wechseln, vom Mann zur Frau, von tief zu hoch. Das Publikum hält den Atem an. Diese frappierende Nachbildung der menschlichen Stimme soll das Ergebnis von Computerprogrammen und Mikroprozessoren sein? Diese Technik überschreitet alle biologischen Grenzen!

Selbst feinste Nuancen, wie das Vibrato, die Klangfarbe oder das Timbre, werden von den anwesenden Mitarbeitern des IRCAM mit ihren Knöpfen und Reglern kontrolliert. Die Kunst ist eingesperrt im Apparat, so scheint es.

Als Beweis ihrer Fertigkeit erklingt die »Arie der Königin der Nacht« aus Mozarts »Zauberflöte«. Dieses Stück ist ein Lackmustest für jede Sopranistin, denn nach einem Gewitter an Koloraturen passen die meisten Sängerinnen beim dreigestrichenen F, nicht jedoch dieses Programm! Die Darbietung der Maschine ist absolut fehlerfrei und von nie gehörter Reinheit und Präzision. Hätte die Vorführung hinter einem Vorhang stattgefunden, wäre niemand auf die Idee gekommen, es könne sich um einen Apparat handeln. Die synthetische Nachbildung übertrifft alles bisher Dagewesene.

An diesem Nachmittag bricht für das musikinteressierte Publikum ein neues Zeitalter an. Die synthetische Musik hat eine neue Qualität erreicht, Mensch und Maschine sind nicht mehr zu unterscheiden. Unspielbares wird dank der Maschine spielbar. Nach der Vorführung entwickelt sich im Saal eine intensive Diskussion über die anstehenden Veränderungen in der Kunst, über die Rolle der Interpretation und über die neuen Möglichkeiten musikalischer Kompositionen. Werden demnächst Partituren erscheinen mit Werken, die für Menschen mit ihrer beschränkten Fingerfertigkeit unspielbar sind, jedoch nicht für Maschinen? Wird der gesamte Klangapparat eines Symphonieorchesters durch solche Maschinen ersetzt, jetzt, wo der Computer prinzipiell jedes Instrument nachbilden kann, von der Piccoloflöte bis hin zum Kontrabass? Erleben wir das Ende der Interpretation durch Menschen, wo doch jetzt die Maschine in größter Perfektion ein Kunstwerk nach den präzisen Vorstellungen des Komponisten reproduzieren kann?

Ich schalte mich in das Gespräch ein mit einer Anmerkung: »Die Stimme aus dem Computer klingt zwar perfekt, doch ich finde, ihr fehlt etwas: Sie atmet nicht!«

Ungewollt bringt meine Bemerkung den Saal in Aufruhr. Tosender Applaus gefolgt von wilden Wortgefechten. Manche Besucher schreien herum und klagen die überraschten Techniker an, während andere fast handgreiflich werden und diesen Teufelsapparat zerstören wollen.

»Ihr Frankensteins, ihr Verbrecher«, schreit eine Frau und verlässt mit theatralischer Geste den Saal.

Mein unverhofftes »Sie atmet nicht« hatte ein verstecktes Pulverfass entzündet. Beim Verlassen des Saals klopft mir ein älterer Herr auf die Schulter: »Sie haben ganz recht, junger Mann, recht haben Sie ... Die Kunst hat ihre Körperlichkeit verloren. Wie furchtbar!«

Fast vierzig Jahre später weist uns eine künstliche Stimme den Weg zur Autobahn, empfiehlt der digitale Sprachassistent ein Fischlokal, und die angenehm klingende junge Frau von der telefonischen Hotline entpuppt sich ebenfalls als sprechender Automat. Auch sie atmet nicht, aber wir hören ihr zu und folgen ihren Ratschlägen.

Im Radio lauschen wir den Stimmen der Popsänger und akzeptieren, dass sie per Software gerichtet und korrigiert werden.[132] Jeder schräge Ton wird dabei angehoben oder abgesenkt, und die Technik der Tonhöhenkorrektur ist inzwischen zum Standard der Musikbranche geworden. Man präsentiert uns Zuhörern also scheinbar perfekt intonierende Künstler, deren Stimmcharakteristik derart optimiert wird, dass wir nicht mehr zwischen Realität und Künstlichkeit unterscheiden können. Während der Produktion spart man durch den Einsatz der Korrektursoftware viel Zeit und Kosten, denn anstatt eine eingesungene Sequenz viele Male zu wiederholen, um dann aus dem Mosaik der Aufnahmeschnipsel ein wohlklingendes Gesamtwerk zusammenzusetzen (zu *komponieren*), korrigiert die Software sofort. Viele Künstler verschweigen diese Schönheitskorrekturen, doch in seltenen Fällen, wie bei der Ikone Britney Spears, gelangen rohe, ungeschminkte Tonaufnahmen an die Öffentlichkeit und offenbaren die Schwächen der Sängerin.[133] Wir haben uns inzwischen an diesen Mix gewöhnt, so wie an den übersüßten Erdbeerjoghurt aus dem Supermarkt, der mit dem natürlich säuerlichen Vorbild wenig gemeinsam hat.

Die neuen künstlichen Stimmen werden zudem noch raffinierter. Durch den Einsatz selbstlernender neuronaler Netzwerke *lernt* der Computer das Sprechen.[134] Die besondere Herausforderung der korrekten Aussprache ist jedem von uns klar: Achten Sie beim Wort »Sprechen« einmal auf die Aussprache der beiden »e«: Das erste »e« wird wie ein »ä« ausgesprochen, das zweite wie ein »ehhh«. Je nach Kontext verändert sich also die Artikulation eines identischen Buchstabens. In unserer Kindheit mussten wir sehr viel *leeseen,* bis wir diese feinen Unterschiede verinnerlichten.

Neuronale Netze arbeiten ganz ähnlich wie ein lernendes Kind: Man »füttert« das System zunächst mit realen Sprachbeispielen, der Computer spricht sie nach. Zunächst klingt es wie ein absichtsloses Brabbeln. Ist dabei jedoch zufällig eine Artikulation korrekt, dann wird dieser Versuch »belohnt«, indem die Software das neuronale Netz entsprechend anpasst. Auf diese Weise lernt das System, und mit der Zeit verbessert der Algorithmus seine kontextabhängige Aussprache. Einer der Pioniere auf diesem Gebiet war der Neurowissenschaftler Terrence Sejnowski, der bereits Ende der Achtzigerjahre mit seinem System NetTalk erste Versuche in diese Richtung unternahm.[135] Ich hatte das Glück, ihn während eines Vortrags zu erleben. Terrence führte die Lernphasen vor, und ich erinnere mich, wie aus dem anfänglichen Gebrabbel nach und nach erste Wörter entstanden. Das Erstaunliche: Es hörte sich wirklich verblüffend ähnlich an wie die Lernphasen eines Kindes. Damals war die verfügbare Computerleistung noch sehr beschränkt, doch inzwischen wird die Methode verfeinert. Das System WaveNet von Google DeepMind basiert ebenfalls auf einem digitalen neuronalen Netzwerk und erlernt die Aussprache englischer Texte.[136] Daneben lernt WaveNet auch das Chinesische Mandarin. Hier ist die Aussprache noch kritischer, denn aufgrund der vier Töne im Hochchinesischen verleihen unterschiedlich ausgesprochene Vokale dem jeweiligen Wort eine völlig andere Bedeutung.[137]

In einem Blindtest mit 500 Personen sollten die Probanden bewerten, wie realistisch die künstliche Stimme von WaveNet klingt: Die Skala reichte von 1 (nicht realistisch) bis 5 (sehr realistisch). Das Ergebnis: Der Computer erreichte einen Wert von 4.21 (Englisch) bzw. 4.08 (Mandarin). Die menschliche Aussprache, die ebenfalls nicht immer perfekt ist, schnitt nur unwesentlich besser ab und erreichte bei diesem Test den Wert 4.55 (Englisch) bzw. 4.21 (Mandarin). Auch hier wird man Zeuge eines fast unheimlichen Lernprozesses, denn der Computer erzeugt mysteriöse Atem- und Schluckgeräusche wie ein Mensch. Vierzig Jahre nach meinem Erlebnis in Metz heißt es also: Sie atmet doch!

Selbstlernende neuronale Systeme gleichen einer magischen Blackbox und beschränken sich nicht nur auf das Erlernen der Aussprache. In einem weiteren Versuch fütterten die Wissenschaftler ihr System mit klassischer Klaviermusik. Auch hier läuft im Kern ein ähnlicher Prozess ab: Akustische Signale werden modelliert, und das System lernt. Das Ergebnis ist überraschend. Während eines Vortrags stelle ich mein Publikum auf die Probe: zwei Musikbeispiele, in beiden Fällen Klaviermusik. Einmal spielen meine Töchter ein vierhändiges Klavierstück von Mendelssohn (Ja, Papa ist stolz!), und dann folgt eine ähnlich klingende Computerkomposition von WaveNet. Ich führe die beiden Tonproben mehrfach vor und lasse dann abstimmen: A oder B, wo versteckt sich die Maschine? Das Publikum ist sich unsicher, denn etwa die Hälfte zeigt jeweils auf. Offensichtlich wird es, zumindest für den Laien, immer schwerer, den Unterschied zwischen Mensch und Maschine auszumachen! Bedeutet dies also das

Ende der Kunst? Werden wir bald nur noch wohlklingende synthetische Kompositionen hören?

Ich glaube nicht, denn in anderen Bereichen erleben wir bereits eine Art Rückbesinnung. Bei Lebensmitteln etwa gab es in den vergangenen Jahrzehnten eine bemerkenswerte Wende: Erst nachdem die Industrie unser Essen mit allerlei synthetischen Aromen, Zusatzstoffen und Konservierungssubstanzen versehen hatte, setzte der Trend zu Bio-Essen ein. Heute wünschen sich immer mehr Menschen unbehandelte Lebensmittel ohne jegliche Zusatzstoffe. Obwohl die Chemie inzwischen in der Lage ist, Aromen perfekt nachzubilden, pochen wir auf das Original und verlangen nach natürlichen Vanillestangen.

In Konzerten treten Musiker immer häufiger »unplugged« auf, und die Fans lieben die »authentischen« Klänge dieser Musik ohne Konservierungsstoffe. Das Streben nach technischer Perfektion hat uns erst die tiefere Bedeutung unserer menschlichen Eigenarten und Schwächen ins Bewusstsein gerufen. Das Experiment mit der Maschine lehrt uns, was uns Menschen tatsächlich ausmacht. Musik berührt uns gerade deshalb, weil sie von Menschen für Menschen erklingt.

»Von Herzen – möge es wieder – zu Herzen gehn«, schreibt Beethoven im Geleitwort zu seiner »Missa solemnis«.

Die Stimmen unserer zukünftigen Navigationsgeräte werden vermutlich das Atmen erlernen, und der Klang dieser künstlichen Sirenen wird uns im Alltag begleiten. Doch die kalten Apparate, mögen sie noch so ausgeklügelt sein, werden wohl nie den Zugang zu unseren Herzen finden.

Lügenpresse! Die Zukunft der Information

Medien haben stets die Gesellschaft und unser Selbstbewusstsein geprägt. Der »Citoyen«, der »Freigeist« oder der »Weltbürger«, diese Figuren entstanden alle in Zeiten medialer Umbrüche, denn jede neue Informationstechnik hat auch auf tief greifende Weise unsere Kultur beeinflusst. Immer wieder veränderte sich dabei das Spannungsfeld zwischen Dominanz und Freiheit, zwischen Individuum und Gruppe und zwischen Unterhaltung und Information. Betrachtet man diese Umbrüche aus einer historischen Perspektive, erkennt man ähnliche Reaktionsmuster, wie wir sie heute im Zeitalter von Twitter und Facebook erleben.

Gutenberg erfand Mitte des 15. Jahrhunderts den Buchdruck mit beweglichen Lettern und schuf damit die Grundlage für die ersten Massenmedien. Die erste Auflage seiner Bibel umfasste gerade mal 180 Exemplare. Kein halbes Jahrhundert nach seinem Tod gab es bereits 1120 Druckereien in 260 europäischen Städten. In Nürnberg, Straßburg, Paris und Venedig entstanden größere Druckereien, und im Jahr 1500 waren bereits 40 000 Buchtitel in einer Auflage von über 10 Millionen Exemplaren im Umlauf.[138] Die rasante Entwicklung des Buchdrucks löste eine qualitative Veränderung aus: Die Menschen lernten lesen und waren von nun an nicht mehr alleine auf die Deutungshoheit der Schriftgelehrten angewiesen. Diese neue Kompetenz öffnete den Raum für eigene Interpretationen und löste das Bildungsmonopol der Kirche und der Mächtigen auf. Luthers Bibelübersetzung in eine verständliche Sprache war der Hebel der einsetzenden Reformationsbewegung. Doch erst die Vervielfältigung seiner 95 Thesen führte zum Umsturz in der Kirche.

Überall beobachtete man, wie die Sprache sich mit dem Erscheinen des Buchs veränderte, denn immer weniger Bücher wurden auf Latein geschrieben. Venedig wurde zum Zentrum des Buchdrucks in Italien. Alles wurde gedruckt: Abhandlungen zur Medizin, Musikpartituren, Rechenbücher, Wörterbücher, Kräuterkunden, Losbücher und jede Menge Unterhaltungsliteratur.[139]

Pietro Aretino wurde durch den Buchdruck zu einer Instanz. In seinen »Ragionamenti«, die er um 1535 verfasste, erzählen römische Prostituierte von den moralischen Verfehlungen der mächtigen Männer Roms. Wer die »Gespräche des göttlichen Pietro Aretino« liest, wird erstaunt sein, mit welcher Direktheit er den Geschlechtsverkehr in allen Posen bis ins Detail beschreibt.[140] Der »Flagello dei principi« (Die Geißel des Prinzen), wie er sich selbst nannte, verfasste Komödien, Dramen, Briefe und Tragödien, und die Buchverkäufe machten ihn wohlhabend. Sein Malerfreund Tizian verewigte ihn auf einem Gemälde. Darauf erkennt man eine goldene Kette, ein Geschenk des französischen Königs an den damaligen Medienmogul.

Venezianische Verleger druckten sogar Ausgaben des Koran für den arabisch-türkischen Markt, doch ottomanische Geistliche verboten diese Werke, die von »Ungläubigen« produziert worden waren.[141]

Schon bald nach Erscheinen der ersten Bücher begann ein Wettkampf um die Kontrolle dieses neuen Mediums. Ein System von Privilegien und Konzessionen entstand, nach dem Druckrechte zugeteilt wurden. Handelsrechte schützten damals den Import von Werken, die außerhalb von Venedig gedruckt worden waren, und dieses Zuteilungssystem sorgte zudem dafür, dass kein einzelner Verleger zu mächtig werden konnte. Im 16. Jahrhundert schaltete sich Rom ein. Aus Sorge, dass ungenaue Bibeltexte im Kontext der Reformation und Gegenreformation in Umlauf kamen, wurden Exklusivrechte zugeteilt. Die Päpste drohten den venezianischen Druckern sogar mit der Exkommunikation. Die neuen Bücher und Druckschriften wurden für die Mächtigen zur Gefahr. Zwischen 1580 und 1596 verschwanden zwei Drittel der Druckereien in Venedig. Rom übernahm die Leitung, und dort standen fortan nur die von der Inquisition freigegebenen Bücher auf den Bestsellerlisten.

Auch heute erleben wir, wie kritische Berichterstattung in manchen Ländern unterdrückt wird, und die jährlich aktualisierte Weltkarte der »Reporter ohne Grenzen«[142] dokumentiert, dass Pressefreiheit keineswegs einem weltweiten Konsens untersteht. In manchen Ländern werden, ein halbes Jahrtausend nach der Zensur im aufkommenden Buchdruck, Nachrichten unterdrückt und unliebsame Journalisten oder Autoren bedroht und eingesperrt. Deutschland hat aus der Naziherrschaft und den bitteren Erfahrungen der Massenpropaganda gelernt. Die Pressefreiheit ist im Artikel 5 des Grundgesetzes verankert:

»Jeder hat das Recht, seine Meinung in Wort, Schrift und Bild frei zu äußern und zu verbreiten und sich aus allgemein zugänglichen Quellen ungehindert zu unterrichten. Die Pressefreiheit und die Freiheit der Berichterstattung durch Rundfunk und Film werden gewährleistet. Eine Zensur findet nicht statt.«

Auch wenn dieser Passus inzwischen zu einer Selbstverständlichkeit geworden ist, sollten wir nicht vergessen, dass dieser Schutz der freien Meinungsäußerung nicht einmal ein Jahrhundert alt ist. Auch heute werden wir immer wieder Zeugen einer mitunter offenen Anfeindung von Journalisten und des ständigen Versuchs politischer Einflussnahme durch die Besetzung von Gremien und Kommissionen. Die wohl größte Bedrohung liegt jedoch im Strukturwandel der Medien.

Fernsehen und Rundfunk waren bis in die Achtzigerjahre ein Monopol der öffentlich-rechtlichen Rundfunkanstalten. Dieses Modell änderte sich mit der Einführung des dualen

Rundfunksystems. Am 1. Januar 1984 ging der kommerzielle Fernsehsender *SAT.1* auf Sendung, gefolgt am nächsten Tag von *RTL plus.* Inzwischen liegt die Zahl der von den Landesmedienanstalten erfassten privaten TV-Programme bei über 400.[143] Hierzu zählen Vollprogramme, Spartensender, Nachrichtensender, Teleshoppingkanäle und Pay-TV-Sender. Deutschland zählt inzwischen zu den am härtesten umkämpften Medienlandschaften weltweit, und der kommerzielle Einfluss auf die öffentlich-rechtlichen Sender ist offensichtlich.

Als Fernsehjournalist habe ich hautnah erlebt, wie sich das Diktat der Quote ausbreitete und das Programm immer stärker prägte. Durch die kommerzielle Konkurrenz reduzierte sich die Reichweite von ARD und ZDF, und manchen Verantwortlichen beschlich die Angst, dass die eigenen Sender derartig an Relevanz verlieren könnten, dass eines Tages das öffentlich-rechtliche System selbst infrage gestellt werden könnte. Die Programmschemen wurden also umgestellt; interessante, aber weniger zuschauerstarke Sendungen wurden aus dem Hauptabendprogramm gedrängt, und mit der Zeit führte dieser Kampf um Aufmerksamkeit zu einer bemerkenswerten Ausdünnung der Inhalte. Programmfarben wie Wissenschaft flogen aus der Primetime; Kultursendungen und Dokumentationen werden, wenn überhaupt, zu später Stunde gesendet. »Wir orientieren uns am Zuschauer«, lautete das Credo eines Intendanten, obwohl die Aufgabe von Journalisten doch darin besteht, den Menschen Orientierungshilfen anzubieten.

»Das Fernsehen präsentiert als Ideal den totalen Durchschnittsmenschen … Der Zuschauer sieht das Abbild seiner eigenen Beschränktheit glorifiziert und offiziell mit den Insignien einer nationalen Autorität ausgezeichnet«, schrieb der verstorbene Schriftsteller und Philosoph Umberto Eco bereits 1961 in seiner »Phänomenologie des Quizmasters«.[144]

Die wachsende Zahl der Kanäle führt zu einer gegenseitigen Kannibalisierung, und so werden wir alle Zeugen einer geradezu grotesken Schlacht um die Aufmerksamkeit des Zuschauers. Wie auf einem Gemüsemarkt wird das Geschrei der Händler umso lauter, je größer die Konkurrenz ist. Wenn ich mir den stilistischen Wandel und die Sprache vieler TV-Beiträge anschaue, spüre ich, wie stark der Druck geworden ist: Auf langen Autobahnfahrten muss ich mir immer wieder die »aktuellsten« Verkehrsmeldungen anhören, doch ich frage Sie: Geht es aktueller als aktuell? Die Sprache mancher Reportagen ist inzwischen mit einer derartigen Fülle an Dramavokabeln gespickt, dass selbst ein harmloser Schmetterlingsforscher ein gefährliches Leben zu führen scheint. Längst haben wir uns an die Suche nach »Superstars« und »Supertalenten« gewöhnt und daran, dass Fußballspiele als Megaevents mit pseudoreligiösen Zügen inszeniert werden. Der goldene Pokal wird dabei zum Klang pathetischer Chormusik überreicht, als handele es sich um den Goldenen Schrein. Der Trend zur Übertreibung und zur Überinszenierung ist eine Art Hilferuf, ein »Bleiben Sie bei uns!«, denn nur so kann man abwandernde Zuschauer zurückpfeifen. Beim Durchzappen stieß ich kürzlich auf einen Kollegen, der neben einem einfachen Versuchsaufbau stand: »Gleich nach der Werbung – hier bei uns die Kernschmelze!«

Das große Unterhaltungsfernsehen ist inzwischen zu einem reinen Business mutiert und gehorcht den Gesetzen von Kosten und Quote: Studios, Quizregeln und Moderatoren sind mittlerweile derart normiert, dass sie austauschbar erscheinen. Die geladenen Rateteams reisen ohnehin unentwegt von einer Quizshow zur nächsten. Trotz aufwendiger Lichteffekte, Jingles und Klangteppichen ertrinken solche Formate in ihrer eigenartigen Gleichförmigkeit. Das einstige Ordnungssystem des Fernsehens hat sich aufgelöst, die große Show am Samstagabend starb spätestens mit dem Ende von »Wetten, dass …?«. Aus Unterhaltung wurde Zeitvertreib, aus besonderen Momenten eine bunte Massenware.

Das »große Fernsehen« ist dem medialen Rauschen gewichen, hat sich aufgelöst in der fragmentierten Welt zahlloser Blogs und YouTube-Kanäle. Die Monarchie des Fernsehens wurde abgeschafft mit all ihren Königen und Prinzessinnen, mit den Ritualen und Regeln, den Ouvertüren und Pausen.

Auch der vermeintlich seriöse Journalismus kann sich der Entwicklung kaum entziehen: Das Event macht eben Quote, und so beobachten wir eine bedenkliche Häufung von Brennpunkten, Extra- und Spezialsendungen. Manchmal fehlt der wahre Anlass, und was wir dann zu sehen bekommen, bietet kaum mehr, als die Nachrichtensendung zuvor verkündet hat. Politische Talkshows werden immer öfter zu Unterhaltungsforen, und alleine die Besetzung verrät, worum es den Machern eigentlich geht. Wie in einer Aufführung der Commedia dell'Arte sitzt der Böse neben dem Guten, der Harlekin neben dem Besonnenen. Der Simplicio sorgt dafür, dass die Dinge stets in einfachen Worten erläutert werden, und dann spricht noch die Betroffene, die das Feuer der Gefühle entfacht. Es wird gestritten und selten diskutiert: Nie wird man Zeuge einer wirklichen Einsicht, nie hört man einen Teilnehmer, der, bereichert vom Argument des Gegners, seine eigene Haltung offen überdenkt und eine neue Sicht auf die Dinge entdeckt. In rhetorischen Scharmützeln gehen die Gegner aufeinander los, und wenn das Feuer auszugehen droht, wird es mit einem provokanten Kurzbeitrag erneut entfacht. Nach der Sendung verlassen die Protagonisten die Arena, um sich wenige Tage später in einer anderen Runde erneut zu streiten.

Die Themenwahl orientiert sich an der aktuellen Aufmerksamkeitswelle, und in manchen Wochen behandeln alle Shows dasselbe Sujet. Wie eine hysterische Epidemie breitet sich ein Thema aus und besetzt Titelseiten und Gesprächsrunden. Der wechselseitige mediale Verweis suggeriert dabei eine scheinbare Wichtigkeit, denn wenn alle darüber sprechen, dann muss es doch bedeutend sein. Gesellschaftlich relevante Sachthemen werden hingegen gerne ignoriert, vor allem dann, wenn es Mühe bereitet, die Relevanz des Sujets zu vermitteln.

Der ehemalige Bundestagspräsident Wolfgang Thierse formulierte treffend: »Die Talkshows sind ein wesentlicher Teil der hysterischer gewordenen politischen Kommunikation in Deutschland. Das Setzen nicht nur auf Aktualität, was richtig und verständlich ist, sondern die Zuspitzung schon im Titel und in der Moderation – Angst, negative Erwartungen, Beunruhigung. Das befördert und lindert nicht Beunruhigung und Ängste, das befördert und bekämpft nicht Populismus.«[145]

Eine Untersuchung der 141 Polittalkshows im Jahr 2016 ergab, dass Themen wie Klimawandel oder Energiewende in keiner einzigen Runde aufgegriffen wurden.[146]

Wir unterschätzen jedoch den Effekt auf unsere Wahrnehmung. Das britische Marktforschungsunternehmen Ipsos MORI untersuchte mit einer Befragung von 25 000 Menschen in 33 Ländern, wie sich die gefühlte Wirklichkeit der Bürger von den tatsächlichen Fakten im Land unterscheidet.[147] Die Menschen in Deutschland schätzten zum Beispiel den Prozentsatz der im eigenen Land lebenden Migranten doppelt so hoch ein, wie er tatsächlich ist, wohingegen sie den Anteil übergewichtiger Menschen innerhalb unserer Bevölkerung deutlich zu niedrig ansetzten. Fragt man sie, wie groß der Anteil der Kinder und Jugendlichen unter 14 Jahren ist, dann fällt die Antwort doppelt so hoch aus wie der tatsächliche Wert. Unsere Wahrnehmungen entsprechen nicht der Realität.

Auch wenn die Mediendebatten schon immer den jeweils aktuellen Zustand beklagten und die Generationen vor uns ihre Realitäten genauso verkannten wie wir, so begegnet uns doch ein Phänomen, das wirklich neu ist: Das Internet und das Aufkommen sozialer Netzwerke stellen das bisherige Mediengefüge auf den Kopf. Aus Massenmedien werden die

Medien der Massen. Heute kann jeder von uns über die digitalen Netzwerke Millionen andere erreichen. Die rapide Verbreitung massentauglicher Medien und Sender in den Händen vieler führt zur Auflösung einstiger Monopole medialer Versorgung. Dabei geraten auch etablierte Regeln und Werte ins Rutschen. Wir erleben die offene Infragestellung oder Ablehnung bestehender Institutionen und Hierarchien. Schlagwörter wie »Lügenpresse«, »die da oben« oder der abwertende Gebrauch von Begriffen wie »Eliten«, »global«, »Kultur« zeugen von diesem Umbruch.

Das Vertrauen in Fakten schwindet, denn das System an sich wird infrage gestellt. Vor einigen Monaten sprach ich mit einer Polizeipräsidentin über dieses Phänomen. Ihre Antwort war verblüffend: »Wenn wir die statistischen Daten betrachten, dann wird deutlich, dass schwere Gewalttaten rückgängig sind, doch selbst politisch Verantwortliche glauben uns nicht und behaupten, die Zahlen seien falsch und wir würden lügen!«

Die »Unabhängigkeit« wird hinterfragt, bei Experten, Journalisten, Politikern und auch bei Wissenschaftlern. Der hergebrachte gesellschaftliche Konsens, was Gewaltenteilung und Spezialisierung angeht, basierte auf gegenseitigem Vertrauen und der Einsicht, dass nur so die Komplexität der einzelnen Prozesse innerhalb einer Gesellschaft beherrschbar ist. Zwar gab es immer Kritik und Gegenexpertisen, doch nun wird das Expertentum an sich als Täuschungsversuch korrupter »Eliten« erklärt, dem man »das Volk« entgegensetzt.

Wie dramatisch dieser Phasenübergang ist, erlebt man an der Geschichte zweier Präsidenten. Bundespräsident Christian Wulff wurde in einer absurden medialen Hetzjagd aus dem Amt getrieben, um später vor einem Gericht freigesprochen zu werden. Die Medien hatten sich zwar versündigt, doch ihre Macht war bestimmend. Beim anderen Präsidenten, Donald Trump, scheint sich dieses umzukehren.

Seine privaten Twitter-Botschaften bestimmen die Schlagzeilen, und seine Auftritte demonstrieren den etablierten Massenmedien ihre Ohnmacht. Zum ersten Mal in der Geschichte kanzelte ein Präsident während einer Pressekonferenz die anwesenden Journalisten mit einem »It's all fake news, it's all fake news« ab.[148] Während der eine Präsident von der Presse vernichtet wurde, führt der andere die Presse vor. Er scheint immun gegenüber den Waffen der Journalisten zu sein, und die Flut an negativer Berichterstattung kümmert ihn und seine Gefolgschaft wenig. Was wir dort in voller Blüte erleben, kündigt sich auch bei uns an: Die offenen sozialen Netzwerke sind eine verführerische Einladung an Populisten und Verschwörungstheoretiker.

Die Grammatik des Machtgefüges zwischen Medien, Politik und Gesellschaft wird momentan umgeschrieben. Der polnische Soziologe und Philosoph Zygmunt Bauman beschreibt diesen historischen Transformationsprozess als *liquid modernity* (flüssige Moderne): »Soziale Medien fördern nicht unsere Dialogfähigkeit, da es so einfach ist, Kontroversen zu meiden … Die meisten nutzen die sozialen Medien nicht, um Gemeinsamkeit zu fördern, nicht, um ihren Horizont zu weiten, sondern im Gegenteil, um sich in einer Komfortzone zu verstecken, in der sie lediglich die Echos ihrer eigenen Stimme hören und wo alles, was sie zu sehen bekommen, Spiegelungen ihres eigenen Gesichts sind.«[149]

Zum ersten Mal in der Geschichte hat sich die Notwendigkeit des gesellschaftlichen Konsenses aufgelöst, denn im unendlichen Raum digitaler Foren und Plattformen muss niemand mehr seinen Platz erstreiten. Die aufwühlenden Debatten um Themen und Prioritäten, die einst Politik und Kultur prägten, waren der lebendige Ausdruck unseres demokratischen Miteinanders. Nun aber zerfällt die Bühne in einzelne Echokammern, in denen jeder seine eigene Wahrheit verstärkt und taub ist für die Argumente des anderen. Aus Massenmedien sind die Medien der Massen geworden. Die drohende gesellschaftliche Fragmentierung wäre also nicht das Werk von Despoten und Herrschsüchtigen, sondern die Konsequenz einer Freiheit, die wir uns stets wünschten. Unser erstrittenes Grundrecht »Jeder hat das Recht, seine Meinung in Wort, Schrift und Bild frei zu äußern und zu verbreiten« erweist sich im Lichte digitaler Massenmedien womöglich als Danaergeschenk.

Doch wo in dieser pulsierenden Welt der Bits sind die Adressen, denen wir vertrauen können? Wenn Gesundheitsportale von der Pharmaindustrie gefüttert werden und die Betreiber von Nachhaltigkeitsforen oder die Besucher unserer sozialen Netzwerke nicht klar erkenntlich sind, wird es kritisch. Wo finden wir Informationen, die sich nicht als kommerzielle Köder entpuppen? Während die Werbeindustrie das Netz infiltriert, zerfällt der klassische Journalismus, weil er sich nicht mehr finanzieren kann. Das gewissenhafte Recherchieren und Prüfen, das Nachfassen und Aufbereiten erfordert Handwerk und einen immensen Aufwand, doch noch fehlt ein adäquates Businessmodell. Welcher User ist schon bereit, in der bunten Onlinewelt kostenloser Berichte für unabhängige und gute Information zu bezahlen?

Die Zeitungsbranche löst sich auf, denn viele Blätter verzeichnen einen dramatischen Rückgang ihrer Werbeeinnahmen. Größere Verlage sichern ihr Überleben mit neuen digitalen Geschäftsmodellen. Dabei entkoppeln sie das alte Annoncengeschäft und gründen kommerzielle Plattformen, Jobbörsen, Immobilienportale oder Nachrichtenaggregatoren, deren Algorithmen die individuellen Interessen der Nutzer widerspiegeln, doch das einstige Kerngeschäft wird zunehmend dünner. Es erscheint wie ein Widerspruch, doch inmitten der digitalen Informationsgesellschaft zerfällt der unabhängige Journalismus!

Bedeutet dieses das endgültige Aus für den Journalismus? Ich meine nicht, denn keine Gesellschaft, keine Wirtschaft, keine Politik kann auf valide Informationen und kritische

Gedanken verzichten. Demokratie braucht solche Foren, auch wenn sie für den einen oder anderen unbequem sind. Vielleicht brauchen wir Zeit, bis wir alle den Wert einer unabhängigen Presse begreifen.

Und hier liegt sogar eine Chance: Dieser Journalismus könnte besser werden. Vielleicht wird er aufhören, Aufmerksamkeit zum höchsten Gut zu erklären und auf jeder Erregungswelle mitzuschwimmen. Vielleicht wird er zum klärenden Ruhepol einer lauten Welt und schenkt uns gut recherchierte Inhalte statt oberflächlicher Schlagzeilen. Dieser neue Journalismus würde uns in einer komplexen Welt Orientierungshilfen anbieten und zu dem werden, was er seit jeher sein will: das beste Instrument der Aufklärung.

10
EVOLUTION
Von leuchtenden Fischen und Maschinenmenschen

Die zweite Natur

Die Natur schafft allmähliche Veränderungen, und der Mensch gibt ihnen die für ihn nützliche Richtung.

– Charles Darwin –

Auch wenn Sie kein regelmäßiger Kirchgänger sind, kennen Sie bestimmt das Kirchenlied »Lobe den Herren, den mächtigen König der Ehren«. Der Text stammt vom Theologen Joachim Neander, der im 17. Jahrhundert in der Nähe von Düsseldorf lebte. Ausgerechnet nach ihm wurde ein Tal benannt, das fast 200 Jahre später in die Geschichte der Evolutionstheorie eingehen sollte. Bis zum Jahr 1856 war das Neandertal bei Düsseldorf für seine romantischen Höhlen und Grotten berühmt. Über Jahrmillionen war hier eine etwa fünfzig Meter enge Schlucht aus Kalkstein entstanden, und in diesem abgeschirmten Ökotop mit seinen Wasserfällen, Höhlen und Überhängen hatte sich eine reiche Artenvielfalt entwickelt. Das faszinierende Tal galt im 19. Jahrhundert als eines der Naturwunder Deutschlands, und Bürger und Künstler schwärmten gleichermaßen von seiner Flora und Fauna.[150]

Mit der Industrialisierung begann Mitte des 19. Jahrhunderts der Kalkabbau, wobei – trotz heftiger Widerstände – Teile des Tals zerstört wurden. Im Sommer 1856 stießen zwei italienische Arbeiter auf 16 Knochenfragmente, darunter ein größeres Schädeldach. Anfangs tippte man auf Überreste eines Höhlenbären, doch der Lehrer und Naturforscher Johann Carl Fuhlrott aus Remscheid, den die Eigentümer des Steinbruchs konsultierten, schrieb die Fragmente einem Urmenschen zu, damals eine gewagte Hypothese. Andere

Experten zweifelten Fuhlrotts Theorie an, und selbst der bekannte Berliner Pathologe Rudolf Virchow schloss entschieden aus, dass es sich um die Überreste eines vorzeitlichen Menschen handeln könne.[151]

Drei Jahre nach dem Fund erschien Darwins bahnbrechendes Werk »Über die Entstehung der Arten«.[152] Er hatte zwei Jahrzehnte lang gezögert, seine Evolutionstheorie zu veröffentlichen. In seiner Einleitung entschuldigt er sich fast beim Leser: »Ich hoffe, dass man die Anführung dieser auf meine Person bezüglichen Einzelheiten entschuldigen wird: sie sollen zeigen, dass ich nicht übereilt zu einem Entschlusse gelangt bin.«

Dass der Mensch vom Affen abstamme, löste in kirchlichen Kreisen einen Aufschrei aus; der Bischof von Oxford bezichtigte Darwin der Ketzerei. Die hitzigen Debatten kühlten mit der Zeit ab, denn neue Erkenntnisse in der Verbungstheorie, der Chromosomenforschung und der späteren Entschlüsselung der Gene festigten das Konzept der Evolutionstheorie.

1996 wurde die DNA des Neandertalers vom Evolutionsgenetiker Svante Pääbo im Münchener Institut für Molekularbiologie erstmals entschlüsselt. Wie man heute weiß, verzweigte sich der Stammbaum im Laufe der Evolution. Wir, *Homo sapiens,* sind also nicht der unmittelbare Nachfahre des *Homo neanderthalensis,* sondern ein Seitenzweig. In detaillierten Genanalysen gelang den Wissenschaftlern eine molekulare Zeitreise, und so können sie die evolutionäre Abspaltung einzelner menschlicher Populationen inzwischen zeitlich einordnen.

Man geht heute davon aus, dass jeder Mensch nur etwa fünfzig zufällige Mutationen, also Veränderungen seiner Basenpaare, in sich trägt, die in der Keimbahn seiner Eltern neu entstanden sind. In jeder Generation kommen weitere fünfzig Veränderungen im Genom hinzu. Mit diesem Wissen, wobei man voraussetzt, dass etwa alle 25 Jahre eine

Generation auf die nächste folgt, kann man also die frühen Abzweigungen zeitlich sehr genau eingrenzen. Die Zahl der Veränderungen dient insofern als molekulare Uhr. So lässt sich belegen, dass vor rund 2000 Generationen, also vor etwa 50000 Jahren, der moderne Mensch aus Afrika einwanderte und den hier lebenden Neandertaler allmählich verdrängte. Wahrscheinlich gab es sogar eine Überlappungsphase, denn genetische Untersuchungen belegen, dass sich beide Menschenarten gepaart haben müssen. In unserem Genom finden sich nämlich auch Spuren von Neandertaler-DNA.[153]

Eine andere Erkenntnis der Paläogenetik: Vor 8000 Jahren hat sich, bedingt durch Einwanderung aus dem Nahen Osten, auch die genetische Zusammensetzung der hiesigen Gesellschaft von Jägern und Sammlern verändert. Diese neolithische Revolution erfolgte, wie man heute belegen kann, nicht aufgrund eines langsamen Kulturwandels, sondern ist das direkte Ergebnis der damaligen Einwanderung. In der Folge wurden die Menschen in Europa sesshaft und begannen, Ackerbau und Viehzucht zu betreiben. Ohne Zuwanderung wären wir Europäer wohl heute noch primitive Jäger und Sammler.

Seit 2009 erforscht eine Gruppe von siebzig Wissenschaftlern und Wissenschaftlerinnen an der Universität Köln im Sonderforschungsbereich 806 die genaue Ausbreitung des anatomisch modernen Menschen von Afrika aus nach Europa. Das Projekt »Our way to Europe« hat vor dem Hintergrund nationalistischer Bestrebungen eine klare Botschaft: Aus genetischer Sicht lassen sich Nationen nicht als eigenständige Populationen abgrenzen.[154] Vielmehr belegen die Untersuchungen, in welchem Maße wir alle miteinander verwandt sind.

Natürliche Evolution bleibt ein langsamer Prozess, denn die natürliche Selektion benötigt viele Generationen, bis sich neue Merkmale durchsetzen. Doch seit dem 20. Jahrhundert beginnt eine neue weitreichende Veränderung: Der Mensch selbst beginnt damit, aktiv und systematisch in biologische Prozesse einzugreifen. Zwar hat der Mensch schon lange Pflanzen und Tiere gezüchtet, doch sich dabei natürlicher Prozesse bedient, wie auch Darwin betonte: »Der Mensch erzeugt in Wirklichkeit keine Abänderungen, sondern er versetzt nur unabsichtlich organische Wesen unter neue Lebens-Bedingungen, und dann wirkt die Natur auf deren Organisation und verursacht Veränderlichkeit.«[155]

Doch inzwischen werden Pflanzen und andere Organismen durch unsere gezielten Eingriffe verändert. Mit gentechnischen Verfahren werden einzelne Gene in das Erbgut eingeschleust. So führt zum Beispiel der Einbau herbizidresistenter Gene bei Baumwollpflanzen, Soja oder Mais dazu, dass diese Pflanzen immun sind gegen Pflanzengifte, was die Unkrautbekämpfung vereinfacht. Wird das Herbizid ausgebracht, sterben die Unkräuter, während die resistenten Nutzpflanzen keinen Schaden nehmen. Inzwischen werden weltweit auf über 100 Millonen Hektar herbizidresistente Arten angebaut,[156] und wahrscheinlich besteht auch Ihr T-Shirt aus genetisch veränderter Baumwolle. Arzneimittel wie Insulin oder besondere Krebsmedikamente werden ebenfalls aus gentechnisch veränderten Organismen gewonnen. Alleine in Deutschland sind derzeit rund 110 gentechnisch hergestellte Wirkstoffe in etwa 150 Medikamenten zugelassen.[157]

Vor einigen Jahren habe ich das Jackson Laboratory in Bar Harbor, USA, besucht. Hier hat man sich darauf spezialisiert, Labormäuse gezielt genetisch zu verändern. Forscher arbeiteten schon lange mit Mäusen, denn ihr Erbgut ist zu etwa 95 Prozent mit dem unseren identisch. Mäuse leiden unter ähnlichen Krankheiten wie wir, erkranken an Krebs, reagieren auf dieselben Gifte und entwickeln wie wir Allergien gegenüber bestimmten Substanzen. Durch den Einbau menschlicher Gene in das Erbgut der Maus entstehen transgene Tiere, die für Medikamententests genutzt werden. Das

Tier besitzt also ein Teil unserer Gene und wird zu einem Modell für uns Menschen. Inzwischen kann man im Jackson Lab 9000 genetisch veränderte Mäusetypen per Katalog ordern. Onkologen, Neurobiologen und Immunologen aus aller Welt erproben an diesen Tieren Therapien, die später bei der Entwicklung von Medikamenten für uns Menschen helfen.

Bei meinem Besuch führte man mich in Schutzkleidung durch lange Hallen mit Tausenden von Käfigen. Bei manchen Tieren, man spricht von Knockout-Mäusen, wird ein bestimmtes Gen abgeschaltet. In einem Käfig sah ich zum Beispiel überfette Mäuse, die fast drei Mal so schwer waren wie ihre Artgenossen. Bei ihnen hatte man ein bestimmtes Fett-Gen, auch Leptin-Gen genannt, abgeschaltet.[158] Ihr Körper produzierte daraufhin das appetitzügelnde Hormon Leptin nicht mehr, und so fraßen die Mäuse unentwegt und wurden fettleibig und träge. Es gibt mehrere Tausend Arten von Knockout-Mäusen. Manche entwickeln Diabetes oder Arthritis, sind resistent gegenüber bestimmten Viren oder leiden durch die Genveränderung an bestimmten Krebserkrankungen. Bei Nacktmäusen ist das eigene Immunsystem abgeschaltet. In speziell temperierten und sterilen Boxen warteten die Tiere auf ihre Reise in ein medizinisches Forschungslabor. Ich erinnere mich, wie gespalten ich war, denn einerseits bedrückte mich diese Manipulation durch den Menschen, andererseits wurde mir in den langen Diskussionen mit den Mitarbeitern vor Ort auch klar, dass ich und meine Kinder am Ende Nutznießer dieser Forschung sein werden. Tierversuche sind ein problematisches Feld, und es gibt kein einfaches Pro oder Kontra.[159] Ich habe viele Wissenschaftler kennengelernt, die trotz jahrelanger Forschung noch immer mit Gewissensbissen kämpfen.

Ganz anders erlebte ich die Situation 2004 bei der Jahresversammlung der AAAS in Seattle. Die American Association for the Advancement of Science ist die weltweit größte

Wissenschaftsgesellschaft und Herausgeberin der bekannten Fachzeitschrift *Science.* Der südkoreanische Tierarzt Woo-Suk Hwang hielt den Eröffnungsvortrag und offenbarte dem erstaunten Publikum, dass es ihm als erstem Wissenschaftler weltweit gelungen war, aus menschlichen Körperzellen Embryonen zu klonen und aus diesen wiederum Stammzellen zu gewinnen. Hwang bedankte sich in seiner Rede ausdrücklich bei den Frauen, die hierfür angeblich freiwillig Eizellen gespendet hatten.

Die Nachricht schlug ein wie eine Bombe. Hunderte Journalisten verbreiteten entsprechende Meldungen, und am nächsten Tag befassten sich weltweit alle großen Zeitungen und Fernsehstationen mit den koreanischen Klonexperimenten.

Unmittelbar nach seinem Vortrag lief ich zum Rednerpult und bat Hwang um seine Notizen, und zu meinem Erstaunen überließ er mir den Redetext (siehe Anhang). Mir fiel gleich auf: Die gesamte Rede war auf dem Computer getippt, doch ausgerecht die Passage, in der er auf die ethischen Aspekte einging, hatte er mit der Hand geschrieben. Das kam mir irgendwie merkwürdig vor. Ohnehin war das Timing der Ankündigung verdächtig: Die AAAS sorgte mit Hwangs Vortrag für einen Paukenschlag, denn eine bessere PR hätte man sich für den Beginn der Konferenz kaum vorstellen können.[160]

In den darauffolgenden Wochen studierte ich gemeinsam mit meinen Kollegen Hwangs Publikation im Wissenschaftsjournal *Science.* Besonders verblüfft waren wir über eine Ethikkommission, die dieses brisante Experiment angeblich genehmigt und begleitet hatte. In Deutschland wurde zur selben Zeit die Stammzellendebatte geführt, und hierzulande wäre ein solcher Versuch absolut undenkbar gewesen.

Zusammen mit meiner Kollegin Ilka aus der Mark von der Quarks & Co-Redaktion flog ich nach Korea, damit wir uns vor Ort ein Bild machen konnten. Schon Hwangs Institut an der Staatlichen Universität in Seoul war beeindruckend. Hier erinnerte nichts an die Forschungslabore, die ich von anderen Universitäten kannte. Die Ausstattung war hochmodern, es mangelte an nichts. Hier war offensichtlich sehr viel Geld vorhanden. Wir wurden in Schutzkleidung durch verschiedene Bereiche geführt, und dabei zeigte man uns neugeborene geklonte Schweine, die in sterilen Brutkästen von einer wärmenden Infrarotlampe angestrahlt wurden – ein gespenstisches Bild. An einem Tisch extrahierten ein halbes Dutzend Mitarbeiterinnen Eizellen aus Gebärmüttern, die von Schlachthofschweinen stammten. In anderen Laborräumen wurden unter dem Mikroskop Eizellen entkernt.

Beim reproduktiven Klonen unterscheidet man drei Phasen: Zunächst entnimmt man einem Tier oder einem Menschen eine Körperzelle. Beim Klonschaf Dolly war es eine Euterzelle. Aus dieser Zelle entnimmt man den Zellkern, der das Erbgut enthält, und gibt diesen in eine weitere zuvor entkernte Eizelle. In einer Nährlösung schwimmend und elektrisch stimuliert, beginnt sich die geklonte Zelle wie eine befruchtete Eizelle zu teilen. In einem dritten Schritt wird der Embryo in diesem frühen Stadium seiner Entwicklung, man spricht vom Blastozystenstadium, in die Gebärmutter einer Leihmutter eingepflanzt. Der Nachwuchs ist genetisch identisch mit dem Zellkernspender; Dolly war also eine Kopie ihrer »Zellkernmutter«. In der Realität treten bei jedem Schritt Komplikationen auf, Klonen ist also keinesfalls so einfach, wie es mitunter dargestellt wird. Das Klonschaf Dolly war zum Beispiel der einzig gelungene von 277 Versuchen. Bei Hwangs Experimenten mit menschlichen Stammzellen waren also ebenfalls viele Versuche nötig, von 185 Spenderzellen war in der Publikation die Rede.

»Wollen Sie sehen, wie man Schweine klont?« Hwang begrüßte uns mit scharfer Stimme. Kurz darauf verließen wir in rasendem Tempo die Innenstadt von Seoul und erreichten einen unscheinbaren Schweinestall. Während der Fahrt blickte mich Ilka immer wieder an. Hwangs Arroganz und Herrschsucht waren unübersehbar, nichts ging ihm schnell genug. Nie zuvor war mir ein derartiger Wissenschaftler begegnet. Im Stall angekommen, wurde eines der Schweine betäubt, und Hwang pflanzte dem Leihmuttertier die aus seinem Labor mitgebrachten Blastozysten ein. Die Art und Weise, wie er vorging, hatte etwas Brutales. »Pali, pali«, schrie er, »schnell, schnell!« Nach dem Eingriff, den er in Windeseile absolvierte, zeigte er uns in den benachbarten Gattern einige Klonschweine. Die Tiere waren noch jung, aber sie wirkten dennoch alt. Als Jugendlicher habe ich oft bei einem Bauern ausgeholfen und kann einem Tier sein Alter ansehen. Doch hier grunzte ein sonderbarer Mix, junge Großväter und Großmütter. Bei Klontieren ist es ohnehin nicht einfach, das Alter zu definieren, denn das eingepflanzte Erbgut ist ja bereits alt, bevor daraus überhaupt ein neues Lebewesen entsteht. Auch das Klonschaf Dolly musste nach nur sechs Jahren aufgrund einer schweren Lungenkrankheit eingeschläfert werden. Die natürliche Lebenserwartung von Schafen liegt mit zwölf bis zwanzig Jahren weit höher.

Zurück in Seoul erkundigten wir uns nach der Ethikkommission, die das Klonexperiment angeblich begleitet hatte. Doch immer wieder wurden wir abgewimmelt, keiner der Institutsmitarbeiter war für uns zu sprechen. Ilka und ich zweifelten immer mehr und nahmen Kontakt mit dem Präsidenten der koreanischen Bioethikkommission Sang-yong Song auf. Dieser empfing uns am nächsten Tag, und in einem ausführlichen Gespräch stellte sich heraus, dass weder er noch eines der Mitglieder der nationalen Kommission bei Hwangs Experimenten konsultiert worden war. An der Sache war etwas faul, daran hatten Ilka und ich inzwischen keinen Zweifel. Ich bat den Präsidenten, ein offizielles Schreiben für uns aufzusetzen, denn wir waren uns sicher, dass die Ethikkommission, die bei den Klonversuchen angeblich eingeschaltet worden war, eine Erfindung war.

Wieder in Deutschland kontaktierte ich Philip Campbell, den Chefredakteur der Zeitschrift *Nature.* Wir hatten uns mehrfach bei anderen Gelegenheiten getroffen, und ich sagte ihm in aller Offenheit: »Phil, an dieser Sache stimmt etwas nicht!« Am 10. Mai 2004 mailte ich ihm die schriftliche Stellungnahme von Herrn Song. In den folgenden Wochen und Monaten fiel das Kartenhaus in sich zusammen. Von mehreren Seiten prüften unabhängige Wissenschaftler jedes Detail, und schließlich entpuppte sich das koreanische Klonexperiment als einer der größten Fälschungsskandale der modernen Forschungsgeschichte. Im November 2005 trat Hwang von all seinen Ämtern zurück. Es gab Disziplinarverfahren gegen ihn und einige seiner Mitarbeiter, und in einem aufsehenerregenden Prozess wurde er, der Starwissenschaftler, zu einer Haftstrafe von 18 Monaten auf Bewährung verurteilt. Im Zuge des Gerichtsverfahrens wurde unter anderem bekannt, dass große Teile seiner Arbeit gefälscht waren und dass er sogar über die russische Mafia Mammutgewebe aus dem Permafrost besorgt hatte, um damit zu experimentieren.

Inzwischen forscht Hwang in einem privat finanzierten Forschungsinstitut weiter und bietet zahlungskräftigen Kunden an, den Haushund zu klonen. »Sooam Biotech macht es möglich, die Beziehung zu Ihrem (verstorbenen) Hund zu verlängern ... Wir klonen nicht nur Hunde, wir heilen auch Ihr gebrochenes Herz«, heißt es auf der Internetseite des Unternehmens.[161]

Inzwischen werden immer mehr Tiere geklont, doch zu den privat finanzierten Labors erhalten kritische Journalisten nur schwer Zutritt. Von Insidern erfuhr ich, dass manche Millionäre viel Geld investieren, um herausragende Rennpferde oder Kamele zu klonen.

Spätestens mit den Klonversuchen wird deutlich, dass die Evolution, die Darwin erforscht hatte, eine neue Richtung einschlägt. Inzwischen kann man zum Beispiel genetisch manipulierte Leuchtfische kaufen. Um die Jahrtausendwende schafften es Wissenschaftler der National University of Singapore, das entsprechende Gen einer grün fluoreszierenden Qualle auf Zebrabärblinge zu übertragen. Die Fische leuchten unter der Einwirkung von Schwarzlicht grünlich. In den Folgejahren wurde die Farbpalette um Gelb und Rot erweitert. Ursprünglich wollte man über die Fluoreszenzänderung die Wasserqualität prüfen, doch schnell erkannte man ein Geschäft: Inzwischen kann man die Fische in sechs Leuchtfarben kaufen, von *electric green* bis *galactic purple.* Auf der Internetseite des Herstellers GloFish heißt es »born brilliant!«,[162] und natürlich kann man die erschaffenen Wesen online bestellen. Momentan sind Zucht und Vertrieb dieser Fische innerhalb der Europäischen Union offiziell verboten, doch nicht jeder scheint sich an dieses Verbot zu halten.[163] Mit der Zeit gewöhnen wir uns an die neuen Kreationen. Der Schweizer Autor Martin Suter beschreibt in seinem lesenswerten Roman »Elefant« die Geschichte eines kleinen rosa leuchtenden Elefanten ...[164]

Eingriffe in den Organismus prägen die zweite Evolution. Inzwischen akzeptieren wir die Methoden der In-vitro-Fertilisation (IVF; künstliche Befruchtung), der Intrazytoplasmatischen Spermieninjektion (ICSI) und des Kryotransfers (Einfrieren der Eizellen). Etwa 10 bis 15 Prozent aller europäischen Paare sind ungewollt kinderlos, und für diese Menschen ist die moderne Technik ein Segen. Weltweit sind inzwischen etwa eine Million Kinder mit diesen Methoden gezeugt gekommen, und jedes Jahr werden es mehr. Alleine in Deutschland unterziehen sich jedes Jahr etwa 50 000 Frauen einer IVF-Prozedur, und weitere 16 000 lassen ihre Eizellen einfrieren. In den vergangenen zwei Jahrzehnten hat sich die Zahl der Kaiserschnitte mehr als verdoppelt, und in vielen Fällen wird die Schwangerschaft selbst von zahlreichen Analysen und Diagnosen, wie einer Fruchtwasseruntersuchung, begleitet. Geburtsrisiken und Kindersterblichkeit haben dramatisch abgenommen.

Als Darwin sein bahnbrechendes Werk veröffentlichte, lag die Kindersterblichkeit bei etwa 25 Prozent. Jedes vierte Kind starb also während der Geburt oder in den ersten fünf Lebensjahren. Sie müssen sich lediglich ihre eigene Familienchronik genauer anschauen und werden mit großer Sicherheit auf solche tragischen Fälle stoßen. In den Industrienationen gelang es durch die Weiterentwicklung der Geburts- und Perinatalmedizin, die Kindersterblichkeit drastisch zu reduzieren. Inzwischen sterben hierzulande nur noch fünf von tausend Säuglingen.

Eine neue Methode verspricht einen nochmaligen epochalen Wechsel: CRISPR/Cas, auch einfach Crispr genannt. Zwei Wissenschaftlerinnen, Emmanuelle Charpentier und Jennifer Doudna, erforschten vor einigen Jahren die Immunabwehr von Bakterien, die von Viren angegriffen werden. Im Gegensatz zu uns besitzen diese einfachen Lebewesen jedoch kein komplexes Immunsystem. Die Viren bauen ihr Erbgut in die DNA der Bakterien ein. Man kann sich den Prozess so vorstellen, als würde ein fremdes Wort in einen bestehenden Text eingefügt. Die Bakterien wehren sich und sind sogar in der Lage, dieses »Wort« zu entfernen. Sie nutzen dabei ein Schneide-Eiweiß (eine Art Schere) in Kombination mit einem Sucher-Protein, sodass die entsprechende »Textstelle« ausfindig gemacht, das Wort herausgeschnitten und das Virus somit unschädlich gemacht wird. Das Prinzip funktioniert ganz ähnlich wie bei dem Textverarbeitungsprogramm, mit dem ich dieses Buch schreibe. Ich kann auf einfache Weise in einem langen Text ein bestimmtes Wort suchen, es ausschneiden und durch ein anderes Wort ersetzen. Mit diesem erstaunlich einfachen biochemischen Cut-and-Paste-Verfahren wehren sich die Bakterien also gegen Viren.

Schnell wurde den Beteiligten bewusst, dass sich mit der Crispr-Methode gezielt und einfach Genabschnitte verändern lassen. Als die Wissenschaftlerinnen ihre Erkenntnisse 2012 im Fachjournal *Science* veröffentlichten,[165] erzeugten sie ein weltweites Erdbeben in der Wissenschaftsgemeinde. Kurze Zeit später publizierte der Bioingenieur Feng Zhang vom Massachusetts Institute of Technology (MIT) ein weiteres Paper und demonstrierte, wie sich die Methode auch bei anderen Lebewesen anwenden ließ.

Der geniale Vorteil von Crispr ist die Einfachheit, mit der Genveränderungen nun vorgenommen werden können, da jeweils auf eine standardisierte Schere zurückgegriffen wird. Das weltweite Interesse an dieser neuen Methode ist riesig. Innerhalb weniger Monate wurden die Erkenntnisse von Charpentier, Doudna und Zhang auch in anderen Instituten weltweit aufgegriffen. 2016 gab es bereits über tausend weitere Veröffentlichungen auf diesem Gebiet, ein Beleg dafür, wie relevant Crispr im Bereich der Genforschung ist. Natürlich witterte auch die Industrie das große Geschäft und stürzte sich sogleich auf das Thema. Wie in Zeiten des Goldrauschs versucht jedes Unternehmen, seine Claims abzustecken. Inzwischen gibt es Hunderte Patentanmeldungen weltweit. Selbst die Entdecker und ihre Institute liefern sich einen heftigen Streit darüber, wem die Rechte gehören und wer genau welchen Anteil am Erfolg der Crispr-Methode hat. In der Fachwelt zweifelt niemand daran, dass der Nobelpreis an diesen Forschungszweig gehen wird.

Nun werden völlig neuartige Superpflanzen denkbar, denen man mithilfe von Crispr ein oder mehrere Gene einpflanzt, um sie widerstandsfähiger zu machen, sie vor Krankheiten zu schützen, ihren Vitamingehalt zu steigern, bestimmte Allergene zu unterdrücken oder ihr Wachstum zu beschleunigen. In der Viehzucht sieht es ähnlich aus, denn auch hier kann man die gewünschten Eigenschaften so leicht wie nie zuvor in das Lebewesen hineinprogrammieren.

Und natürlich tun sich auch beim Menschen völlig neue Optionen auf: Die Duchenne-Muskeldystrophie ist die häufigste muskuläre Erbkrankheit bei Kindern und betrifft fast ausschließlich Jungen. Sie wurde nach dem Neurologen Guillaume Duchenne benannt, der sich im 19. Jahrhundert mit der elektrischen Erregbarkeit von Muskeln befasste. Bei den Betroffenen fehlt in den Muskeln das Eiweiß Dystrophin, was Muskelschwund zur Folge hat. Irgendwann können die Betroffenen nicht mehr gehen oder Treppen steigen, ihre Atmungsmuskulatur verkümmert, sodass sie nicht einmal richtig abhusten können, und auch der Herzmuskel wird geschwächt. Die Lebenserwartung ist bei diesen Menschen deutlich verkürzt. Man schätzt, dass in Deutschland etwa 1500 bis 2000 Jungen und Männer unter Muskeldystrophie leiden.

Damit der Eiweißstoff Dystrophin sich bilden kann, wird zunächst das entsprechende Duchenne-Gen im Erbgut abgelesen. Bei den Betroffenen gibt es genau hier Fehlstellen, an denen der Ablesevorgang unterbrochen wird. Mit der Crispr-Methode kann man diese Fehlstellen im Erbgut erstmals entfernen, wodurch der Körper wieder Dystrophin bilden kann. In ersten Versuchen an Mäusen führte die Methode bereits zum Erfolg,[166] und nach vielen weiteren Tests wird die Crispr-Therapie eines Tages vielleicht auch beim Menschen angewendet werden. Es wäre eine medizinische Revolution, denn die Wissenschaft kennt alleine etwa 6000 Erbkrankheiten, die auf einen Gendefekt zurückgehen, für die es aber bisher in 95 Prozent der Fälle keine Therapiemöglichkeiten gibt.

Überall auf der Welt entstehen im Zusammenhang mit Crispr neue Start-up-Unternehmen, wie zum Beispiel Exonics Therapeutics[167] oder das Bostoner Start-up Editas Medicine, in das auch Google und Bill Gates Millionen investieren.[168] Auf der Homepage von Editas heißt es euphorisch: »Es gibt im Leben nur seltene Momente, in denen Wissenschaft uns überrascht, wo Dinge möglich werden, die einst undenkbar waren. Dieses ist ein solcher Moment!« Offen gesagt bin ich vorsichtig mit zu eiligen Heilsversprechen.

Oft entpuppen sich großartige Ideen als schneller Hype für Investoren und als Spielwiese von Spekulanten.

Vor zwanzig Jahren etwa gab es den Hype um das angebliche Antifett-Gen, das die Produktion von körpereigenem Leptin steuert. Der US-Biotechriese Amgen zahlte damals für das Patent von künstlich hergestelltem Leptin die stolze Summe von 20 Millionen US-Dollar und versprach, das wachsende Problem der Fettleibigkeit mit seinem Präparat zu lösen; doch die Rechnung ging nicht auf. Vollmundige Meldungen aus der Bio- oder Gentechbranche lese ich inzwischen mit gehöriger Vorsicht, denn oft versteckt sich dahinter eher das aggressive Marketing der Investoren. Die oft kritischeren Einschätzungen der involvierten Wissenschaftler findet man hingegen selten.

Für die Zulassung eines einzigen Medikaments werden bis zu 1,6 Milliarden Dollar benötigt, denn auf die Tests im Reagenzglas folgen mehrere aufwendige Zulassungsprüfungen und drei klinische Erprobungsphasen.[169] Dabei wird zunächst die Verträglichkeit getestet (Phase I), dann finden Tests an ausgewählten Patienten statt (Phase II), und in der letzten Phase folgt die Massenerprobung des neuen Medikaments. Ein neues Medikament braucht rund 13 lange Jahre vom Labor bis in die Apotheke, und den Spießrutenlauf der drei klinischen Phasen überlebt nur eines von zehn Präparaten. Noch aufwendiger ist die Erprobung neuartiger Genmethoden wie Crispr, doch die Fachwelt sieht hier realistische Chancen für einen Durchbruch.

Die Möglichkeit, unser Erbgut eines Tages mit der Crispr-Methode präzise zu editieren, wäre ein Quantensprung für die Medizin. Die Geschichte der Evolution würde umgeschrieben. Aus dem viel zitierten *Erkenne dich selbst* würde ein *Verändere dich selbst* werden. Homo sapiens würde damit direkt in die Evolution eingreifen. Durch gezielte Genmanipulationen in der Keimbahn würden Erbdefekte korrigiert, die dann auch nicht mehr von einer Generation an die nächste weitergegeben würden. Die Medizin würde damit nicht nur in die Gegenwart, sondern auch in die Zukunft eingreifen.

Dabei könnte die Definition, was eine »Krankheit« ausmacht, schnell unscharf werden: Was, wenn sich damit auch die Kleinwüchsigkeit oder sogar die Intelligenz eines Menschen beeinflussen ließe? Würden Sie nicht vielleicht auch die Gelegenheit ergreifen, wenn Sie wüssten, dass Ihr Nachwuchs dadurch bessere Chancen erhielte? Was also genau wären die treibenden Motive einer solchen Optimierung? Und worin würde sie münden?

Schon heute können wir in einem anderen Bereich ablesen, wohin der Weg auch hier führen könnte. Stellen Sie sich den kleinen Paul vor, einen lebendigen, freudigen Jungen, der in diesem Moment in der fünften Klasse in seiner Schulbank sitzt. Paul träumt gerne, interessiert sich mehr für andere Dinge als für seine Schulbücher, und im Unterricht wirkt er manchmal abwesend. Schon öfter hat ihn die Lehrerin ermahnt, und letzte Woche wurde er umgesetzt, denn Paul hat sich zu oft mit seinem Nachbarn Thomas unterhalten. Seine Hausaufgaben lassen manchmal zu wünschen übrig. Paul will lieber draußen spielen, und bereits drei Mal hat die Lehrerin einen längeren Kommentar in sein Schulheft geschrieben. Gestern gab es die Mathearbeit zurück, und erneut hat Paul eine Fünf. Pauls Mutter hat sich vor vier Wochen mit der Klassenlehrerin unterhalten, die verzweifelt, weil Paul sich beim Rechnen nicht konzentriert. Von einer Bekannten hörte Pauls Mutter, dass er vielleicht unter einer Aufmerksamkeitsstörung leidet, vielleicht ADS/ADHS. Da Paul schon länger Probleme hat, dem Unterricht zu folgen, klingeln die Alarmglocken. Wenn es so weitergeht, wird er das Schuljahr nicht schaffen, und was dann? »Paul verbaut sich seine Zukunft, es muss etwas passieren«, meint der Vater.

Fünf Wochen später, Paul sitzt in seiner Schulbank. Er arbeitet gewissenhafter, und die Lehrerin hat ihn bereits mehrfach gelobt. Pauls Leistungen haben sich verbessert, seine Noten geben Grund zur Hoffnung. Auch zu Hause hat der Stress abgenommen. Seit einigen Wochen nimmt Paul morgens beim Frühstück eine halbe Tablette, darin enthalten nur fünf Milligramm des Wirkstoffs Methylphenidat. Das Medikament wurde ihm von einem Psychotherapeuten verschrieben, den seine Mutter mit ihm aufsuchte. Die orangefarbene Pillenpackung liegt auf dem Küchentresen: »Ritalin« steht darauf.

Im Jahr 1993 wurden in ganz Deutschland ganze 34 Kilogramm Methylphenidat verschrieben und konsumiert.[170] Für die Wunderdroge begann ein einzigartiger Siegeszug. Inzwischen liegt der Jahresverbrauch alleine in Deutschland bei aberwitzigen 1,8 Tonnen! Das entspricht etwa 60 Millionen Tagesdosen. Paul ist also nicht alleine. Täglich schlucken mehr als 150 000 Schüler oder Studenten die Wunderpille, um damit konzentrierter und besser zu lernen.

Aus dem Konsum von Methylphenidat ist inzwischen ein Milliardendollargeschäft geworden, und Fachleute beklagen, dass das Präparat bei angeblichen Verhaltensproblemen zu rasch verschrieben wird. In einer gemeinsamen Untersuchung dreier Schweizer Universitäten wurden 6275 Studenten befragt.[171] Jeder siebte Student greift während der Prüfungsphasen auf diese sogenannten Neuro-Enhancer zurück. Besonders in den Fachbereichen Chemie, Journalismus und Architektur ist der Konsum hoch. Das angegebene Motiv lautet: Stress und Leistungsdruck.

Wir betäuben unser Gehirn, um mitzuhalten, und merken nicht, wie die dahinter wirkenden Kräfte sich von den natürlichen Lebensprozessen abnabeln. Wir reduzieren die wundersame Vielfalt des Lebens auf die Eindimensionalität der Ökonomie. Wer Leistung, Ertrag und Gewinn als modernen Ausdruck von Darwins *Überleben des Stärkeren* deutet, missversteht den Forscher. In Darwins Vorstellung von der Evolution waren wir stets Betrachter einer komplexen und vielfältigen Welt, die ihren eigenen magischen Regeln gehorcht. Die atemberaubenden Fortschritte unserer Apparate und Techniken verleiten uns nun dazu, diese Welt nach unseren eigenen Regeln zu verändern. Wird die Evolution 2.0 den natürlichen Lauf der Dinge ablösen? Doch wo ist ihr Plan?

Darwin selbst erkannte früh die Unmöglichkeit eines solchen Unterfangens. Das dritte Kapitel seines Werkes »Über die Entstehung der Arten« endet mit einer bemerkenswert weitsichtigen Erkenntnis: »Es ist ganz gut, in dieser Weise einmal in Gedanken zu versuchen, irgendeiner Form einen Vorteil über eine andere zu verschaffen. Wahrscheinlich wüssten wir nicht in einem einzigen Falle, was wir zu tun hätten, um Erfolg zu haben. Dies sollte uns die Überzeugung von unserer Unwissenheit über die Wechselbeziehungen zwischen allen organischen Wesen verschaffen: eine Überzeugung, welche ebenso notwendig als schwer zu erlangen ist.«[172]

Jeder Urwald und jeder Ozean erfüllt uns mit diesem überwältigenden Gefühl unserer »Unwissenheit über die Wechselbeziehungen«. In diesem berührenden Konzert atemberaubender Vielfalt spüren wir unsere tiefe Verbundenheit zur Natur. Keine künstliche Kreation kann diesen Kosmos der Vielfalt ersetzen. Auch wenn wir die Gesetze und Regeln dieser Wechselbeziehungen nicht durchschauen, so wissen wir eines: Wir gehören dazu.

Ich bin kein Roboter

We can only see a short distance ahead.
(Wir können nur ein kleines Stück voraussehen)
- Alan Turing -[173]

Ich bin kein Roboter, diesen Satz muss ich manchmal durch Anklicken im Internet bestätigen, wenn ich z.B. eine Nachricht versenden möchte, oder ich muss die auf einem Bild eingeblendete Buchstabenfolge eingeben, um zu beweisen, dass ich aus Fleisch und Blut bin.

Wenn man so will, begegnen wir einem virtuellen Türsteher, dessen Aufgabe darin besteht, Spamprogramme oder andere automatische Dienste abzublocken. Diese sogenannten Captcha-Programme unterscheiden also, ob gerade ein Mensch oder eine Maschine die Internetseite besucht.[174] Captcha ist das Kürzel für »Completely Automated Public Turing Test To Tell Computers And Humans Apart« (Automatischer Turing-Test, um zwischen Menschen und Maschinen zu unterscheiden). Es handelt sich um einen Algorithmus, der uns Menschen eine Aufgabe zu lösen gibt, die die automatische Software überfordern würde. Mal ist es das Erkennen einer verzerrten Buchstabenfolge, oder aber wir werden aufgefordert, in einem Bildmosaik zum Beispiel nur Katzen oder Hunde anzuklicken. Die Grundidee dieses Tests geht auf den genialen Mathematiker Alan Turing zurück und wird daher *Turing-Test* genannt.[175] Für Turing hätte ein Computer diesen Test bestanden, wenn ein Mensch sich in der Kommunikation mit der Maschine nicht sicher ist, ob er einen Menschen vor sich hat oder nicht.

Turing stellte bereits 1950 die provokante Frage: Können Maschinen denken? Er war davon überzeugt: »Wir können hoffen, dass Maschinen schließlich mit Männern in allen rein intellektuellen Feldern konkurrieren werden.« Er sollte recht behalten (auch wenn das mit den »Männern« heute komisch klingt), denn inzwischen spielen Computer Schach oder das asiatische Brettspiel Go und schlagen selbst die besten menschlichen Spieler. Roboter fertigen Autos und beginnen dabei, immer selbstständiger zu werden. Sie erkennen ihr Umfeld und reagieren auf äußere Reize. Roboter trösten sogar, als kleine Robbe getarnt, manchen Bewohner im Altenheim. Diese japanische Erfindung wird inzwischen auch in Deutschland eingesetzt. Die »Babyrobbe« ist mit einer Vielzahl von Sensoren ausgestattet und reagiert z. B. auf Licht, Geräusche und Berührung. Sie antwortet dabei mit der Bewegung ihrer Flossen, mit Lauten oder einem Augenaufschlag. Alte Menschen, die lange in sich gekehrt waren, reagieren auf das »Tier«, beginnen es zu streicheln und sprechen es an. Vielleicht sehen die dementen Menschen in dieser Maschine tatsächlich ein Lebewesen.

Im Science-Fiction-Film »Ex Machina« von Alex Garland begegnet der Hauptdarsteller Caleb der betörend schönen Roboterfrau Ava. Caleb ist irgendwann derart von der Individualität der hübschen Roboterin angetan, dass er sie vor einer Reprogrammierung schützt und dazu die vorhandenen Sicherheitssysteme außer Kraft setzt. Am Ende erweist sich Ava jedoch als kühl berechnender Apparat, der die Zuneigung des Menschen lediglich dafür benutzt hat, die eigene Flucht zu organisieren. Der Mensch verliert bei diesem umgekehrten Turing-Test, und die Maschine übernimmt.

Oft gibt es bei solchen Fiktionen eine klare Trennlinie zwischen Mensch und Maschine; die künstliche und die organische Welt stehen sich im Kampf gegenüber. Solche Plots gleichen langweiligen Westernfilmen: Indianer gegen Cowboys, Schwarz gegen Weiß. Doch was, wenn die Grenze verschwimmt, wenn die Kontrahenten sich vereinen zu einem Hybrid, einer Mischform aus beiden Welten?

Vor hundert Jahren stellte der Arzt einen Totenschein aus, wenn das Herz eines Patienten aufgehört hatte zu schlagen. Nach der damaligen medizinischen Auffassung markierte der Herzstillstand den Tod. Doch inzwischen werden in den Intensivstationen unserer Kliniken täglich solche früher für tot erklärten Menschen erfolgreich wiederbelebt.[176] Mit Herzschrittmachern leben sie weiter. Der eingepflanzte Apparat – andere Beispiele sind Cochlea-Implantate oder Insulinpumpen –, ein kaltes Stück Technik, ersetzt dabei ein krankes Körperteil. Jedes Jahr werden alleine in Deutschland etwa 180 000 künstliche Hüftgelenke und rund 100 000 Herzschrittmacher eingesetzt.[177] Es gibt bereits erste Prothesen, die von den Betroffenen mit Gedanken gesteuert werden. Es wird mit bionischen Augen mit lichtempfindlichen Sensoren experimentiert, die ihre Signale an das Gehirn weiterleiten, oder mit tastempfindlichen künstlichen Händen, die den Amputierten ihr Fingerspitzengefühl zurückgeben sollen.[178]

Während also ein Teil der Forschung und Entwicklung sich auf die Kompensation von geschädigten Organen und Gliedmaßen konzentriert und intelligente Prothesen herstellt, arbeitet ein anderer Zweig daran, unsere Gedanken für die Steuerung von Apparaten einzusetzen. Maschinen lassen sich inzwischen nur durch die Augenbewegung kontrollieren, und man sucht nach immer neuen Wegen, um unsere Gehirnimpulse auszulesen. Unternehmen wie Facebook wollen uns damit die Tastatur ersparen und behaupten, dass wir eines Tages nur über unsere Gedanken Texte und Nachrichten verfassen können.[179]

Für besonderes Aufsehen sorgte eine künstliche Gebärmutter, die von Wissenschaftlern des Children's Hospital of Philadelphia entwickelt wurde. Der *Biobag* ist ein durchsichtiger Kunststoffsack, der Fruchtwasser und darin den Fötus eines Lamms enthält.[180] Die Lammföten, die in ihrer Entwicklung etwa einer menschlichen Frühgeburt in der 23. Schwangerschaftswoche entsprachen, überlebten und wuchsen sogar während des vierwöchigen Experiments ohne besondere Auffälligkeiten. Vielleicht, so die Hoffnung der Ärzte, hätten auf diese Weise auch extrem früh geborene menschliche Babys irgendwann bessere Überlebenschancen.

Neben künstlichen Gebärmüttern und elektronischen Maschinenimplantaten arbeiten andere Wissenschaftler an nachgezüchteten Organen. Mithilfe von Stammzellen gelingt der Nachbau von Miniorganen bereits im Labor, und in den kleinen Glasschalen schlagen Herzmuskelzellen oder winzige Mägen.[181] 2009 entwickelte der Immunologe und Molekulargenetiker Hans Clevers eine revolutionäre Methode, mit der man aus körpereigenen Stammzellen praktisch unbegrenzt solche *Organoide* herstellen kann. Inzwischen züchten weltweit über 200 Labore Mini-Mägen, winzige Nieren und zwergenhafte Lebern.

Ich traf Hans Clevers 2016 in Hamburg, wo ihm der Körber-Preis für die Europäische Wissenschaft verliehen wurde, und wir diskutierten über das Potenzial seiner Forschung.[182] Dabei berichtete er Erstaunliches: Lange Zeit nahmen Biologen an, dass Stammzellen altern und sich nicht beliebig oft teilen können. Irgendwann endet der natürliche Teilungsprozess, und die Zellen in unserem Körper sterben ab. In seinem Labor an der Universität Utrecht experimentierten er und seine Gruppe mit Mäusestammzellen, und selbst nach sieben Jahren, was die Lebenserwartung der Nager selbst weit übertrifft, teilten sich diese Zellen noch immer. Damit eröffnet sich eine aufregende Vision: Die Medizin ist eines Tages vielleicht in der Lage, uns ständig mit frischen Körperzellen und Organen zu versorgen – wir würden unsterblich! »Wäre es also möglich, dass wir beide uns in 500 Jahren wiedersehen?«, fragte ich Hans. Er zögerte: »Technisch ist das vielleicht sogar machbar, aber willst du das wirklich?«

Der Traum vom ewigen Leben zieht sich wie ein roter Faden durch unsere Kulturen. Der bislang älteste bekannte Mensch war die Französin Jeanne Calment.[183] Sie starb 1997 im Alter von 122 Jahren. Als 14-Jährige arbeitete sie in einem Pariser Geschäft für Kunstmalerbedarf und verkaufte Bleistifte an Vincent van Gogh. Sie sah, wie Arbeiter den Eiffelturm errichteten, und erlebte beide Weltkriege. Die Zahl der sogenannten *Supercentenarians,* also Menschen, die das hundertste Lebensjahr überdauern, nimmt zu, wie sich auch die allgemeine Lebenserwartung in den Industrienationen in den vergangenen Jahrzehnten stetig verlängert hat.

Jan Vijg, ein Genetiker am Albert Einstein College of Medicine in New York, studierte die maximale Lebenserwartung in insgesamt 38 Ländern.[184] Vor allem zwischen 1940 und 1980 gab es einen dramatischen Schub, doch seit den Achtzigerjahren verzeichnen wir kaum mehr nennenswerte Sprünge in Sachen Maximalalter. In der Statistik bildet sich ein Plateau heraus, das bei 115 Lebensjahren zu liegen scheint. Doch in diesen Zahlen spiegeln sich allenfalls die Erfolge der bisherigen Medizin wider. Was aber, wenn uns in einigen Jahren Miniroboter in den Blutbahnen und künstliche Organe zur Verfügung stehen?

Wir verdrängen gerne, dass uns der natürliche Alterungsprozess mit der Zeit zunehmend lähmt. Im Römischen Reich lag die durchschnittliche Lebenserwartung noch bei unter dreißig Jahren, die meisten Menschen starben also jung. Wir hingegen spüren, wie unser alternder Körper sein Haltbarkeitsdatum erreicht. Mit sechzig Jahren haben Menschen in den Industrienationen bereits etwa ein Drittel ihrer Zähne verloren, und zwanzig Jahre später besitzen vier von zehn Menschen überhaupt keine Zähne mehr. Unsere Knochen werden mit der Zeit brüchig, unsere Blutgefäße verhärten, die Muskeln schwinden, unsere Haare werden grau und fallen aus, und das Gehör lässt nach. Auch wenn wir uns gesund ernähren und Sport treiben, der Zahn der Zeit nagt an uns. Der Mediziner Atul Gawande beschreibt in seinem großartigen Buch »Being Mortal« diesen allmählichen Zerfallsprozess in erschreckender Deutlichkeit. Mit der Zeit fällt unser Körper regelrecht auseinander; auf Sie und mich wartet keine schöne Geschichte! Was aber, wenn sich dieser Prozess aufhalten ließe, was, wenn eine zukünftige Medizin uns vor diesem Verfall bewahren könnte?

Einer der schrillsten Orte, die ich je besucht habe, war das Unternehmen Alcor in Scottsdale, Arizona. »The Alcor Life Extension Foundation« (Stiftung für verlängertes Leben) war in blauer Schrift auf dem großen Schild am Eingang zu lesen. Die Firma war erst kürzlich aus Kalifornien nach Scottsdale umgezogen. Mein Ansprechpartner erklärte mir, dass man sich sehr bewusst für diesen Ort entschieden habe. Hier sei es besonders sicher, denn weder Erdbeben noch andere Naturkatastrophen hätten Scottsdale je heimgesucht. Gerade wenn man wie Alcor auf lange Sicht plane, seien eben auch solche Kriterien wichtig, ganz ähnlich wie bei der Suche nach einem Endlager für radioaktiven Abfall. Alcor ist eine Stiftung, die sich zum Ziel gesetzt hat, tote Menschen einzufrieren, sie in großen, mit flüssigem Stickstoff gefüllten Tanks über Jahre hinweg zu lagern, um sie dann in einer fernen Zukunft wieder aufzutauen. Bis dahin, so die feste Überzeugung der Alcor-Mitglieder, sei die Medizin so weit fortgeschritten, dass sie die konservierten Körper wieder zum Leben erwecken könne.

An diesem und an den folgenden Tagen wurde ich von »Igor«, wie mein Kameramann und ich unseren Begleiter tauften, in die aberwitzige Logik vom Traum des ewigen Lebens eingeführt. Wer heute stirbt, hätte vermutlich noch lange weiterleben können, wenn er nur auf eine fortschrittliche Medizin hätte zurückgreifen können. Herzinfarkt, Infektionen, Krebs, all diese Krankheiten und Komplikationen müssten sehr wahrscheinlich binnen Jahrzehnten nicht mehr zum Tode führen. Das Prozedere bei Alcor sei einfach, meinte Igor: Man bezahle etwa zweihunderttausend Dollar an die Stiftung, fülle eine Reihe von Dokumenten aus und werde dann nach dem Tod für die Ewigkeit konserviert. Gleich nach dem Ableben würden die Gefäße im Körper des Verstorbenen von dem angereisten Alcor-Team zunächst mit diversen Frostschutzmitteln und Konservierungssubstanzen gespült. Diese Substanzen verhindern angeblich, dass die feinen Membranen der Körperzellen durch Eiskristalle beschädigt werden. Danach erfolge dann die kontrollierte Abkühlung auf –296 Grad. Eingetaucht in flüssigen Stickstoff in einem der großen kryonischen Tanks, wartet der tiefgefrorene Körper dann auf seine Wiederauferstehung in einer verheißungsvollen Zukunft.

Bis zum Auftauen werde mit den Zinsen der eingezahlten Summe das Personal sowie das regelmäßige Nachfüllen des Stickstoffs finanziert. Igor erläuterte mir, dass ich mich auch für die etwas günstigere Variante entscheiden könne: »How about a head only?« Hierbei würde lediglich der Kopf abgetrennt und eingefroren. Immer mehr Mitglieder würden diese Option bevorzugen.

Ich blickte auf die großen glänzenden Stahltanks neben mir. »Hier lagern also einzelne Köpfe und tote Körper?«

»Wir sprechen von unseren *Patienten*«, erwiderte Igor.

Am Abend war ich mit Sally verabredet. Die junge Familienmutter bewohnte ein größeres Haus und gab uns in ihrem Wohnzimmer ein Interview. Sie und ihr Mann hatten sich für die *Head-only*-Variante entschieden, es gäbe jedoch auch die Möglichkeit, in ein paar Jahren noch auf Ganzkörper umzubuchen. Sally sprudelte voller Begeisterung über diese fantastische Möglichkeit, und während sie schilderte, wie ihr Mann Rick und sie sich zu diesem Schritt durchgerungen hätten, sah ich in Gedanken den abgetrennten Kopf von Sally in einem Stickstofftank schweben.

Wie stelle sie sich das Aufwachen vor, fragte ich. Für Sally war das kein Thema: Die künftige Hightechmedizin würde zunächst ihren aufgetauten Kopf in eine Spezialnährlösung einbringen, und dann würden intelligente Roboter ihr Gehirn mit einem Computer verbinden. Von dem Moment an könne sie dann wieder mit der Außenwelt kommunizieren.

»Und was ist mit Ihrem Körper?« Auch kein Problem. Man wäre bis dahin so fortgeschritten, dass man ihr einen künstlich nachgebauten Körper verpassen würde. Ja, es wäre dann gut möglich, dass sie noch als reiner Gehirnmensch in einem Katalog ihren neuen Body auswählen könne, vielleicht mit etwas weniger Bauch, aber dafür mehr Busen, als sie jetzt habe.

Ich erinnere mich, wie ich nachts in meinem Hotel in Scottsdale unruhig schlief und von abgetrennten Köpfen und leblosen, blutleeren Körpern träumte und davon, wie Sally und ihr Mann Rick über die verschiedenen Modelle ihres zukünftigen Bodys stritten. Am nächsten Tag erzählte mir Igor von einem Gerichtsprozess: Bei einem Mathematiker aus Kalifornien hätten die Ärzte vor ein paar Jahren einen Hirntumor entdeckt. Der Krebs drohte nach und nach sein Gehirn und damit sein Bewusstsein zu zerstören. Der Mann wollte sich daher frühzeitig das Leben nehmen, um seinen Kopf einfrieren zu lassen. Doch da die zu erwartende polizeiliche Untersuchung nach seinem Selbstmord keine rasche Konservierung durch das Alcor-Team zulassen würde, wandte er sich ganz offiziell an ein Gericht. »Er wollte sich töten, um länger leben zu können, verstehen Sie?«, meinte Igor. Das Gericht in Kalifornien hätte sein Ansinnen jedoch abgelehnt, doch zum Glück habe der Tumor aufgehört zu wachsen.

Leider wurde uns nicht erlaubt, einen prüfenden Blick in die großen Kryotanks zu werfen, und so bleibt bei mir ein Restzweifel, ob all die fantastischen Geschichten von Igor und seinen Freunden tatsächlich zutreffen. Alcor dokumentiert zwar stolz, dass die Stiftung inzwischen über tausend Mitglieder zählt und bereits 150 »Patienten« auf ihre Auferstehung warten, doch wer weiß, vielleicht ist das Ganze bloß ein phänomenaler Schwindel.[185] Eine große Show, mit der gutgläubigen Menschen wie Sally und Rick im festen Glauben an das ewige Leben Hunderttausende Dollar aus der Tasche gezogen werden. Alcor wäre dann eine Art Ablass 2.0!

Doch was, wenn ein ewiges Leben tatsächlich eines Tages technisch möglich wäre? Visionäre wie Ray Kurzweil sind davon überzeugt, dass Maschinen in Zukunft unser Gehirn auslesen werden und wir dann als virtuelles Wesen ewig weiterleben können.[186] In seinen Büchern und Vorträgen extrapoliert er diesen Moment der *Singularität* aus den Fortschritten der Computertechnik, was Speicherkapazität und Rechenleistung angeht. In seiner Deutung werden eines Tages technische Systeme zu einem Superorganismus mit eigenem Bewusstsein verschmelzen, und wir oder das, was dann noch von uns übrig bleibt, werden Teil dieses zauberhaften Apparates sein. Kurzweil und die anderen Vertreter des *Transhumanismus* hoffen auf diese erlösende Stufe der Entwicklung, die uns endlich unsterblich macht. Und erneut, wie schon an anderen Stellen in diesem Buch, konstatieren wir die bemerkenswerte Parallele zwischen Religion und Technik: Die technische Utopie verspricht uns ein Paradies.

Doch bei aller technischen Machbarkeit stellt sich eine prinzipielle Frage: Wollen wir wirklich unsterblich sein? Ist nicht gerade unsere Vergänglichkeit ein wesentlicher Teil unseres Selbst? Simone de Beauvoir, die französische Philosophin, erzählt in ihrem Roman »Alle Menschen sind sterblich« die fiktive Geschichte des Raimondo Fosca.[187] 1279 geboren, wird er Fürst der italienischen Stadt Carmona. Eines Tages bietet ihm ein Bettler ein Wunderelixier an, das ewiges Leben verspricht. Fosca zögert nicht lange und ist von nun an unsterblich. Er baut seine Macht aus, doch mit den Jahren sterben seine Frau und seine Kinder. Gefangen in der Einsamkeit der Zeit durchläuft er allerlei Episoden. Als Entdecker in Amerika lebt er bei einem Indianerstamm, wird später Berater im Kaiserreich Karl V., erlebt hautnah die Französische Revolution und das ewige Auf und Ab der Geschichte. Dieser Zyklus von Streben und Scheitern wird ihm unerträglich, denn stets verliert er die Menschen, die er liebt, stets bleibt er alleine zurück. Nach einem halben Jahrtausend trifft er auf Marianne und verliebt sich in die Frau. Doch als sie von seiner Unsterblichkeit erfährt, ist sie entsetzt, denn sie schenkt ihm ihr ganzes Leben, während sie für ihn lediglich eine kleine Episode in seiner Ewigkeit ist.

Beauvoirs Botschaft ist auch heute gültig: Der Tod ist nicht das Übel, sondern es ist gerade unsere Vergänglichkeit, die unserem Leben und unseren Handlungen ihre Bedeutung verleiht. Alle Heilsversprechen moderner Computervisionäre, die mit zum Teil dubiosen Versuchen das Fenster zur Unsterblichkeit öffnen wollen,[188] verkennen die erlösende Bedeutung unserer so menschlichen Vergänglichkeit.

PS: Es könnte ja – rein hypothetisch – sein, dass in einigen Hundert Jahren dieses Buch in die Hände einer wunderschönen Frau namens Sally fällt. Nach Jahrzehnten im eisigen Stickstoff wurde sie neu geboren.

Liebe Sally, wenn du also diese Botschaft liest, dann heißt das, dass ich mich wohl geirrt habe. Doch keine Sorge, ich habe meine Endlichkeit genossen, jeden einzelnen Tag!

11

HANDELN

Von Stabilität und Wandel

Wir haben nur einen Planeten

Ein Punkt. Das ist »hier«.
Das ist »zu Hause«. Das sind »wir«.[189]

– Carl Sagan –

»Pale Blue Dot«, die Erde, aufgenommen von der Raumsonde Voyager 1

Der 14. Februar 1990 markiert ein besonders Datum. Die Sonde Voyager 1 befand sich an diesem Tag 6,4 Milliarden Kilometer entfernt von der Erde und blickte zurück. Sie machte Bilder unseres Sonnensystems. Das allererste »Familienporträt«, das jemals von unserer Sonne und den sie umkreisenden Planeten gemacht wurde. Es waren die letzten Daten, die die Vidicon-Röhrenkamera zur Erde sendete. In einem Mosaik von insgesamt 60 Einzelbildern erfasste sie die Planeten Jupiter, Venus, Saturn, Uranus und Neptun. Merkur und Mars standen aus der Sicht der Sonde so nah an der Sonne, dass sie von ihr überstrahlt wurden. Die Kamera hatte eine Auflösung von lediglich 800 x 800 Bildpunkten. Dies entspricht einer heutigen mittelmäßigen Handykamera. Zudem lieferte der Bildsensor der Sonde lediglich Schwarz-

Weiß-Bilder, aber durch die Überlagerung von Aufnahmen mit verschiedenen Farbfiltern entstand eine Version in Farbe.

Im Gegenlicht der Sonne traten Reflexionen und Streuungen auf. Die großen Planeten Jupiter und Saturn ließen sich leicht ausmachen. Auf einer weiteren Aufnahme konnte man bei genauer Betrachtung einen winzigen Punkt auf dem verrauschten Mischbild erkennen, nur etwa ein Zehntel so groß wie ein einzelner Bildpunkt. Es hätte auch eine Verschmutzung oder ein Bildfehler sein können, aber dieser leicht bläuliche Bruchteil eines Lichtpunkts war und ist unsere Erde, genau der Planet, auf dem wir uns momentan befinden.[190] Ein Punkt im Universum, ein winziges Staubkorn und doch die Arena unserer Träume und Hoffnungen, die Geburtsstätte unserer Kinder und Eltern, der Ort, wo Völker sich bekriegen, während andere sich in die Arme nehmen und ihre Wärme teilen. Es ist der Ort, an dem die Vögel den Morgentau trinken und Maler wie van Gogh oder Komponisten wie Robert Schumann wirkten. Ein einziger kosmischer Punkt versammelt alles, von der Perfidie brutaler Kriege bis zum Entzücken einer Mutter beim ersten Lächeln ihres Kindes. Alles, wovon in diesem Buch die Rede war, spielt sich hier ab und sonst nirgendwo.

Ob es uns Menschen weiterhin gibt oder nicht, wird nichts am Lauf der Gestirne und Galaxien verändern. In deren Zeitlosigkeit ist die Existenz unserer Art nur ein Wimpernschlag. Niemand wird uns vermissen, sollte es uns nicht mehr geben, und niemand wird uns zu Hilfe eilen, um unseren Untergang zu verhindern. Wir sind allein – in einem riesigen Nichts.

Manche meinen, wir könnten vielleicht fliehen, den geschundenen Planeten verlassen und umziehen in eine andere galaktische Heimat. Doch allein die Größe unseres Universums lässt auch diese Option platzen. Das Licht mancher Sterne trat seine Reise an, als unsere Vorfahren gerade damit begannen, aufrecht zu gehen, und das fahle Funkeln ferner Sterne war sogar länger unterwegs, als es unseren Planeten gibt. Ja, wir dürfen hoffen auf freundliche Außerirdische, die über unser Schicksal bestimmen, doch diese Hoffnung bleibt ein Traum. Wir sind allein, und je besser wir unser Umfeld absuchen, umso mehr erkennen wir, dass dieser kleine Punkt besonders und einzigartig ist. Dieser Himmelskörper ist perfekt: nicht zu warm und nicht zu kalt. Noch vor dreieinhalb Milliarden Jahren war unsere Atmosphäre lebensfeindlich. Doch aus giftigem Ammoniak, Kohlenstoffdioxid, Stickstoff, Methan- und Schwefelgasen, die in einem Dauergewitter von Blitzen getroffen wurden, senkte sich der Nebel, und Ozeane bedeckten den sich abkühlenden Planeten.

In den frühen Erdmeeren tummelten sich Cyanobakterien, die ältesten Lebensformen unseres Planeten, und begannen mithilfe des Sonnenlichts das Kohlendioxid der Luft in Sauerstoff zu verwandeln. Wie das alles genau ablief, ist uns bis heute ein Rätsel, doch in dieser Kette der Fruchtbarkeit entwickelten sich Pilze und Algen, Einzeller und Fadenwürmer, Insekten und Dickhäuter, Raubkatzen und Sperlinge – und der Mensch.

Dieser Planet ist ein Geschenk, eine einzigartige Insel des Lebens inmitten der toten kosmischen Kälte. Doch wir verhalten uns wie ein kleines Kind bei der weihnachtlichen Bescherung: Das Paket wird aufgerissen und das Geschenk ausgepackt, dann wird wahllos probiert, und erst nach dem Scheitern beginnen wir damit, die Betriebsanleitung zu lesen. In dieser Phase befinden wir uns jetzt. Wir merken, dass wir etwas ändern müssen, denn unser Verhalten zerstört auf Dauer unsere kosmische Heimat. Unser Geschenk hat bereits gelitten. Wir haben in unserer Unachtsamkeit viele Wälder zerstört, das Klima verändert, und manche Tier- und Pflanzenarten haben wir durch unsere Ungeduld verloren, doch noch können wir unser Zuhause vor seiner endgültigen Zerstörung bewahren. Erst jetzt beginnen wir damit, systematisch die großen und kleinen Lebensräume zu erkunden, und entdecken selbst heute noch neue Arten und stoßen auf unbekannte Lebensräume.

Siebzig Prozent der Erdoberfläche werden von den Weltmeeren bedeckt. Hier leben drei Viertel aller Arten unseres Planeten, vom mikroskopisch kleinen Plankton bis zu den größten Tieren, die es auf der Erde gibt. Ein Lebensraum, der bis heute noch weitgehend unerforscht ist.

2011 hatte ich vor der Küste Norwegens das Glück, an Bord des Forschungstauchboots Jago abzutauchen und die Welt der geheimnisvollen Tiefsee mit eigenen Augen zu bestaunen. Das Tauchgefährt war eng und vollgepackt mit Instrumenten. Eine zwei Zentimeter dicke Hülle aus Plexiglas und Stahl schützte meinen Begleiter Jürgen Schauer und mich vor dem immensen Wasserdruck in der Tiefe. Jago glich einer Weltraumkapsel, und ich fühlte mich wie ein Astronaut, unterwegs zu einem unbekannten Planeten.

Bereits nach einhundert Metern Tiefe konnte ich die Meeresoberfläche über uns nur noch an einem fahlen Grün erkennen. Mit jedem Meter wurde es finsterer, bis wir von völliger Dunkelheit umgeben waren. In der Tiefe der Ozeane herrscht ewige Nacht. Ich erinnere mich noch an die unglaubliche Stille während des Abtauchens. Manche Organismen, die wir auf unserem Weg nach unten passierten, leuchteten von selbst. Die vorbeischwebenden Rippenquallen erzeugten farbige Muster und glichen Wesen aus einer anderen Welt. Es wurde zunehmend kälter in unserer Kapsel, denn die Temperatur beträgt in diesen Tiefen nur noch sieben Grad.

»Noch zwanzig Meter bis zum Grund.« Jürgen schaltete die Laserortung an. Durch die gekreuzten Strahlen, deren Licht am Boden reflektiert wurde, konnte er die Größenverhältnisse und den Abstand zum Meeresgrund in 240 Metern Tiefe besser einschätzen. Was sich dann im Licht der Scheinwerfer offenbarte, war eine Sensation: Der Meeresboden war überzogen von einer exotischen Landschaft aus bunten Kaltwasserkorallen. Dazwischen schwammen unzählige Fische, Krebse und Muscheln. Vom Licht des Tauchboots wurden Dutzende Seelachse angezogen, die neugierig vor unserer Plexiglaskuppel kreisten. Nie hätte ich mir vorstellen können, dass wir ausgerechnet hier, inmitten dieser kalten ozeanischen Nacht, auf eine derartige Opulenz des Lebens treffen würden. Wir schwebten mit unserer kleinen Kapsel über ein atemberaubendes Konzert der Vielfalt.

Erst seit Mitte der Neunzigerjahre werden diese Korallen überhaupt systematisch erforscht: Sie ernähren sich aktiv und fangen mit ihren Tentakeln Kleinstlebewesen wie Ruderfußkrebse ein. Inzwischen weiß man, dass sich von der Nordspitze Norwegens bis vor die Küsten Westafrikas ein Kaltwasserkorallenriff an das andere reiht. Diese Riffe wachsen entlang der Küsten – dort, wo starke Strömungen Nahrung liefern – und gehören wahrscheinlich zu den artenreichsten Ökosystemen der Tiefsee. Diese Riffe sind Brutstätte und Lebensraum für viele kommerziell gefischte Arten wie Lengfisch, Lumb und Seelachs. Mit ihren Bodenschleppnetzen aber hinterlässt die Fischereiindustrie nur Schneisen der Verwüstung.

Als kalkbildende Organismen sind die Korallen aber auch von der zunehmenden Versauerung der Ozeane betroffen. Die Weltmeere schlucken fast ein Drittel des Kohlendioxids in unserer Atmosphäre. Sie federn also den Klimawandel ab, doch das CO_2 reagiert mit dem Wasser zu Kohlensäure, und hierdurch versauern die Ozeane, mit weitreichenden Folgen für das komplizierte Lebensnetzwerk der Meere. Die Säure greift die Kalkskelette der Kleinstorganismen an und verändert zudem den Stoffwechsel der Organismen. Der Expeditionsleiter Ulf Riebesell zeigte mir später am Mikroskop die sichtbaren Effekte dieser Versauerung. Manche Kaltwasserkorallenriffe sind bis zu achttausend Jahre alt, doch Ulf befürchtet, dass bis Ende des Jahrhunderts zwei Drittel der Bestände absterben könnten. An diesem Tag hatte ich also eine bislang kaum erforschte Welt gesehen und bekam gleichzeitig vor Augen geführt, wie wir mit unserem Lebenswandel dabei sind, diese bedeutsamen Biotope zu zerstören.

Unsere Welt *hier oben,* mit unserer Gier, alles, was uns in die Hände kommt, zu verwerten, beeinflusst die kostbare Welt *dort unten* in den Ozeanen. Läuft die Entwicklung so weiter, dann werden meine Enkel diese fabelhaften Geschöpfe unseres Planeten womöglich nicht mehr zu Gesicht bekommen.

Ich hatte das außergewöhnliche Glück, auf zahlreichen Expeditionen und Drehreisen großartige Naturwunder direkt zu erleben. Doch vom blauen Eis der Arktis bis tief in die Urwälder Asiens, von den Wüsten Namibias bis zu den Flussläufen Nordaustraliens begegnete mir stets dasselbe Muster: Wir Menschen zerstören unseren eigenen Planeten.

Wir roden die grandiosen Urwälder Sumatras, um riesige Palmölplantagen anzubauen. Die kostengünstige Fertigpizza zerstört damit das letzte Refugium frei lebender Orang-Utans.

An der Westküste Costa Ricas erfuhr ich, wie unser Plastikmüll den letzten verbleibenden Lederschildkröten den Garaus macht. Die im Meer lebenden Tiere fressen z.B. Quallen, doch im Meer schwimmende Plastiktüten sehen aus wie Quallen, und ihren Irrtum bekommen die Tiere erst zu spüren, wenn es zu spät ist. Die Lederschildkröten kommen nur zur Eiablage an Land. Eines Tages entdeckte der Biologe Nathan Robinson in der Nasenöffnung eines Tieres sogar einen Kunststofflöffel. Nathan zeigte mir den Löffel. Seine Statistik ist bedrückend: Noch vor zwei Jahrzehnten zählte sein Team Tausende Tiere in einer einzigen Saison. 2016 wurden nur noch ein Dutzend Exemplare gesichtet. Die Lederschildkröten werden aussterben, und ich hatte das fragwürdige Glück, noch die vielleicht letzten geschlüpften Tiere zu sehen. Diese rund hundert Millionen Jahre alte Art überlebte die Dinosaurier, doch der achtlos weggeworfene Plastiklöffel des *Coffee to go* tötet einen der ältesten Bewohner unserer Ozeane.

Viele Tiere und Pflanzen haben wir bis heute nicht einmal erfasst. Jede neue Expedition in die großen unberührten Urwälder, jeder Tauchgang, jede Probe aus der Tiefsee offenbart uns das Ausmaß unserer Unwissenheit. Die Zeit läuft uns davon.

Die Fachzeitschrift *Science* hat in einer großen Studie die Einzelergebnisse von fast tausend klimawissenschaftlichen Arbeiten verglichen.[191] Sie kam zu dem Schluss, dass es einen überwältigenden Konsens darüber gibt, dass der Klimawandel menschengemacht ist. Es gibt also wissenschaftlich gesehen keinen Grund, daran zu zweifeln, und doch verbreiten Lobbyisten Falschinformationen und verhindern damit konsequente Gegenmaßnahmen. Die Wissenschaftshistorikerin Naomi Oreskes von der Harvard-Universität hat sich detailliert mit den »Händlern des Zweifels« auseinandergesetzt.[192] Naomi erklärte mir in einem Interview, mit welcher Perfidie die Lobbyisten der Ölindustrie die öffentliche Meinung und auch die Politik in den USA beeinflussen.[193] Mit viel Geld erzeugen sie Zweifel, bauen Pseudoexperten auf, greifen die Expertise von Instituten an und inszenieren ihre Kontroverse als Kampf für Freiheit und Wohlstand. Naomi entdeckte Parallelen zu anderen umkämpften Politikfeldern. Anhand vieler Originalquellen belegte sie, dass die gleichen Strategien und sogar dieselben Akteure schon bei der Leugnung des Ozonlochs, des sauren Regens und der Schädlichkeit des Tabakrauchs zum Einsatz kamen.

Nach etlichen Jahren und zahlreichen Verhandlungen einigten sich Ende 2015 insgesamt 195 Nationen in Paris auf die Klimarahmenkonvention der Vereinten Nationen. Das Ziel dieses Vertrags ist es, durch eine Reihe von konkreten Maßnahmen die Erderwärmung auf zwei Grad zu beschränken. Wie die infame Strategie der Klimaleugner aufgeht, konnten wir im Juni 2017 beobachten, als der amerikanische Präsident das Pariser Klimaschutzabkommen einseitig aufkündigte. Einige Monate zuvor hatte er bereits in einem symbolischen Akt, umgeben von Kohlearbeitern, ein Dekret in Sachen Klimaschutz unterschrieben, um damit den »Krieg gegen Kohle«, wie er es ausdrückte, zu beenden. Der Lobbyismus einer gierigen Industrie setzt damit seine Interessen durch, das Profitinteresse einer Minderheit richtet sich gegen den Rest der Bevölkerung.

Aber auch die USA bleiben vor den Auswirkungen des Klimawandels nicht verschont. Im August 2016 sorgten Extremregenfälle im US-Bundesstaat Louisiana für katastrophale Überschwemmungen. Über 140000 Häuser wurden zum Teil zerstört, und der geschätzte Schaden betrug mehr als zehn Milliarden Dollar. Zwei Monate später war ich vor Ort und sah die massiven Auswirkungen der Überschwemmungen. Schulen und Kindergärten waren immer noch geschlossen, ganze Straßenzüge rochen nach Schimmel. In der besonders betroffenen Hauptstadt Baton Rouge sprach ich mit Anwohnern, die alles verloren hatten.

Einer von ihnen hieß John, ein Automechaniker. Das Wasser hatte sein Haus aufgeweicht und sein ganzes Hab und Gut unbrauchbar gemacht: Möbel, Matratzen, Bücher, Kleider – alles rostete und schimmelte vor sich hin. Der Anblick war absurd: Vor seinem Haus türmte sich ein riesiger Haufen Sperrmüll. Fast alles, was er besessen hatte, musste er entsorgen. Sein ganzes Leben lag auf der Straße. John hatte keine »flood insurance«, keinen Versicherungsschutz, denn mit derartig heftigen Überschwemmungen hatte bislang niemand gerechnet. Auch seine berufliche Existenz wurde über Nacht durch den Starkregen zerstört, denn das Wasser hatte Johns Werkstatt überflutet. Die angebotenen 500 Dollar staatliche Hilfe hat er abgelehnt. Den angereisten Beamten setzte er kurzerhand vor die Tür. Er halte nichts von »Symbolpolitik«, sagte er zu mir.

Vielleicht braucht es noch viele Johns, die zu Opfern des Klimawandels werden, damit auf allen Ebenen ein Umdenken einsetzt. Schon heute werden wir unmittelbare Zeugen einer globalen klimabedingten Migration. Dürren, extreme tropische Stürme und die zunehmende Küstenerosion zerstören den Lebensraum vieler Menschen. Die natürlichen Süßwasservorräte reichen vielerorts nicht mehr aus, um den Bedarf der Anwohner zu decken. Ihnen bleibt dann nur noch, ihre Heimat zu verlassen. Der Wissenschaftliche Beirat der Bundesregierung geht davon aus, dass schon heute 10 bis 25 Prozent aller weltweiten Migrationsbewegungen ein Resultat des Klimawandels und dessen Folgen sind. Das entspricht 25 bis 60 Millionen betroffenen Menschen. Andere Organisationen wie das Flüchtlingskommissariat der Vereinten Nationen schätzen diesen Exodus sogar noch höher ein.[194]

Der einsetzende Klimawandel ist kein plötzliches Ereignis. Wir werden also nicht eines Tages aufwachen, um festzustellen, dass der Kölner Dom unter Wasser steht. Die Symptome werden eher graduell sichtbar: das allmählich schmelzende Eis der Polregionen, der Rückzug der Alpengletscher, die Zunahme extremer Wetterereignisse. Vielleicht akzeptieren wir am Anfang noch, dass unsere Versicherungsbeiträge steigen. Auch wenn wir immer öfter von großen Waldbränden hören oder bemerken, dass immer mehr Wintersportorte ein ganzes Arsenal von Kunstschneekanonen einsetzen, um den ausbleibenden Schneefällen zu trotzen, werden wir uns kaum aus der Ruhe bringen lassen. Mit Zäunen werden wir anfänglich auch die Klimaflüchtlinge auf Distanz halten können. Vielleicht suchen wir für jedes dieser Ereignisse eine eigene Erklärung oder Entschuldigung, denn bei keinem Sturm oder Sturzregen gibt es ein Etikett, auf dem steht: »Meine Ursache ist der Klimawandel«. Wir werden mit immer höheren Deichen unsere Küsten schützen und uns vielleicht ärgern, weil der Preis einiger Lebensmittel aufgrund von Ernteausfällen ansteigt.

Doch mit der Zeit dürften wir irgendwann begreifen, dass diese vielen Einzelereignisse wohl doch zusammenhängen. Während die einen den Klimawandel dann immer noch systematisch leugnen und die Zerstörung der Natur bagatellisieren, glauben andere womöglich an ein Wunder, an einen Deus ex Machina, der uns irgendwann zur Seite springt, um die Wunden unserer Gier zu heilen. Doch derartige Hoffnungen sind eine Illusion. Keine fremde Macht wird anreisen, um unseren Planeten zu reparieren, und auch unsere innovativsten Techniken werden den allmählichen Verlust unserer Biosphäre nicht kompensieren können. Wir verfügen leider über keine Alternative, über keine Erde 2.0. Es gibt keine Zauberlösung, die uns mit künstlichen Lebensräumen vor den Auswirkungen schützen könnte; kein galaktisches Raumschiff wartet, um uns in eine neue kosmische Heimat zu fliegen.

Wir müssen zu Hause bleiben, auf unserem Planeten, auf diesem winzigen bläulichen Punkt, den man in der Unendlichkeit des Weltraums so schnell übersehen kann.

»Ihr habt die Uhren, wir haben die Zeit«

Der Kluge ist der, welchen die scheinbare Stabilität nicht täuscht und der noch dazu die Richtung, welche der Wechsel zunächst nehmen wird, vorhersieht.

– Arthur Schopenhauer –

Als Physiker betrachtet man Vorgänge in der Regel durch eine etwas andere Brille. Ein bedeutender Unterschied zum Alltagsdenken ist zum Beispiel die bewusste Abstraktion eines Prozesses, die Analyse seines Ablaufs und die Suche nach seinen bestimmenden Regeln und Wirkmechanismen. Isaac Newtons geniales Verdienst bestand darin zu erkennen, dass die Gesetze des fallenden Apfels und die Umlaufbahn des Mondes von *derselben* Kraft bestimmt werden. In beiden Fällen greift das Gesetz der gegenseitigen Massenanziehung, und Newtons universelle Formulierung dieses Grundsatzes beschreibt sowohl das System Apfel-Erde als auch das System Mond-Erde.

Bei vielen Überlegungen in der Physik spielt der Begriff Stabilität eine Rolle. Mit allerlei Tests versucht man herauszufinden, wie sich ein System unter dem Einfluss einer äußeren Störung verhält. Pendelt sich der ursprüngliche Zustand wieder ein, oder kommt es zu einer Überreaktion? Stabilität und Gleichgewicht sind eng miteinander verbunden, denn die Natur strebt immer einen Zustand an, der diesen Kriterien genügt. Ist ein *stabiles* System in einem Gleichgewicht und stört man es, dann strebt es seinen stabilen Ausgangszustand wieder an. Ein *instabiles* System hingegen lässt sich durch eine kleine Störung aus der Bahn werfen, schaukelt sich hoch und stabilisiert sich auf einem anderen Gleichgewichtsniveau, oder es reagiert *chaotisch*. In solchen Fällen führen kleine Veränderungen zu Zuständen, die sich nicht mehr vorhersagen lassen.

In der theoretischen Physik testet man mit mathematischen Werkzeugen abstrakte Systeme auf ihre Stabilität, indem man an ihnen »rüttelt« und ihren Gleichgewichtszustand stört, um dann zu beobachten, was passiert. Man spricht von der sogenannten *Störungstheorie*. Mit solchen Methoden kann man genau berechnen, ob ein Flugzeug auf Seitenwind oder Turbulenzen gutmütig reagiert, oder im Detail verstehen, warum Ihr Blut aufgrund chemischer Puffer keine Probleme damit hat, wenn Sie zum Beispiel einen säuerlichen Zitronensaft trinken. Mit diesem Vorgehen lässt sich also prüfen, wie stabil ein System ist.

Verzeihen Sie mir diesen kurzen Exkurs in die abstrakte Welt der Physik, aber ich möchte im Folgenden der Frage nachgehen, ob sowohl die Entwicklungen, die in diesem Buch beschrieben werden, als auch die Grundeigenschaften unseres Wirtschafts- und Produktionssystems stabil sind. Wirtschaftswissenschaftler, Finanzbeamte und Politiker nutzen den Begriff der Stabilität ohnehin häufig, und kaum ein Tag vergeht, an dem nicht von einem Stabilitätspakt oder aber von stabilisierenden Maßnahmen in der Finanzwirtschaft die Rede ist.

Interessanterweise sind die Verfassungen vieler Staaten so ausgelegt, dass sie die Grundlagen für ein stabiles Gleichgewicht schaffen. Das Zusammenwirken der verschiedenen Kräfte im Staat wird in einer Balance gehalten, und durch vorgegebene Verfahren und feste Regeln versucht man, extreme Ausschläge zu verhindern. So finden sich im deutschen Grundgesetz wichtige stabilisierende Grundregeln, zum Beispiel in der Gewaltenteilung, also der Trennung der jeweiligen Befugnisse von Exekutive, Judikative und Legislative. Weitere Maßnahmen sind das Kartellrecht, welches einer möglichen wirtschaftlichen Monopolisierung entgegenwirken soll, sowie das Medienrecht, das u.a. die Unabhängigkeit der Berichterstattung garantieren soll. Die Sperrklausel oder »Fünfprozenthürde« im Wahlrecht wiederum, die eine Zersplitterung des Parlaments verhindert, oder die Rolle des Bundesverfassungsgerichts als Verfassungsorgan dienen der Stabilität unseres Landes und verhindern das Abrutschen einer Demokratie in eine Diktatur. Änderungen des Grundgesetzes sind daher immer besonders problematisch, da hier das Betriebssystem des Staates verändert wird.

In der Wirtschaft oder in der Finanzwelt gibt es ähnliche Stabilitätsbestrebungen. Antidumpinggesetze verhindern zum Beispiel das Aufkommen eines Monopolisten und den Zusammenbruch von anderen Marktteilnehmern. Die Währungs- und Zinspolitik sind ebenfalls Instrumente, die für Stabilität sorgen. Wenn man so will, entspricht das komplexe Gebilde aus staatlichen Stellen, Wirtschaft, Politik etc. einer großen Maschine mit vielen Regelknöpfen, die durch Feinregulierung am Laufen gehalten wird.

In den vergangenen Jahren zeigt sich jedoch, dass diese Maschine aus dem Takt gerät. Die Globalisierung und die digitale Revolution haben grundlegende Regeln verändert: Die digitale Internetwirtschaft führt zu einer Monopolisierung bei den großen Unternehmen und setzt damit das klassische Konzept des vielfältigen Wettbewerbs außer Kraft. Betrachten Sie die Internetwirtschaft: De facto gibt es nur noch *eine* Suchmaschine – Google, *ein* soziales Netzwerk – Facebook (welches sich den Nachrichtendienst WhatsApp einverleibt hat), *einen* Videokanal – YouTube, *eine* Übernachtungsplattform – Airbnb, *drei* kommerzielle Betriebssystemlieferanten – Microsoft, Apple und Google, *einen* Kurznachrichtendienst – Twitter, *ein* Onlinewarenhaus – Amazon.

Die Ursache für diese Monopolbildung liegt in der *digitalen Logik* und ist im System selbst verankert: Im unmittelbaren Vergleich, der im Netz sehr einfach und direkt angestellt werden kann, gewinnt stets der Bessere. In der Anfangszeit des Internets gab es zum Beispiel mehrere Suchmaschinen, wie AltaVista, Lycos oder Yahoo; doch Google besaß einen effektiveren Algorithmus und setzte sich durch. Der Gewinner wächst durch die Skaleneffekte des Internets explosionsartig und verdrängt schnell alle Konkurrenten. Binnen kürzester Zeit gibt es also keinen Platz mehr für eine Nummer zwei, keinen Raum für Koexistenz, und bedingt durch die Größe des Gewinners ist es nahezu unmöglich, dessen Vorsprung einzuholen.

Der Börsenwert des US-Unternehmens Apple betrug 2016 sagenhafte 617,59 Mrd. US-Dollar.[195] Dieses einzelne Unternehmen war also zehnmal so wertvoll wie BMW und übertrifft die gesamte Wirtschaftsleistung Schwedens![196] Alleine Alphabet (Google), Apple und Microsoft sind zusammen mehr wert als alle dreißig DAX-Unternehmen.

Die Forschungsausgaben von Apple, Google oder Amazon sind jede für sich inzwischen fast so groß wie der gesamte Etat des deutschen Bundesforschungsministeriums.[197] Diese Unternehmen verfügen also über derartig gewaltige Ressourcen, dass sie ihre Geschäftsfelder ausdehnen und sich in vielen anderen Disziplinen engagieren können, wie zum Beispiel der Entwicklung autonomer Fahrzeuge, der Raumfahrt, der Entwicklung von Drohnen, moderner Kommunikationstechnik, künstlicher Intelligenz, Haushaltssteuerung oder dem Bereich der Biowissenschaften und Genforschung. Im Gegensatz zu klassischen Industriezweigen, die Autos bauen oder Werkzeugmaschinen herstellen, finden wir hier eine aggressive Diversifizierung in viele Bereiche. Dabei werden erfolgreiche Start-ups wie Nest oder DeepMind im Nu von den Großen geschluckt.

Die Spielregeln haben sich also verändert, nach dem Motto »the winner takes it all«. Zugleich aber nutzen diese globalen Unternehmen Steuertricks und Steuerparadiese, indem sie ihre Gewinne geschickt umverteilen. Apple saß zum Beispiel 2016 auf Reserven von 256,8 Milliarden Dollar.[198]

Davon lagen über 93 Prozent außerhalb der USA, wodurch gigantische Steuervorteile entstanden. Durch ein Geflecht verschiedenster Unternehmen an verschiedenen Standorten gehen auf »legale« Weise Steuereinkünfte in Milliardenhöhe verloren. 2016 verlangte die EU-Kommission von Apple die Nachzahlung von 13 Milliarden Euro an Irland, das Apple als Steuerparadies nutzt, doch Irland selbst wehrt sich dagegen. Ähnlich reagiert auch mein kleines Heimatland Luxemburg, das jahrelang die Apple-Tochter iTunes mit minimalen Steuern erfreute. Aus der Sicht der kleineren Länder ist die Ansiedlung eines solch großen Players natürlich attraktiv, da selbst drastisch verminderte Steuersätze dem Land immer noch willkommene Einnahmen bescheren.

In der Summe aber ergibt sich ein destabilisierender Effekt, denn diese globalen Player stehlen sich aus ihrer sozialen Verantwortung und gefährden das Wirtschaftsgefüge. Dem Staat fehlen die Gelder bei der Finanzierung von Straßen, Infrastruktur, Gesundheit, Schulen oder dem Städtebau. Die Grundidee der sozialen Marktwirtschaft zielt auf eine Balance zwischen dem Wohl des Einzelnen und dem Allgemeinwohl, doch nun wird sie ersetzt durch ein kapitalistisches Prinzip egoistischer Vorteilsnahme. Die alten Regelmechanismen versagen.

Das Wachstumsdogma galt lange als Garant unserer Prosperität. Wenn die Wirtschaft wächst, dann profitieren angeblich alle davon. »Wohlstand für alle« lautete der Titel des 1957 erschienenen Buchs von Ludwig Erhard, dem »Vater des deutschen Wirtschaftswunders«. Doch inzwischen konstatieren wir eine zunehmende Entkopplung von wirtschaftlichem Wachstum und dem Wohl der Gesamtbevölkerung. Seit den Achtzigerjahren verzeichnen die OECD oder der Internationale Währungsfonds einen stetigen Abwärtstrend bei den Lohnquoten.[199] Der technische Fortschritt durch Digitalisierung und Automatisierung führt zu einer deutlichen Umverteilung von den Arbeitern und Angestellten hin zu den Unternehmen und den Vermögenden. Dieser Effekt wird noch verstärkt durch das gestörte Verhältnis zwischen Kapitalrendite und Wachstumsrate.

Thomas Piketty, Professor an der Paris School of Economics, hat in akribischer Arbeit das Datenmaterial aus zwanzig Ländern untersucht und dabei die wirtschaftlichen Kennzahlen, beginnend im 18. Jahrhundert, betrachtet.[200] Er belegt mit seiner empirischen Analyse, dass die Kapitalgewinne die Wachstumsrate übertreffen.

Unter der *Kapitalrendite (r)* versteht man den durchschnittlichen Kapitalertrag eines Jahres in Prozent des eingesetzten Kapitals in Form von Gewinnen, Dividenden, Zinsen, Mieten und anderen Kapitaleinkommen. Wenn Sie z.B. 100 Euro Kapital zu Beginn eines Jahres anlegen und am Ende 105 Euro besitzen, dann entspricht das einer Kapitalrendite (oder Ertragsrate) von 5 Prozent. Wenn man so will, lassen Sie das Geld für sich arbeiten.

Unter der *Wachstumsrate (g)* hingegen versteht man das jährliche Wachstum von Einkommen und Produktion. Hier geht es also um die Früchte Ihrer Arbeit.

$r > g$

Wenn in einem Land die Kapitalrendite größer ist als die Wachstumsrate, dann steigen die Vermögen schneller als die Einkommen.

Den meisten ist nicht klar, wie gewaltig die Verschiebung von der realen Wirtschaft hin zur Geldvermehrung in Form von Spekulation mit Finanzderivaten ist. Geld sollte eigentlich das »Schmiermittel« realwirtschaftlicher Aktivitäten sein. Mit Investitionen beflügelt man gute Ideen und unterstützt den Aufbau und das Wachsen einer Industrie. Der Finanzsektor hat also eine dienende Funktion, zumindest sollte es so sein. Doch das Geld wird zum Selbstzweck: Die Finanzindustrie steht nicht mehr im Dienst der Volkswirtschaft, sondern ist zu einem Selbstläufer geworden. Mit dem Handel von Aktien, Devisen, Anleihen oder

Finanzderivaten wie Futures und Optionen lässt sich weit mehr verdienen. Es ist ein Spiel, bei dem sich die Regeln verschoben haben: Es geht nicht mehr um die Schaffung realer Werte, nicht mehr um das Wohl und die Langfristigkeit eines Unternehmens, sondern einzig um den Gewinn durch Spekulation. Wie gigantisch die Diskrepanz inzwischen ist, wird durch zwei Zahlen deutlich:

Die Weltwirtschaftsleistung, also die Summe aller produzierten Waren und Dienstleistungen im Jahr beträgt etwa 75 Billionen US-Dollar. Hierunter fällt alles, was real erwirtschaftet wurde.

Der Wert aller Finanzderivate, also der spekulativen Wetten auf die Zukunft, besitzt hingegen ein Volumen von 705 Billionen US-Dollar.

Das heißt, die Summe der ausstehenden Derivate ist fast zehnmal so hoch wie die Weltwirtschaftsleistung!

Bei diesen Spekulationsgeschäften gibt es am Ende keine reale Wertschöpfung, sondern lediglich eine Umverteilung und eine Aufblähung des Geldvolumens. Es handelt sich, mathematisch gesehen, um ein Nullsummenspiel ähnlich wie beim Roulette im Kasino. Viele müssen verlieren, damit wenige reich werden. Doch im Gegensatz zum Kasino zeigt sich bei diesem Finanzkapitalismus eine Ungleichheit der Spieler. Profis gewinnen, weil sie über weit bessere und schnellere Instrumente zur Bewertung verfügen und das Spiel mit immer komplexeren Finanzinstrumenten für sich drehen können. Die resultierende Umverteilung von Arm zu Reich mündet mittelfristig in einer Destabilisierung der gesamten Weltwirtschaft.

Im Klartext: Wer viel Geld hat und dieses anlegt, profitiert mehr als derjenige, der hart für sein Einkommen arbeitet. Läuft das Spiel eine Weile so weiter, dann wachsen die Vermögen zusätzlich durch Zins- und Zinseszins-Effekte.[201]

In den letzten zwanzig Jahren wurde die Steigerung der Bruttomonatsverdienste insgesamt durch die Steigerung der

Verbraucherpreise aufgehoben. Im Zeitraum 1992 bis 2012 sanken die Reallöhne in Deutschland sogar um 1,6 Prozent.[202] Das Ergebnis ist eine wachsende Vermögensungleichheit. Während die reichsten zehn Prozent über die Hälfte des Gesamtvermögens halten, besitzen die unteren vierzig Prozent unserer Bevölkerung so gut wie kein Erspartes. Das ist auf Dauer eine tickende Zeitbombe, denn diese Menschen können sich nicht so gut gegen Risiken wie z.B. Krankheiten absichern, sie haben ein gravierendes Problem mit ihrer Altersvorsorge und können nicht adäquat in die Bildung ihrer Kinder investieren.

Stattdessen vermehrt sich das Geld der Vermögenden immer weiter durch zahlreiche neue Finanzinstrumente wie den Hochfrequenzhandel oder durch die sogenannten Private-Equity-Unternehmen, die mit gigantischem Beteiligungskapital Unternehmen kaufen und umbauen, um sie dann wieder gewinnbringend zu verkaufen. Oft sind es sogar an sich profitable Unternehmen, die durch den Umbau noch rentabler gemacht werden. Die Rechnung geht scheinbar auf, denn die Gewinne stimmen, doch die Kollateralschäden sind hoch, denn häufig kosten die radikalen Umbaumaßnahmen viele Arbeitsplätze. Die Optimierung folgt nur noch einem Ziel: der Gewinnmaximierung.

Selbst der Wohnraum ist zum Spekulationsobjekt geworden. Die Mieten und Grundstückspreise steigen in einigen Städten dramatisch und führen auch hier zu einer Umverteilung. Die ärmeren Menschen können sich keine Wohnung im Stadtzentrum mehr leisten und werden an die Ränder gedrängt, während Investoren und Spekulanten die Preise von Gebäuden und Wohnungen immer weiter nach oben treiben. Der Versuch, dieser Entwicklung per Gesetz mit der sogenannten Mietpreisbremse zu begegnen, zeigt in manchen Städten so gut wie keine Wirkung.[203]

Hingegen entstehen weltweit immer mehr »gated communities«, Siedlungen und Appartementblöcke, in denen die

Reichen sich mit Zäunen, Überwachungskameras, »Doormen« und Zugangskontrollen vom Rest der Bevölkerung isolieren.

Dieses Gefälle zwischen Arm und Reich wird inzwischen in fast allen Industrienationen zum Thema. Im März 2017 hält US-Präsident Donald Trump im amerikanischen Kongress eine Rede und spricht die bekannten Defizite an: »Ich werde die Fehler der letzten Jahrzehnte nicht zulassen, um den Verlauf unserer Zukunft zu definieren. Zu lange haben wir gesehen, wie unsere Mittelklasse schrumpft, als wir unsere Jobs und unseren Reichtum ins Ausland verlagert haben. Wir haben ein globales Projekt nach dem anderen finanziert und gebaut, aber das Schicksal unserer Kinder in den Innenstädten von Chicago, Baltimore, Detroit ignoriert.«[204]

Auch wenn seine Diagnose stimmt, so sind die angebotenen Lösungen falsch. Es gehört wahrscheinlich zur Tragik der Geschichte, dass instabile gesellschaftliche Zustände häufig mit einem Trend zum Populismus und Nationalismus einhergehen. Die komplexe Welt wird dann mit gefährlich einfachen Rezepten erklärt, Feindbilder werden aufgestellt und die Freiheit steht plötzlich zur Disposition. Die einst offenen Grenzen innerhalb der EU werden geschlossen und Zäune werden errichtet. Nun beginnt sich die jahrelang nur auf ökonomisches Wachstum ausgerichtete Entwicklung zu rächen. Freihandelsabkommen werden aufgekündigt, Großbritannien tritt aus der EU aus und die Intoleranz gegenüber Einwanderern oder anderen Religionen wächst bedenklich. Die Verunsicherung der Bevölkerung artikuliert sich in absurden Rückschritten; frühere Volksparteien schrumpfen, wohingegen der Extremismus zunimmt. Die Welt wird instabil.

Historisch hat es immer wieder solche Situationen gegeben, doch nur in Ausnahmen hielt das demokratische Gebäude. Meist folgten Diktaturen und Kriege. Eine großartige Ausnahme ist die Reaktion der USA auf die Weltwirtschaftskrise von 1929. In seiner Antrittsrede am 4. März 1933 sagte

US-Präsident Franklin D. Roosevelt: »Sie kennen nur die Gesetze einer Generation von Egoisten. Sie besitzen keine visionäre Kraft, und wo diese fehlt, gehen die Menschen zugrunde. Die Geldwechsler sind von ihren Hochsitzen im Tempel der Zivilisation geflüchtet. Jetzt können wir diesen Tempel den uralten Wahrheiten wieder zurückgeben. Wie weit uns das gelingen wird, hängt von dem Ausmaß ab, in dem wir soziale Werte schaffen, die edler sind als bloßer geldlicher Gewinn. Das Glück liegt nicht im bloßen Geldbesitz; es liegt im Stolz auf die erreichte Leistung und in der Freude an der schöpferischen Arbeit. Die Freude und der moralische Antrieb der Arbeit dürfen nicht länger über der hektischen Jagd nach vergänglichen Gewinnen vergessen werden.«

Mit der Politik des New Deal versuchte Roosevelt u. a. die Balance von Kapitalrendite und Wachstumsrate wiederherzustellen: »Wir können dies nicht längerfristig erreichen, solange wir nicht eine sinnvollere, weniger ungleiche Verteilung des Nationaleinkommens erreichen … Die Entlohnung für die Arbeit eines Tages muss – im Durchschnitt – höher sein als jetzt, und der Gewinn aus Vermögen, insbesondere spekulativ angelegtem Vermögen, muss niedriger sein.«[205]

Der Fokus verschob sich also von einer wachstumszentrierten hin zu einer stabilitätsorientierten Wirtschaft, und es ist der historische Verdienst dieses Präsidenten, dass er diesen Wandel ohne die Abschaffung der bürgerlichen Freiheiten gestaltete.

Vergleicht man die Situation von damals mit der heutigen Lage, so stehen wir wohl vor einer noch größeren Herausforderung: Neben der wirtschaftlichen Stabilität benötigen wir auch eine ökologische Balance. Der globale Raubbau an unseren Ressourcen, der gravierende Schwund an Biodiversität und die Erwärmung des Weltklimas zwingen uns zu einem fundamentalen Wandel, mit dem Fokus auf Stabilität und Nachhaltigkeit.

Bislang waren ökonomisches Wachstum und Ressourcenverbrauch miteinander gekoppelt. Inzwischen ist jedoch den allermeisten Verantwortlichen klar, dass dieser Weg früher oder später in eine Katastrophe münden muss. Unser Planet verkraftet unseren Lebenswandel nicht mehr. Der World Wide Fund For Nature (WWF) und Organisationen wie das Global Footprint Network ermitteln seit Jahren unseren persönlichen »Fußabdruck«, indem sie genau berechnen, wie hoch der jeweilige Verbrauch an Wasser, Wald, Rohstoffen und Energie ist. Ihr Fazit: Wir verbrauchen in einem einzigen Jahr zum Beispiel weit mehr Holz, als in diesem Zeitraum nachwächst. Unser Ressourcen- und Energieverbrauch ist dermaßen groß, dass wir die Reserven unseres Planeten allmählich aufbrauchen. Schon jetzt würden wir 1,6 Erden benötigen, um unseren Lebensstil stabil abzudecken. Ein globaler Paradigmenwechsel ist notwendig. Dabei müssen wir sowohl unseren Ressourcenverbrauch anpassen als auch die sozialen Ungerechtigkeiten beseitigen. Das mag schlüssig klingen, die Rahmenbedingungen sind klar, doch wie können wir konkret aus der Abwärtsspirale ausbrechen?

Auch wenn viele im alten System gefangen sind und einen solch drastischen Wandel als Träumerei oder Utopie abtun, so gibt es doch Optionen. Dank rascher Innovationen verbessert sich die Ausbeute regenerativer Energiequellen. Die Wirkungsgrade von Solarzellen und die Leistung von Windkrafträdern erreichen inzwischen eine Grenzmarke: Erneuerbare Energie dürfte bald billiger sein als fossile Energieträger. Alleine China will bis 2020 eine Summe von 343 Milliarden Euro in den Ausbau nichtfossiler Energie stecken.

Die Mobilitätsmuster verändern sich: Immer mehr Menschen verzichten darauf, ein eigenes Auto zu besitzen, und nutzen stattdessen Carsharingsysteme. Alleine hierdurch reduziert sich der Ressourcenverbrauch, und so kann sich die Lebensqualität innerhalb der Städte verbessern. Nutzen statt besitzen heißt die Devise und wird immer mehr zu einer neuen Lebenshaltung. Im Bereich der Medien haben Streamingdienste wie Spotify die Musikbranche revolutioniert. Dank Internet verbreiten sich immer mehr Ausleihplattformen und Tauschportale: Statt zu kaufen, leiht man sich Kleidung, Umzugskartons, Fahrräder, Kinderwagen oder Möbel. Ein häufig genanntes Beispiel ist die Bohrmaschine: Ihre durchschnittliche Laufzeit während ihres Lebens summiert sich auf gerade einmal dreizehn Minuten. Warum also muss man ein solches Gerät anschaffen?[206] Die uralte Idee der Bibliothek, das Konzept von ausleihen und teilen, wird auf weitere Lebensbereiche ausgeweitet.

Fragen Sie sich selbst, wie viele Produkte bei Ihnen zu Hause einfach rumstehen, ohne dass sie je wirklich genutzt werden. Stellen Sie sich vor, all diese Gegenstände, die Sie ein Jahr lang nicht gebrauchen, wären plötzlich weg. Würden Sie sie wirklich vermissen, oder wäre es sogar eine Befreiung, wenn dieser materielle Ballast verschwände? Wir vergessen, dass Konsum kein Naturgesetz ist, keine fundamentale Notwendigkeit. Wäre dies der Fall, so müssten wir wohl nicht ständig mit Werbung und Kaufanreizen bombardiert werden. Bei manchen »Innovationen« sollten wir daher kritisch hinterfragen – brauchen wir diese Produkte? Sind sie eine wirkliche Bereicherung meines Lebens, oder erzeugen sie lediglich einen kurzfristigen Stimulus, der schnell vergeht?

Vor ein paar Jahren hatte ich die seltene Gelegenheit, während einer Reportage dem Volk der San zu begegnen.[207] Diese Buschleute zählen zu den entwicklungsgeschichtlich ältesten Völkern unseres Planeten und bewohnen einige Landstriche in Namibia. Sie leben in einer Jäger- und Sammlerkultur, und ihre Gesellschaftsordnung beruht auf Gleichheit. Es gibt keinen Chef und keine Hierarchien. Die San teilen ihren Besitz und kennen keinen Handel. Einzelne Objekte werden allenfalls innerhalb der Gruppe verschenkt oder ausgeliehen. Das Miteinander ist sehr inspirierend, denn man wird Zeuge einer wirklich anderen Kultur der Gemeinsamkeit. Bei den

San gibt es keine verschlossenen Türen, keine Zäune, die den Besitz des einen vom anderen trennen. Allein dadurch schwindet eine Menge Konfliktpotenzial. Die San investieren täglich lediglich zwei bis vier Stunden, um ihren Lebensunterhalt zu bestreiten. Sie haben also jede Menge Zeit, die sie gerne gemeinsam verbringen. Bei meinem Besuch fiel mir zum Beispiel auf, dass die Säuglinge und Kinder kaum schrien. Man kann einiges von diesem Volk lernen.

In unserer Konsumgesellschaft arbeiten viele von uns vierzig und mehr Stunden, wir haben Maschinen entwickelt, die uns die Arbeit erleichtern oder abnehmen sollen; und doch verfügen wir über immer weniger Zeit. »Ihr habt die Uhren, wir haben die Zeit«, lautet eine kenianische Lebensweisheit.

Die inflationäre Nutzung des Begriffs der *Work-Life-Balance* verdeutlicht, dass viele den Wunsch hegen, ihre Prioritäten neu zu setzen. Trotz allen materiellen Reichtums scheint vielen etwas zu fehlen. Wie viel kostbare Lebenszeit könnten wir gewinnen, wenn wir unseren Umgang mit den Ressourcen ändern würden? Einen Teil unserer Arbeitszeit investieren wir nämlich offenbar völlig umsonst, für Dinge, die wir kaufen, obwohl wir sie nicht brauchen und sogar nach kurzer Zeit wegwerfen.

Die durchschnittliche Lebensdauer einer Waschmaschine lag im Jahr 1998 bei rund zwölf Jahren; heute hält sie maximal sechseinhalb Jahre, manche Billigprodukte streiken schon nach sogar nur drei Jahren.[208]

In Deutschland gehen, wenn man die gesamte Wertschöpfungskette bis hin zum Endverbraucher betrachtet, über 18 Mio. Tonnen an Nahrungsmitteln verloren.[209] Dies entspricht fast einem Drittel unseres aktuellen Nahrungsmittelverbrauchs. Die Hälfte davon wäre vermeidbar. So landet alleine bei uns Endkunden etwa ein Fünftel der zuvor gekauften Früchte, Gemüse oder Brot im Mülleimer. Würden wir diesen Irrsinn vermeiden, könnten wir 2,6 Mio. Hektar Ackerflächen einsparen, ganz abgesehen von der Energie und weiteren damit verbundenen Ressourcen. Etwa 800 Millionen Menschen hungern auf unserem Planeten, doch inzwischen leiden doppelt so viele, nämlich 1,9 Milliarden Menschen, an Übergewicht.

Wie viel Kilogramm Kohlendioxid benötigen wir für unser Glück?

Vielleicht liegt in dieser Sinnfrage die eigentliche Lösung auf unserem Weg zu mehr Nachhaltigkeit und Stabilität. Der materielle Überfluss und unser auf Konsum ausgerichtetes Denken führen uns in eine Sackgasse.

Wenn wir diesen Paradigmenwechsel schaffen, werden wir Lösungen finden, davon bin ich überzeugt. Nie zuvor standen unsere Chancen so gut. Wir verfügen über ein ganzes Spektrum innovativer Technologien, und schon heute erkennt man Ansätze dieses Umdenkens. Es geht also nicht um Verzicht, sondern um die historische Chance eines wirklichen Fortschritts.

RESÜMEE

Vom Suchen und Finden

Im Jahr 1668 malte der niederländische Künstler Jan Vermeer das Bild »Der Astronom«.[210] Das Gemälde hängt heute im Louvre in Paris und zeigt einen jungen Gelehrten beim Studium. Kunsthistoriker vermuten, dass es sich um einen Zeitgenossen Vermeers handeln könne, den jungen Antoni van Leeuwenhoek. Van Leeuwenhoek war wie Vermeer ein Bürger der Stadt Delft und einer der bekanntesten Wissenschaftler seiner Zeit; er gilt als Erfinder des Mikroskops. Gelehrte rühmten seine Kenntnisse der Navigation, Astronomie und der Naturwissenschaften. Zum Zeitpunkt der Entstehung des »Astronomen« war Leeuwenhoeck 36 Jahre alt, was in etwa auch dem Alter der dargestellten Person entspricht.

Unter der Inventarnummer 1149 findet sich in der Sammlung des Frankfurter Städelmuseums ein weiteres Werk Vermeers. Ein Jahr später nämlich, im Jahr 1669, malte der Künstler ein zweites Bild: »Der Geograph«.[211] Bei der Betrachtung beider Gemälde wird sofort klar, dass es sich um ein Bildpaar handelt. Man erkennt dasselbe Zimmer, dieselbe Person, einen Globus, und beide Bilder fangen die jeweilige Szene aus derselben Perspektive ein.

Beim »Astronomen« betrachtet der Wissenschaftler den Globus, vor ihm liegt ein Buch. Beim Bruderbild hingegen beugt sich der »Geograph« mit einem Zirkel über eine Karte. Der Globus im Hintergrund zeigt den Indischen Ozean, ein damals entscheidendes Ziel, denn die Niederlande erlebten das *Goldene Zeitalter.* Die Republik besaß zum damaligen Zeitpunkt eine Handelsflotte von 15 000 Schiffen, und das

Geschäft mit den Kolonien bescherte dem Land immensen Reichtum. Die Vereinigte Ostindische Kompanie war die größte Handelsorganisation der Welt und beendete die bisherige Vormachtstellung der Portugiesen. Die Wissenschaft erblühte: Christiaan Huygens erfand die Pendeluhr, und in der Folge wurde der Alltag der Menschen mit Terminkalendern strukturiert.[212] In diese Zeit fällt übrigens auch das *Annus mirabilis* des Briten Isaac Newton, der mit seinen Erkenntnissen die Mathematik und Physik revolutionierte. Der Boom des Überseehandels, die feste Etablierung von

Jan Vermeer, »Der Astronom«, 1668

Aktienhandel und Börse, die neuen Instrumente und Techniken, all das veränderte die Gesellschaften auf tief greifende Weise. Vermeer spiegelt in seinen beiden Bildern diesen Zeitgeist des Wandels im 17. Jahrhundert. Aus der reinen Betrachtung beim »Astronomen« wird ein aktiver Gestaltungsprozess beim »Geographen«.

Es gibt eine bemerkenswerte Parallele zu unserer heutigen Zeit, denn auch wir erleben eine Übergangsphase. In diesem Buch habe ich versucht, einige dieser Veränderungen etwas detaillierter zu beschreiben: den Umbruch durch die digi-

Jan Vermeer, »Der Geograph«, 1669

tale Vernetzung, die Konsequenzen des Internets für Medien und Bildung, die Effekte der Energiewende, die anstehenden Veränderungen auf dem Feld der Gentechnik oder die auf uns zukommende Entwicklung autonomer Maschinen und intelligenter Algorithmen. All diese Innovationen beeinflussen sich gegenseitig und münden in eine Umwälzung unserer Gesellschaft. In jedem einzelnen Feld erkenne ich sinnvolle Neuerungen und kritische Potenziale, doch wichtig ist dabei die Perspektive. Aus dem Blickwinkel der Vergangenheit mag man vieles als Verlust deuten, doch betrachtet man die neuen Aussichten als Chance, so entdeckt man auch großartige Möglichkeiten.

Bemerkenswert ist dabei das Tempo, mit dem wir diese Zukunft annehmen und sie als neue Normalität akzeptieren, und das trotz der Beharrungskräfte, die solche Wechselphasen wohl immer begleiten. Ich habe bewusst darauf verzichtet, die Zukunft im Detail zu beschreiben. Hingegen ist mir die Analyse der Impulse und der dahinterliegenden Prozesse wichtig, um eine Richtung erkennen zu können, auf die wir gegebenenfalls Einfluss nehmen müssen. Doch ich beobachte bei vielen Menschen eine verstärkte Flucht aus der Realität. Sie haben aufgehört, die Dinge und die Welt zu hinterfragen und selbstständig nach Inhalten zu suchen. Manche tauchen ab in eine Scheinwelt, sei sie künstlich in Form virtueller Realitäten, andere verfallen der Sucht des Konsums, der ständig durch neue Angebote aufrechterhalten wird. In einer aufgeklärten Gesellschaft ist jedoch die aktive und kritische Rolle des Einzelnen essenziell, ansonsten entstehen leicht Zerrbilder der Wirklichkeit.

Viele sind zum Beispiel davon überzeugt, dass die Mehrheit ihrer Mitmenschen unglücklich sei. In einer Untersuchung zeigte sich, dass wir annehmen, dass 45 Prozent der Menschen um uns herum unglücklich sind.[213] Stellt man die Frage nach dem Glück hingegen direkt, also: »Fühlen Sie sich glücklich?«, stimmen 84 Prozent dieser Aussage zu. Es gibt offenbar fast doppelt so viele glückliche Menschen in unserem Land, wie wir gemeinhin annehmen. Wir malen uns die Welt schwarz. Mit diesem Phänomen sind wir nicht alleine, die Tendenz zur Schwarzmalerei zeigte sich in allen vierzig Ländern, die an dieser Studie teilnahmen.

Vielleicht liegt dieses auch an unserer auf Negativschlagzeilen ausgerichteten Medienlandschaft. Wie in vorherigen Kapiteln beschrieben, werden schlechte und bedrückende Nachrichten stärker rezipiert, was unser Bewusstsein prägt und Ängste erzeugt. Wir sollten die besondere Rolle der Medien innerhalb unserer Gesellschaft erkennen und sie aus der Arena des Geschäftemachens heraushalten. Es kann nicht sein, dass im Wettlauf um Aufmerksamkeit unsere Sicht auf die Welt bewusst verzerrt wird. Klickraten und Auflagen sind keinesfalls ein Maß für Wahrhaftigkeit und inhaltliche Relevanz. Demokratien benötigen Foren des gemeinsamen Diskurses und eine Kultur des offenen Austauschs. Hier sollten gute Argumente und Besonnenheit der Maßstab sein und nicht die aggressive Lautstärke der Marktschreier. Überhaupt sollten wir klarer als bisher Bereiche des Nicht-Ökonomischen festlegen, denn Marktregeln sind nicht für alles ein probates Mittel. Der Erhalt unserer Kulturgüter, die Gesundheit des Einzelnen, die wunderbare Vielfalt der Natur oder die offene Bildung sind kein Business und bedürfen eines besonderen Schutzes. Wir sollten diese Essenz unserer Gesellschaft im Bewusstsein ihrer elementaren Bedeutung stärken.

Interessant ist für mich ebenfalls das Phänomen der Rückbesinnung in einigen Bereichen – wenn man so will, das Zukunftsparadoxon, bei dem das Neue uns erst den Wert des Alten bewusst macht. Dieses Verhalten erinnert mich an die Fabelwelt des »Kleinen Prinzen«. Dort findet sich die bemerkenswerte Episode, bei der ein Händler dem kleinen Prinzen Pillen gegen den Durst verkaufen will. Wenn man eine davon schlucke, verspüre man eine ganze Woche keinen Durst. Allein die Zeitersparnis betrage ganze 54 Minuten pro Woche. Auf die Frage, wie denn der kleine Prinz diese zusätzliche Zeit nutzen wolle, antwortet dieser, dass er sich gemächlich auf den Weg machen würde, um aus einem kühlen Brunnen zu trinken. Dieses *Zurück nach vorn* unterstreicht unsere Freiheit, Entwicklungen auch abzulehnen, wenn es uns sinnvoll erscheint. Wirklicher Fortschritt ist niemals ein Zwang, auch wenn die Händler uns antreiben.

In einigen Bereichen werden wir gemeinsam nach neuen Regeln und Konventionen suchen müssen. Entgleisungen und Überreaktionen sind in jedem Innovationsprozess normal, doch mit der Zeit etablieren sich auch neue Spielregeln. Beim ersten offiziellen Länderspiel in der Geschichte des Fußballs zwischen England und Schottland fehlte zum Beispiel der Schiedsrichter. Erst nach vielen Fouls und Streitigkeiten kam der Unparteiische dann zwei Jahre später, im Jahr 1874, aufs Spielfeld. Auch die ersten Autos fuhren zunächst gesetzlos über unsere Straßen, und erst als in den Zwanzigerjahren immer mehr Unfälle passierten, wurden Fahrregeln und Straßenschilder eingeführt. Erst 1924, knapp vierzig Jahre nach Erfindung des Automobils, regelte am Potsdamer Platz in Berlin die erste Ampel Deutschlands den Verkehr. Damals konnte man sich mit der Regulierung neuer Erfindungen offenbar Zeit lassen; das ist heute angesichts der extremen Beschleunigung des Fortschritts oft nicht mehr möglich.

Wer jedoch a priori alles regulieren will, erstickt jede Kreativität im Keim. Bei der Erforschung autonomer Fahrzeuge weiß zum Beispiel niemand genau, wie die Entwicklung weitergehen wird. Heute schon alles zu berücksichtigen, ist daher unmöglich. In dieser dynamischen Welt des Wandels müssen wir auf Sicht fahren und den Prozessen eine Chance geben. Wir benötigen veränderte Gesetzesverfahren, die mit dem schnellen Wandel mithalten können. Das momentane wilde Sammeln privater digitaler Daten, das algorithmische Auswerten und auch die genetischen Eingriffsmöglichkeiten, von denen in diesem Buch die Rede ist, all diese Entwicklungen müssen auf den Prüfstand. Moderne Technologien bergen das Potenzial, unsere Welt entweder dramatisch zu verbessern oder sie ebenso massiv zu verschlechtern. Schlimmstenfalls würde die Vernetzung der Welt zum Nährboden für politische und ökonomische Diktaturen. Bestenfalls könnte sie das Leben aller Menschen auf unserem Planeten substanziell verbessern. Daher sind wir besonders gefordert, den zukünftigen Entwicklungen eine stabile und sinnvolle Richtung zu geben. Werden sie ein Fortschritt für unsere Gesellschaft oder lediglich ein Gewinn für eine Minderheit sein? Jeder von uns sollte bei der Suche nach Antworten seine Verantwortung erkennen und sich aktiv in diese wichtige Debatte einbringen. Dort, wo rote Linien sichtbar und mögliche Grundwerte verletzt werden, müssen wir beherzt eingreifen. Es wird eine aufregende Zeit, denn es wird leidenschaftliche Auseinandersetzungen und Debatten geben, und einige Player werden mit scharfen Zähnen ihre eigenen Interessen vertreten.

Tim Berners-Lee erfand Anfang der Neunzigerjahre am europäischen Forschungszentrum CERN das World Wide Web. Am 30. April 1993 erklärten die Direktoren des CERN, dass diese WWW-Technologie für alle frei verfügbar sein solle, ohne jegliche Patentansprüche! Ohne diese bemerkenswerte Offenheit, ohne diese entschiedene Haltung, Wissen zu teilen und auf einen kurzsichtigen Gewinn zu verzichten, wäre das überwältigende Wachstum des Internets niemals möglich gewesen. Die Haltung des Teilens hatte gesiegt, und das in diesem Buch abgebildete Freistellungsdokument ist für mich eine Magna Charta der Neuzeit (siehe Anhang). Trotz aller kommerziellen Blüten liegt das wahre Potenzial des Internets nach wie vor im freien und offenen Verbund der vielen. Diese Technik erlaubt kreative Gemeinsamkeit; Projekte wie Wikipedia oder offene Lernplattformen sind nur der Anfang. Bei allem ökonomischen Denken müssen wir diese offenen Gemeinschaften schützen. Unsere Kultur ist nicht ökonomisch, und der Erhalt unserer wertvollen Kulturgüter liegt mir, wie man nachlesen kann, sehr am Herzen.

Mein indischer Großvater S.R. Ranganathan war ein leidenschaftlicher Bibliothekswissenschaftler und setzte sich sein Leben lang für einen offenen Umgang mit dem Wissen ein. Auch in einer modernen Digitalwelt haben wir alle die historische Verpflichtung, die Staffel unseres Weltkulturerbes an die nächste Generation weiterzugeben. Museen, Konzerthallen und Bibliotheken waren nie Profitcenter und lebten stets von der Unterstützung der Gesellschaft. Daran sollten wir festhalten, heute und auch morgen.

Die Bilder von Krieg, Terror oder Umweltkatastrophen wirken irritierend, doch dabei übersehen wir, dass unsere Welt tatsächlich besser geworden ist. Wir sollten uns vom Fatalismus verabschieden, denn die Daten erzählen eine andere Geschichte.

Hans Rosling, der bekannte schwedische Professor für Internationale Gesundheit am Karolinska-Institut in Stockholm, und auch später sein Sohn Max zeigten mithilfe verifizierter statistischer Daten, wie sehr unsere Vorstellungen vom Zustand unserer Welt der Realität widersprechen. Auf der Internetseite »Our World in Data« können Sie sich selbst überzeugen:[214]

- Die *Lebenserwartung* hat sich in den vergangenen Jahrzehnten dramatisch verbessert. Als ich geboren wurde, lag sie in Indien bei knapp vierzig Jahren. Inzwischen ist sie um 25 Jahre angestiegen. In Deutschland haben wir in demselben Zeitraum über zehn weitere Lebensjahre geschenkt bekommen, und in China hat sich die Lebensspanne binnen zweier Generationen fast verdoppelt!
- Genauso positiv verschieben sich die Machtstrukturen.

Die Zahl der *Demokratien* auf unserem Erdball hat sich in meiner Lebenszeit verdreifacht, während autokratische Systeme entsprechend zurückgegangen sind.

- Noch 1970 beklagte man in Deutschland auf 100 000 Menschen 1,4 Opfer von *Totschlag* oder *Mord.* Diese tödliche Gewalt ist um zwei Drittel zurückgegangen, und auch weltweit gibt es einen ausgeprägten Trend zu weniger Gewalt.
- 1950 konnte lediglich einer von drei Erdenbürgern *lesen und schreiben.* Heute sind es bereits acht von zehn.
- Das wirtschaftliche Wachstum ist zwar unterschiedlich stark, und der Reichtum ist immer noch ungleich verteilt, doch fast überall geht es den Menschen besser als zuvor. Fragt man, ob sich die *extreme Armut,* also die Zahl der Menschen, die von weniger als 1,90 US-Dollar pro Tag leben müssen, in den vergangenen dreißig Jahren vergrößert habe, dann sagt die Mehrheit: »ja«. Doch tatsächlich fällt die Zahl extrem armer Menschen schneller als je zuvor in der Geschichte. In Indien und Bangladesch hat sie sich binnen dreier Jahrzehnte halbiert.

Die Welt von heute ist also in vielerlei Hinsicht besser, als sie je war, und es gibt viele Gründe dafür, dass dieser Trend sich fortsetzt. Vor uns stehen, wie gezeigt, eine Reihe von Herausforderungen: Unser Wirtschaftssystem dürfte an manchen Stellen neu justiert werden müssen, und auch unser Ressourcenverbrauch muss langfristig den elementaren Kriterien der Nachhaltigkeit genügen. Das Bewusstsein hierfür steigt, und wenn es uns gelingt, neue Prioritäten für das Zusammenleben zu setzen, können wir diese Ziele auch mittelfristig erreichen. Die Angstszenarien von intelligenten Robotern, die bald unsere Welt übernehmen, teile ich ebenso wenig wie die Visionen baldiger Unsterblichkeit. Technik kann fürwahr nicht alles. Überhaupt sollten wir uns bewusst machen, dass die Wissenschaft, entgegen der verbreiteten

Annahme, noch immer sehr wenig versteht. Viele Prozesse des Lebens halten ihr Geheimnis noch immer für uns verschlossen, und die wunderbaren Wechselwirkungen der Natur werden auch in Zukunft noch lange ein Rätsel bleiben.

Ich glaube an die Kraft einer neuen »Wir-Gesellschaft«. Der Wunsch nach teilen und mitteilen ist auf Dauer größer als jedes egoistische Profitdenken. Wir Menschen sind nicht so selbstsüchtig, wie oft angenommen. Was uns wirklich antreibt, ist unsere Sehnsucht nach Liebe und Gemeinsamkeit. Daran wird sich auch in Zukunft nichts ändern.

Manche von Ihnen mögen dennoch ängstlich in das Morgen blicken, verunsichert oder gar hoffnungslos. Am Anfang dieses Buchs erwähnte ich, dass lediglich vier Prozent der Menschen hierzulande daran glauben, dass die Welt besser wird. Der Schmerz des Aufgebens lieb gewonnener Gewohnheiten und des Zurücklassens eines vertrauten Umfelds sitzt tief. Veränderung bedeutet immer den Verlust des uns Bekannten und die Sorge um das, was auf uns zukommt. Oft wissen wir nicht, welche Rolle uns zuteilwird, und haben Angst, dass wir ausgeschlossen oder gar überflüssig werden. Wir sehen uns verloren in einer Zukunft ohne erkennbaren Halt. In solchen Momenten wollen wir die Uhr der Geschichte anhalten, so wie Eltern, die ihre kleinen Kinder liebkosen und diesen Augenblick der Glückseligkeit festzuhalten wünschen. Doch es liegt im Wesen unserer Welt, dass sie in Bewegung bleibt.

Auch unsere Gegenwart ist das Ergebnis vorausgegangener Unternehmungen und Veränderungen. Oft liegt für uns über dem Gestern ein Schleier der Verklärung, doch wir verkennen die Zweifel und Ängste, die unsere Vorfahren aushielten, als sie sich aus den Komfortzonen des Bekannten hinauswagten. Wir sind das letzte Glied in dieser fruchtbaren Kette aus Wagnissen und überwundenen Ängsten. Und nun sind wir an der Reihe, uns aufzumachen und den Staffelstab der Geschichte zu übernehmen. Dabei spüren wir die

Verbundenheit mit all jenen, die vor uns die Segel setzten, um aufzubrechen in das Morgen. »Dieses Offensein für jede neue Erkenntnis im Außen und Innen: Das ist das Wesenhafte des modernen Menschen, der in aller Angst des Loslassens doch die Gnade des Gehaltenseins im Offenwerden neuer Möglichkeiten erfährt.«[215]

Wir sollten keine Angst vor dem Morgen haben, denn wir leben in der aufregendsten Zeit, die es je gab. Worauf also warten wir? Unsere Zukunft hat begonnen …

DANK

Diskussionen mit Wissenschaftlern, Journalisten und Freunden sowie Rechercheereisen und Besuche in Forschungszentren und Universitäten haben mir viele Anregungen und Inspirationen für dieses Projekt geschenkt. Manche Ideen reiften über einen längeren Zeitraum, und es ist mir unmöglich, all jene zu benennen, die an diesem Prozess beteiligt waren. Meinen langjährigen Freunden und Journalistenkollegen von Quarks & Co, dem SWR und auch dem Team von Bavaria Entertainment sei besonders gedankt: Auf vielen Drehreisen durften wir außergewöhnliche Welten, vom zauberhaften Urwald bis zur strahlenden Atomruine, aus nächster Nähe erleben. Diese unmittelbare Erfahrung hat mich ungemein bereichert.

Von meinen Kindern lerne ich, unsere Welt mit offenen und neugierigen Augen zu betrachten und auch auf unscheinbare und doch wichtige Details zu achten.

Dennoch bleibt die Arbeit an einem Buch eine einsame Unternehmung. In der Spiegelung meiner Ideen vermisse ich dabei ganz besonders meinen zu früh verstorbenen Freund Frank Schirrmacher. In unserem langjährigen Austausch haben wir viele Ideen geteilt und sind beide daran gewachsen. Ihm habe ich dieses Buch gewidmet.

Meinem großartigen Lektor Lutz Dursthoff und auch den anderen Mitarbeitern des Verlages, insbesondere meinem Verleger Helge Malchow, danke ich für die motivierende, kompetente und leidenschaftliche Zusammenarbeit.

Zuletzt und zuerst danke ich meiner Frau, die mich auf dieser tastenden Reise in unsere Zukunft aktiv begleitet hat. Als Freundin und kluge Ratgeberin hat sie mich in kritischen Momenten mit ihrer klaren Sicht durch die Täler des Zweifelns und Hinterfragens gelotst. Diese Zukunft auch gemeinsam mit ihr erleben zu dürfen, macht mich glücklich.

ANHANG

Dokumente

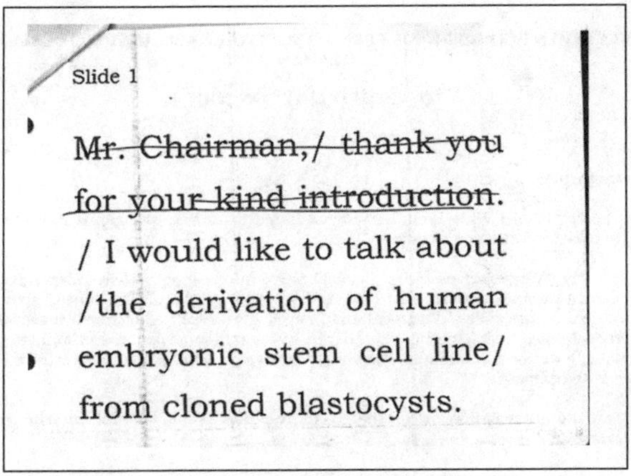

Slide 1

~~Mr. Chairman,/ thank you for your kind introduction.~~
/ I would like to talk about
/the derivation of human
embryonic stem cell line/
from cloned blastocysts.

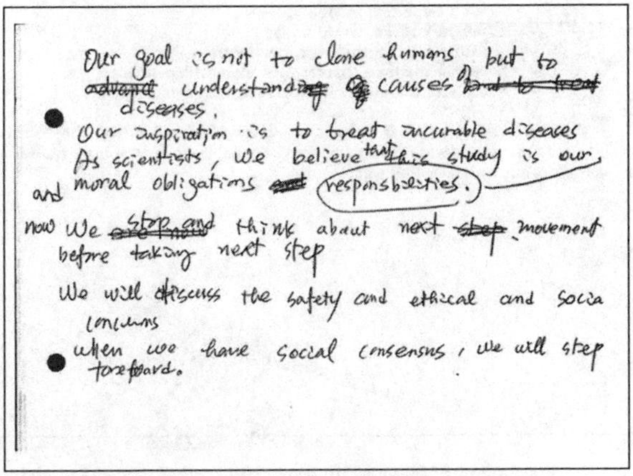

Our goal is not to clone humans but to
~~advance~~ understanding ~~of~~ causes ~~and to treat~~
diseases.
Our aspiration is to treat incurable diseases
As scientists, we believe that ~~this~~ study is our
and moral obligations ~~and~~ responsibilities.
now We ~~are now~~ stop and think about next ~~step~~ movement
before taking next step
We will discuss the safety and ethical and socia
concerns
when we have social consensus, we will step
forward.

Teile des Redetextes von Woo-Suk Hwang auf der Jahresversammlung der American Association for the Advancement of Science in Seattle 2004

930430

ORGANISATION EUROPEENNE POUR LA RECHERCHE NUCLEAIRE
CERN EUROPEAN ORGANIZATION FOR NUCLEAR RESEARCH

STATEMENT CONCERNING CERN W3 SOFTWARE RELEASE INTO PUBLIC DOMAIN

TO WHOM IT MAY CONCERN

Introduction

The World Wide Web, hereafter referred to as W3, is a global computer networked information system.

The W3 project provides a collaborative information system independent of hardware and software platform, and physical location. The project spans technical design notes, documentation, news, discussion, educational material, personal notes, publicity, bulletin boards, live status information and numerical data as a uniform continuum, seamlessly intergated with similar information in other disciplines.

The information is presented to the user as a web of interlinked documents .

Acces to information through W3 is:

- via a hypertext model;
- network based, world wide;
- information format independent;
- highly platform/operating system independent;
- scalable from local notes to distributed data bases.

Webs can be independent, subsets or supersets of each other. They can be local, regional or worldwide. The documents available on a web may reside on any computer supported by that web.

...

Erklärung der Direktoren des CERN vom 30. April 1993, wonach die Technologie des World Wide Web, die Anfang der Neunzigerjahre ...

2.

Declaration

The following CERN software is hereby put into the public domain:

- W 3 basic ("line-mode") client
- W 3 basic server
- W 3 library of common code.

CERN's intention in this is to further compatibility, common practices, and standards in networking and computer supported collaboration. This does not constitute a precedent to be applied to any other CERN copyright software.

CERN relinquishes all intellectual property rights to this code, both source and binary form and permission is granted for anyone to use, duplicate, modify and redistribute it.

CERN provides absolutely NO WARRANTY OF ANY KIND with respect to this software. The entire risk as to the quality and performance of this software is with the user. IN NO EVENT WILL CERN BE LIABLE TO ANYONE FOR ANY DAMAGES ARISING OUT THE USE OF THIS SOFTWARE, INCLUDING, WITHOUT LIMITATION, DAMAGES RESULTING FROM LOST DATA OR LOST PROFITS, OR FOR ANY SPECIAL, INCIDENTAL OR CONSEQUENTIAL DAMAGES.

Geneva, 30 April 1993

W. Hoogland
Director of Research

H. Weber
Director of Administration

ORGANISATION EUROPÉENNE POUR LA RECHERCHE NUCLÉAIRE
DIVISION DES FINANCES
- CERN -

… am europäischen Forschungszentrum CERN von Tim Berners-Lee erfunden worden war, für alle frei verfügbar sein solle, ohne jegliche Patentansprüche.

Bildnachweis

Seite 127, 245, 377: Privatarchiv Ranga Yogeshwar
Seite 138: Diözese Innsbruck/Hölbling
Seite 139, 363: akg-images
Seite 277: © VG Bild-Kunst, Bonn 2017
Seite 280: Luca Bruno / picture alliance / Heritage Images
Seite 281: Michael Sohn / picture alliance / Heritage Images
Seite 337: EOS Project Science Office, NASA Goddard Space Flight Center
Seite 362: picture alliance / Heritage Images
Seite 378/379: CERN

Anmerkungen

1 Ausspruch vom 31. Oktober 1966, in: Conversations with Samuel Beckett and Bram van Velde, ed. Charles Juliet, Dalkey Archive, London and Champaign 2009, S. 59. Siehe auch: https://en.wikiquote.org/wiki/Bram_van_Velde

2 https://d25d2506sfb94s.cloudfront.net/cumulus_uploads/document/z2knhgzguv/GB_Website.pdf. Siehe auch: https://ourworldindata.org/about/

3 Siehe: Aleida Assmann: Ist die Zeit aus den Fugen? Aufstieg und Fall des Zeitregimes der Moderne, München 2013

4 http://www.edelman.de/de/news-pressemitteilungen/edelman-trust-barometer-2015-die-deutschen-haben-angst-vor-innovationen-vertrauen-in-wirtschaft-ngos-und-medien-schwindet

5 Siehe: Walter Isaacson, Steve Jobs, Kindle Edition, Position 2955 von 12955

6 Ausstellung Deutsches Museum München: Die Elektrifizierung der Haushalte und ihre Folgen.

7 »When Government was the Solution«, in: New York Times, 21.05.2007. Die Elektrifizierung der ländlichen Gebiete in den USA erfolgte verstärkt durch die Politik des New Deal in den Dreißigerjahren. Heute leben immer noch 1,3 Milliarden Menschen weltweit ohne Strom, alleine in Indien 300 Millionen Menschen, das entspricht 24 Prozent der Bevölkerung.

8 OECD: Key Issues for Digital Transformation in the G20, Berlin 2017, S. 136; https://www.oecd.org/g20/key-issues-for-digital-transformation-in-the-g20.pdf

9 Siehe: Aleida Assmann: Ist die Zeit aus den Fugen?, a. a. O.

10 Basiert auf einem Artikel in *DB mobil,* Juni 2015

11 The IBM Strategy, 2013 Annual Report, S. 21

12 ebenda

13 http://www.theatlantic.com/technology/archive/2010/10/googles-ceo-the-laws-are-written-by-lobbyists/63908/#video

14 http://www.fp7-caper.eu

15 http://www.sueddeutsche.de/geld/neues-krankenversicherungsmodell-generali-erfindet-den-elektronischen-patienten-1.2229667
16 Thomas de Padova: Leibniz, Newton und die Erfindung der Zeit
17 http://sowi.st-ursula-attendorn.de/tp/tpsmid01.htm
18 Siehe u.a. Matthias Horx, Zukunftsreport 2017; http://www.horx.com/Downloads/Zukunftsreport-2017--Preview.pdf
19 https://www.theguardian.com/technology/2011/feb/09/ken-olsen-obituary
20 https://de.wikipedia.org/wiki/Digital_Equipment_Corporation
21 http://articles.latimes.com/2000/jan/24/business/fi-57038
22 »Mächtig gerechnet«, in: Der Spiegel, 20.05.2009; http://www.spiegel.de/wirtschaft/statistik-trick-in-der-autoindustrie-maechtig-gerechnet-a-625945.html
23 2013: 2,2 Milliarden Euro für Pkw, Nutzfahrzeuge, Zweiräder, Reisemobile, Autohandel und -zubehör sowie die Reifenbranche
24 http://www.retro-futurismus.de/sammelalben_zf.htm
25 Gregory Gromov: »Silicon Valley – History and Future«, http://www.netvalley.com/silicon_valley_history.html
26 https://venturebeat.com/2012/10/15/how-indians-defied-gravity-and-achieved-success-in-silicon-valley/
27 http://www.thefamouspeople.com/profiles/sundar-pichai-6439.php
28 Christoph Keese: Silicon Valley, München 2014
29 Oxfam: An economy for the 99%, 16.1.2017; https://www.oxfam.de/system/files/sperrfrist_20170116-0101_economy-99-percent_report.pdf
30 Chrystia Freeland: Die Superreichen. Aufstieg und Herrschaft einer globalen Geldelite, Frankfurt/Main 2013
31 GS1 General Assembly 2014, http://www.gs1.org/events/2014/ga
32 Mitgliederentwicklung der CDU und SPD ab 1990, Bundeszentrale für politische Bildung, 01.09.2015; http://www.bpb.de/politik/grundfragen/parteien-in-deutschland/138672/mitgliederentwicklung-cdu-und-spd
33 Siehe Brief von Ranga Yogeshwar an den Ministerpräsidenten des Landes NRW. Ein Teil wurde in der Regierungserklärung am 30.08.2000 zitiert: Landtag Düsseldorf, Plenarprotokoll 13/5 vom 30.08.2000, S. 200
34 Essig, C.F. and Lam, R.C.: »Convulsions and hallucinatory behaviour following alcohol withdrawal in the dog«, in: Arch. Neurol. 18 (1968), S. 626–632

35 Der Text basiert auf einer Rede zur Ausstellungseröffnung »Der Mond«, Wallraf-Richartz Museum Köln, 25.03.2009
36 Vorwort zu »Die Intelligenz der Evolution« von Ray Kurzweil, Neuausgabe von »Homo S@piens«, Köln 2016
37 Dresden Future Forum, http://www.faz.net/aktuell/feuilleton/digitale-zukunft-das-internet-wird-wohl-nie-verstanden-werden-1994665.html und http://www.dresdner-zukunftsforum.de/blog/tag/ranga-yogeshwar/
38 http://www.kurzweilai.net/images/How-My-Predictions-Are-Faring.pdf
39 Basiert auf einem Text für Brockhaus: Meilensteine der Menschheit
40 https://de.wikipedia.org/wiki/Liste_von_Kernwaffentests
41 Der Text basiert auf meinem Facebook-Blog von Februar 2016
42 Zuerst erschienen in: Frankfurter Allgemeine Sonntagszeitung, 03.11.2014
43 »Defaunation in the Anthropocene«, in: Science, Vol. 345, Issue 6195, 25.07.2014, S. 401–406
44 Basiert auf der Dankesrede für den Medienpreis für Sprachkultur 2014 (Gesellschaft für deutsche Sprache), 31.05.2014
45 Thomas Jefferson: Notes of the State of Virginia, Chapter 15: Equality; http://press-pubs.uchicago.edu/founders/documents/v1ch15s28.html
46 Sabine Scholl: »Die Fremden bestaunen«, in: Die Zeit, 31.10.2016
47 Pamela Newkirk, Spectacle: The Astonishing Life of Ota Benga, New York 2015. Siehe auch: https://de.wikipedia.org/wiki/Ota_Benga
48 Progress Of The World's Women 2015–2016. Transforming Economies, Realizing Rights. UN Women – United Nations Entity for Gender Equality and the Empowerment of Women
49 http://www.firstpost.com/india/breaking-traditions-vrindavan-widows-celebrate-holi-inside-ancient-gopinath-temple-2688118.html
50 http://sz-magazin.sueddeutsche.de/texte/anzeigen/40755/2; http://www.emma.de/artikel/gesetzgebung-vorher-nachher-265857
51 Jerry Bergman: »Darwin's Teaching of Women's Inferiority«, Northwest State College, Ohio; http://www.icr.org/article/darwins-teaching-womens-inferiority/. Charles Darwin: The Descent of Man and Selection in Relation to Sex, New York 1896
52 Original-Redemanuskript im US-Bundesarchiv: ttps://www.archives.gov/files/press/exhibits/dream-speech.pdf

53 Zuerst veröffentlicht: »Was erhoffen/erwarten Sie sich von Frauen heute?«, in: 30 Jahre *Emma,* 2017

54 Beyond think tank meeting, April 2017, München

55 Selbstfahrendes Tesla-Auto fuhr zu schnell, Tagesschau, 26.07.2016; https://www.tagesschau.de/wirtschaft/tesla-unfall-untersuchungsbericht-101.html

56 Siehe: Hermann Winner et al.: Handbuch Fahrerassistenzsysteme, 2. Auflage, Wiesbaden 2012, S. 30

57 WHO Global status report on road safety 2015. Siehe auch: http://docs.dpaq.de/9791-2015_who_sicherheit_stra_enverkehr_.pdf

58 http://moralmachine.mit.edu und https://www.media.mit.edu/research/groups/10005/moral-machine

59 Siehe u.a.: Jean-François Bonnefon, Azim Shariff. Iyad Rahwan: »The social dilemma of autonomous vehicles«, in: *Science,* Vol. 352, Issue 6293, 24.06.2016, S. 1573–1576

60 Neal E. Boudette: »5 Things That Give Self-Driving Cars Headaches«, in: New York Times, 04.06.2016

61 Wendell Wallach: A Dangerous Master – How to Keep Technology from Slipping Beyond Our Control, New York 2015. Siehe auch: https://backchannel.com/we-need-a-law-that-bans-killer-robots-56b8425b241d

62 https://www.stopkillerrobots.org/call-to-action/

63 Human Rights Watch: Mind the Gap – The Lack of Accountability for Killer Robots, 09.04.2015; https://www.hrw.org/report/2015/04/09/mind-gap/lack-accountability-killer-robots

64 Siehe: Kenneth J. Carpenter: The History of Scurvy and Vitamin C, Cambridge 1986 und: http://www.logos.li/2009/02/skorbut-und-die-ernahrung-der-matrosen.html

65 James Lind M.D.: A Treatise on the Scurvy«, Edinburgh 1753, S. 191–196; http://www.jameslindlibrary.org/lind-j-1753/

66 https://de.wikipedia.org/wiki/Henle-Koch-Postulate

67 Atul Gawande: Being Mortal, New York 2014

68 Siehe u.a.: http://www.spiegel.de/lebenundlernen/job/10-cm-2000-euro-grosse-maenner-verdienen-mehr-a-296853.html

69 http://t3n.de/news/codezeilen-facebook-windows-software-546933/ und https://docs.google.com/spreadsheets/d/1s9u0uprmuJvwR2fkRqxJ4W5Wfomimmk9pwGTK4Dn_UI/edit#gid=5

70 http://www.dkriesel.com/blog/2013/0802_xerox-workcentres_are_switching_written_numbers_when_scanning

71 »Mastering the game of Go with deep neural networks and tree search«, in: Nature 529, 28.01.2016, S. 484–489
72 Eine gute und weiterführende Einführung findet sich hier: https://deeplearning4j.org/lstm.html und hier: https://de.wikipedia.org/wiki/Künstliches_neuronales_Netz
73 Eike Kühl: »Meine Freundin ist kein Gorilla«, http://www.zeit.de/digital/internet/2015-07/google-fotos-algorithmus-rassismus
74 Adam Rose: »Are Face-Detection Cameras Racist?«, in: Time, 22.01.2010; http://content.time.com/time/business/article/0,8599,1954643,00.html
75 https://www.kreditech.com/what-we-do/
76 Jon Krakauer: In eisige Höhen. Das Drama am Mount Everest, München 2004
77 https://zephoria.com/top-15-valuable-facebook-statistics/
78 http://www.absatzwirtschaft.de/wir-smartphone-junkies-schon-nach-dem-aufwachen-am-handy-71961/
79 »Psycho-Informatics: Big Data Shaping Modern Psychometrics«; in: Medical Hypothesis; http://dx.doi.org/10.1016/j.mehy.2013.11.030
80 Lars Weisbrod: »Wisch dir ein Date«, in: Zeit Online, 03.04.2014; http://www.zeit.de/2014/15/dating-app-tinder
81 Investigating the style of self-portraits (selfies) in five cities across the world, selfiecity.net
82 http://www.parkinsonsvoice.org
83 Mirjam Hauck: »Zocken für die Alzheimerforschung«, in: Süddeutsche Zeitung, 04.05.2016; http://www.sueddeutsche.de/digital/smartphone-spiel-sea-hero-quest-zocken-fuer-die-alzheimerforschung-1.2979145
84 Kai Biermann: »Mächtige Sensoren«, in: Zeit online, 28.05.2014; http://www.zeit.de/digital/mobil/2014-05/smartphone-sensoren-iphone-samsung/seite-2
85 https://www.bosch-sensortec.com/bst/products/all_products/bme680
86 ebenda
87 Kai Biermann: »Mächtige Sensoren«, a. a. O.
88 Basiert auf einem Artikel in der Frankfurter Allgemeinen Zeitung, 28.10.2013
89 Teile dieses Textes erschienen als Essay in der Frankfurter Allgemeinen Zeitung, 17.03.2014

90 Zum Vergleich: 1983 schaffte der Höchstleistungsrechner Cray-XMP eine Rechenleistung von 200 Millionen Gleitkommaoperationen pro Sekunde. Heutige Desktops (z. B. Apple) liegen bei 7 Millionen MegaFlops!

91 https://newsroom.cisco.com/feature-content?type=webcontent&articleId=1208342

92 http://www.economist.com/news/briefing/21711902-worrying-implications-its-social-credit-project-china-invents-digital-totalitarian; https://boingboing.net/2015/10/06/reputation-economy-dystopia-c.html. Siehe auch: https://www.techinasia.com/china-citizen-scores-credit-system-orwellian

93 https://www.change.org/p/die-demokratie-verteidigen-im-digitalen-zeitalter

94 Das Digital Manifest, 17.12.2015; http://www.spektrum.de/news/wie-algorithmen-und-big-data-unsere-zukunft-bestimmen/1375933

95 Zuerst erschienen in der tageszeitung, 21.10.2010

96 Facebook-Post vom 20.03.2015

97 Inaugural Address oft the President. 04.03.1933; https://www.archives.gov/files/education/lessons/fdr-inaugural/images/address-1.gif

98 https://www.allianz-reiseversicherung.de/reiseversicherung/reiseversicherungspakete/last-minute/

99 »Risiko nach Maß. Psychologie der Entscheidungspräferenzen«, in: Spektrum der Wissenschaft, März 1982

100 »Long term gluten consumption in adults without celiac disease and risk of coronary heart disease«, in: The BMJ, 02.05.2017; http://www.bmj.com/content/357/bmj.j1892

101 Quarks & Co: Gesund ernähren – wie geht das? Sendung vom 23.05.2017, WDR-Fernsehen

102 Gerd Gigerenzer: »Dread Risk, September 11, and Fatal Traffic Accidents« in: Psychological Science, 15 (4), 2004, S. 286–287

103 Gerd Gigerenzer: Risk Savvy. How to Make Good Decisions, New York 2013

104 Tobis Jochheim: »Wir fürchten uns vor dem Falschen«, in: Rheinische Post, 17.05.2017; http://www.rp-online.de/politik/wir-fuerchten-uns-vor-dem-falschen-aid-1.6825809

105 Aussage von Petra Gastmeier, Nationales Referenzzentrum zur Überwachung von Krankenhausinfektionen an der Berliner Charité; http://www.nrz-hygiene.de/nrz/vorstellung/. Siehe auch: Cassini A

et al.: »Burden of Six Healthcare-Associated Infections on European Population Health: Estimating Incidence-Based Disability-Adjusted Life Years through a Population Prevalence-Based Modelling Study«, in: PLoS Med 13 (10), 2016: e1002150; https://doi.org/10.1371/journal.pmed.1002150

106 Tobis Jochheim: »Wir fürchten uns vor dem Falschen«, a. a. O.

107 R+V Versicherung: Die Ängste der Deutschen im Langzeitvergleich, 12.07.2016; https://www.ruv.de/presse/aengste-der-deutschen/aengste-der-deutschen-langzeitvergleich

108 Tobis Jochheim: »Wir fürchten uns vor dem Falschen«, a. a. O.

109 Einige Gedanken stammen aus meiner Rede »Die beste Schule für NRW« (Schule neu denken) am 26.04.2006 in Düsseldorf.

110 http://www.news4teachers.de/2015/03/yogeshwar-auf-dem-deutschen-schulleiterkongress-schule-braucht-prioritaet/

111 https://www.gew.de/aktuelles/detailseite/neuigkeiten/marode-schulen-34-milliarden-euro-sanierungsbedarf/

112 Bryant Urstadt: »Salman Khan: The Messiah of Math«, in: Bloomberg Businessweek, 19.05.2011; https://www.bloomberg.com/news/articles/2011-05-19/salman-khan-the-messiah-of-math

113 Falls Sie nicht wissen, was die Primfaktorzerlegung ist, Sal erklärt es Ihnen hier: https://www.khanacademy.org/math/pre-algebra/pre-algebra-factors-multiples/pre-algebra-prime-factorization-prealg/v/prime-factorization

114 https://www.khanacademy.org

115 https://www.edx.org

116 Stanford Engeneering Course CS106 A; https://see.stanford.edu/Course/CS106A

117 http://www.ideenexpo.de

118 Jeffrey R. Young: »Providers of Free MOOC's Now Charge Employers for Access to Student Data«, in: Chronicle of Higher Education, 04.12.2012; http://www.chronicle.com/article/Providers-of-Free-MOOCs-Now/136117/

119 Michael Hartmann und Horst Hippler: »Werden die Hochschulen zu Sklaven der Wirtschaft?«, in: Die Zeit, 26.03.2015

120 Manche Gedanken finden sich auch in meiner Rede zur Neueröffnung des Mathematisch-Physikalischen Salons der Staatlichen Kunstsammlungen Dresden am 13.04.2013

121 https://en.wikipedia.org/wiki/High_Performance_Computing_Act_of_1991

122 Text zur Verabschiedung von Michael Knoche, Direktor der Herzogin Anna Amalia Bibliothek, Weimar 2016

123 Siehe auch: Klassik Stiftung Weimar, Weimarer Appell – Schriftliches Kulturgut bewahren; https://idw-online.de/en/news601216

124 Teile des Aufsatzes basieren auf meiner Keynote anlässlich der Eröffnungsveranstaltung der Photokina 2016 am 19.09.2016 in Köln (diese wurde übersetzt von Gabriele Würdinger)

125 Ich sah das Foto im Victoria and Albert Museum in London. Siehe auch: http://www.preusmuseum.no/eng/layout/set/print/Discover-the-Exhibitions/Education/Image-of-the-week/A-rose-is-a-rose-is-a-rose

126 http://www.spacetelescope.org/science/deep_fields/

127 Aktuelle Zahlen: https://www.nytimes.com/2015/07/23/arts/international/photos-photos-everywhere.html?_r=0

128 Luca Bruno/AP, 2005; Michael Sohn/AP, 2013; http://photoblog.nbcnews.com/_news/2013/03/14/17312316-witnessing-papal-history-changes-with-digital-age?lite

129 Rechtschreibung angepasst

130 http://www.technologydecisions.com.au/content/gov-tech-review/news/nt-police-wins-iaward-for-face-recognition-project-1295826849#axzz4hRC9BpGn

131 http://www.larousse.fr/encyclopedie/musdico/Metz/169117

132 Z.B. Autotune. Diese Software verlieh der Sängerin Cher anfangs ihre charakteristische »Roboterstimme«.

133 https://www.theverge.com/2014/7/9/5884649/untouched-britney-spears-vocal-track-no-autotune

134 Digitale Neuronale Netzwerke werden detaillierter im Kapitel 5: »Zaubern. Das Ende der Kausalität« behandelt

135 Terrence J. Sejnowski und Charles R. Rosenberg: »NETtalk: A Parallel Network That Learns to Read Aloud« (Technical Report JHU/EEC-86/01.), Johns Hopkins University, Baltimore 1986

136 »WaveNet: A Generative Model for Raw Audio«, Google DeepMind, London 2016. »Fast, Compact, and High Quality LSTM-RNN Based Statistical Parametric Speech Synthesizers for Mobile Devices«, Google; http://static.googleusercontent.com/media/research.google.com/en//pubs/archive/45379.pdf. Adi Robertson: »Google's DeepMind AI fakes some of the most realistic human voices yet«. In: The Verge, 09.11.2016

137 Der Satz *Māma mà má mă ma?* enthält alle Töne und bedeutet: Schimpft die Mutter das Hanfpferd aus? Siehe: https://de.wikipedia.org/wiki/Töne_des_Hochchinesischen

138 Siehe: Christine Schulz-Reiss: Wer war das? Forscher und Erfinder 1, Hörbuch, eingesprochen von Ranga Yogeshwar, Hamburg 2008

139 Siehe: Margarethe Rehm: Information und Kommunikation in Geschichte und Gegenwart. Handbuch der Bibliothekswissenschaft, Humboldt-Universität Berlin, 2003

140 Das Buch ist inzwischen Bestandteil des Projekt Gutenberg: http://gutenberg.spiegel.de/buch/-4745/1

141 Angela Nuovo: »The Book Trade in the Italian Renaissance: Structure and Regulation«, Università di Udine, 46th Annual Erasmus Lecture, Toronto, 21.10.2010

142 https://www.reporter-ohne-grenzen.de

143 Daten vom Verband Privater Rundfunk und Telemedien e.V. 2016; http://www.vprt.de/thema/marktentwicklung/marktdaten/content/keyfacts-fernsehen)

144 Umberto Eco: Platon im Striptease-Lokal, München 1993

145 http://www1.wdr.de/daserste/monitor/sendungen/talkshows-102.html

146 ebenda

147 Ipsos MORI, Perils of Perception 2015; https://www.ipsos.com/ipsos-mori/en-uk/perils-perception-2015; Folien unter https://www.ipsos.com/sites/default/files/migrations/en-uk/files/Assets/Docs/Polls/ipsos-perils-of-perception-charts-2015.pdf. Ashley Kirk: »What are the world's most ignorant countries?«, in: The Telegraph, 10.12.2015; http://www.telegraph.co.uk/news/worldnews/12043708/What-are-the-worlds-most-ignorant-countries.html

148 Pressekonferenz Donald Trump, 16.02.2017

149 http://elpais.com/elpais/2017/01/10/inenglish/1484037730_759492.html

150 Stefan Maurer und Ingmar Zechlin: Neanderlandsteig, Rother Wanderführer, Oberhaching 2017, S. 21 ff. Siehe auch: Johann Heinrich Bongard: Wanderung zur Neandershöhle – Eine topographische Skizze der Gegend von Erkrath an der Düssel, Düsseldorf 1835

151 Carola Nathan: »Der Irrtum des Rudolf Virchow«, in: Monumente. Magazin für Denkmalkultur 6/2006; http://www.monumente-online.de/de/ausgaben/2006/6/der-irrtum-des-rudolf-virchow.php#.WS_OoFL5wUE

152 Die übersetzte Erstausgabe unter: https://de.wikisource.org/wiki/Entstehung_der_Arten
153 Siehe Quarks & Co: Wie viel Neandertaler steckt in uns?, 07.12.2010, WDR-Fernsehen
154 http://www.sfb806.uni-koeln.de
155 Charles Darwin. »Die Entstehung der Arten«, Kapitel 14
156 GM crops: A story in numbers, in: Nature 497, 02.05.2013, S. 22–23
157 VfA, Verband forschender Arzneimittelhersteller: Liste zugelassener gentechnisch hergestellter Medikamente und Impfstoffe in Deutschland, VfA 12/2012
158 Y. Zhang et al.: »Positional cloning of the mouse obese gene and its human homologue«, in: Nature 372 (6505), Dezember 1994, S. 425–432
159 Ranga Yogeshwar: »Animal testing TV or not TV?«, in: Nature, Vol. 470, S. 457–459, 24.02.2011
160 Deutschlandfunk: Gefälschte Klone; http://www.deutschlandfunk.de/gefaelschte-klone.740.de.html?dram:article_id=111412
161 Sooam Biotech: Dog Cloning at Sooam; http://en.sooam.com/dogcn/sub01.html
162 https://www.glofish.com
163 »Verbotene Leuchtfische in Deutschland aufgetaucht«, in: Spiegel Online, 19.03.2007; http://www.spiegel.de/wissenschaft/mensch/gentechnik-verbotene-leuchtfische-in-deutschland-aufgetaucht-a-472468.html
164 Martin Suter: Elefant, Zürich 2016
165 »A Programmable Dual-RNA-Guided DNA Endonuclease in Adaptive Bacterial Immunity, in: Science 337, Issue 6096, 17.08.2012, S. 816–821
166 Long, C., McAnally, J. R., Shelton, J. M., Mireault, A. A., Bassel-Duby, R., and Olsen, E. N.: »Prevention of muscular dystrophy in mice by CRISPR/Cas9-mediated editing of germline DNA«, in: Science 345, 2014, S. 1184–1188
167 http://exonicstx.com
168 http://www.editasmedicine.com/company-overview
169 Nature Reviews Drug Discovery 9, 2010, S. 203–214, und »Lessons from 60 years of pharmaceutical innovation«, in: Nature Reviews Drug Discovery 8, Dezember 2009, S. 959–968
170 Methylphenidat-Verbrauch in Deutschland 1993–2013, in: Der Lehrerfreund; https://www.lehrerfreund.de/schule/1s/methylpheni-

dat-verbrauch-deutschland-1993-2013/4229; und: https://de.statista.com/statistik/daten/studie/375281/umfrage/adhs-anzahl-der-verordnungen-ausgewaehlter-psychostimulanzien/

171 Larissa J. Maier et al.: »To Dope or Not to Dope: Neuroenhancement with Prescription Drugs and Drugs of Abuse among Swiss University Students«, 13.11.2013; https://doi.org/10.1371/journal.pone.0077967. Universität Zürich: http://www.media.uzh.ch/de/medienmitteilungen/archive/2013/jeder-siebte-student-hat-schon-gedopt.html. Siehe auch: »European Students use of smart drugs is said to rise«, in: The New York Times, 06.06.2014

172 Charles Darvin: »On the Origin of Species«, Faksimile der Ausgabe von 1859: http://darwin-online.org.uk/converted/pdf/1861_OriginNY_F382.pdf

173 Damit endet Turings Aufsatz »Computing Machinery and Intelligence«, in: Mind 49, 1950, S. 433–460

174 https://developers.google.com/recaptcha/

175 A.M. Turing: »Computing Machinery and Intelligence«, a.a.O.

176 https://de.statista.com/statistik/daten/studie/314441/umfrage/anzahl-ausgewaehlter-herzoperationen-in-deutschland/

177 Siehe Statista: »Anzahl der operativen Herzschrittmacher-Eingriffe in Deutschland«; https://de.statista.com/statistik/daten/studie/36520/umfrage/herzschrittmacher-anzahl-der-eingriffe-in-deutschland-seit-2004/

178 EPFL Lausanne: »Amputee Feels Texture with a Bionic Fingertip«, Science Daily, 08.03.2016; https://www.sciencedaily.com/releases/2016/03/160308084937.htm. Siehe auch: https://www.medgadget.com/2014/12/the-best-medical-technologies-of-2014.html

179 Siehe: Rede auf der F8-Facebook Entwicklerkonferenz 2017. Siehe auch: http://www.zeit.de/digital/internet/2017-04/soziales-netwerk-facebook-gedankenlesen

180 »An extra-uterine system to physiologically support the extreme premature lamb«, in: Nature Communications 2017; https://www.nature.com/articles/ncomms15112

181 »Modelling human development and disease in pluripotent stem-cell-derived gastric organoids«, in: Nature 516/18, 25.12.2014

182 https://www.koerber-stiftung.de/koerber-preis-fuer-die-europaeische-wissenschaft/bisherige-preistraeger/2016.html

183 https://de.wikipedia.org/wiki/Jeanne_Calment. Siehe auch Max Planck Institut für Demografische Forschung: Jeanne Calment – ein Rätsel der Langlebigkeit, 21.02.2015; http://www.demogr.mpg.

de/de/news_presse/news/news/jeanne_calment__ein_raetsel_der_langlebigkeit_4031.htm
184 Xiao Dong, Brandon Milholland & Jan Vijg: »Evidence for a limit to human lifespan«, in: Nature 2016; http://dx.doi.org/10.1038/nature19793. Siehe auch Übersichtsartikel in *Nature:* http://www.nature.com/news/human-age-limit-claim-sparks-debate-1.20750
185 https://www.alcor.org/AboutAlcor/membershipstats.html
186 Ray Kurzweil: The Singularity is near, New York 2005
187 Simone de Beauvoir: Alle Menschen sind sterblich, Reinbek bei Hamburg 2004
188 Jocelyn Kaiser: »Young blood antiaging trial raises questions«, in: Science, 01.08.2016
189 Carl Sagan: Speech at Cornell University, October 13, 1994
190 https://visibleearth.nasa.gov/view.php?id=52386
191 »The scientific consensus on climate Change«, in: *Science* 306, Issue 5702, 03.12.2004, S. 1686; http://science.sciencemag.org/content/306/5702/1686
192 Naomi Oreskes: Die Machiavellis der Wissenschaft: Das Netzwerk des Leugnens (Originaltitel: The Merchants of Doubt), Weinheim 2014
193 Interview mit Naomi Oreskes: Die perfiden Methoden der Klimaleugner, 24.11.2015; http://www1.wdr.de/fernsehen/quarks/sendungen/klima-lobbyisten-b-100.html
194 Nicholas Stern: The Economics of Climate Change. The Stern Review. HM Treasury, London 2006. UNHCR: Climate Change, natural disasters and human displacement: A UNHCR perspective, 2008. Koko Warner: In search of shelter. Mapping the effects of climate change on human migration and displacement, United Nations High Commissioner for Refugees 2009. Acketoft, Tina: Report: Environmentally induced migration and displacement: a 21st century challenge, Council of Europe. Parliamentary Assembly Doc. 11785, Strasbourg A policy paper prepared for the 2009 Climate Negotiations, Bonn, 2008.
195 Die Daten findet man bei Statista. Und aktuell: http://www.finanzen.net/index/DAX/Marktkapitalisierung
196 Das BIP Schwedens lag 2016 bei 511 Mrd. US-Dollar; https://de.statista.com/statistik/daten/studie/14414/umfrage/bruttoinlandsprodukt-bip-in-schweden/
197 Vergleich Ausgaben für Forschung und Entwicklung: Etat BMBF 2016 14,5 Mrd. US-Dollar (16,4 Mrd. Euro); Ausgaben Forschung

und Entwicklung 2016: Alphabet 12,3 Mrd. US-Dollar, Amazon 12,5 Mrd. US-Dollar, Microsoft 12 Mrd. US-Dollar

198 http://www.manager-magazin.de/unternehmen/it/apple-steigert-gewinn-a-1145835.html

199 In It Together: Why Less Inequality Benefits All, OECD Publishing 2015, Paris; http://dx.doi.org/10.1787/9789264235120-en. IMF: The World Economic Outlook (WEO) Update, letzte Version Januar 2017

200 Thomas Piketty: Das Kapital im 21. Jahrhundert, München 2014

201 Die meisten von uns haben kein Gefühl für diesen Effekt, daher ein vereinfachtes Rechenbeispiel: Wenn Sie 100 Euro zu einem Zins von neun Prozent anlegen, verdoppelt sich die Summe innerhalb von acht Jahren auf 200 Euro. Nach weiteren acht Jahren stehen bereits 400 Euro auf dem Konto, und nach weiteren acht Jahren sind 800 Euro entstanden. Nach 24 Jahren hat sich ihr Vermögen in diesem Beispiel also verachtfacht!

202 Reale und nominale Lohnentwicklung, Bundeszentrale für politische Bildung, Zahlen und Fakten; http://www.bpb.de/nachschlagen/zahlen-und-fakten/soziale-situation-in-deutschland/61766/lohnentwicklung

203 http://www.zeit.de/wirtschaft/2017-05/studie-mietpreisbremse-fehlerhaft-miete

204 Komplette Rede von Donald Trump unter: http://edition.cnn.com/2017/02/28/politics/donald-trump-speech-transcript-full-text/index.html

205 Ronald Edsforth: The New Deal: America's Response to the Great Depression (Problems in American History), Hoboken 2000, S. 55

206 »Welcome to Sharing Economy«, The New York Times, 20.07.2013

207 Quarks & Co: Der Buschmann in uns. Auf Spurensuche beim ältesten Volk der Welt, 28.08.2012, WDR-Fernsehen

208 http://www.elektro.at/ARGE/Abfallvermeidung/Ressourcenschonung/und/nachhaltige/Entwicklung/GmbH/geplante/Obsoleszenz/murks/nein/danke/12.12.2012-Eingebautes-Ablaufdatum.html

209 WWF-Studie 2015: Das große Wegschmeißen; https://www.wwf.de/fileadmin/fm-wwf/Publikationen-PDF/WWF_Studie_Das_grosse_Wegschmeissen.pdf

210 http://www.louvre.fr/oeuvre-notices/lastronome

211 Städelsches Kunstinstitut und Städtische Galerie: Johannes Vermeer, Der Geograph und der Astronom nach 200 Jahren wieder

vereint, Frankfurt am Main 1997. https://sammlung.staedelmuseum.de/de/werk/der-geograf

212 Thomas de Padova: Leibniz, Newton und die Erfindung der Zeit, München 2013

213 http://perils.ipsos.com. Across all 40 countries in the 2016 study, each population gets a lot wrong

214 https://ourworldindata.org/about/. Ich empfehle überdies den legendären TED-Talk von Hans Rosling: https://www.ted.com/talks/hans_rosling_shows_the_best_stats_you_ve_ever_seen?language=de

215 Conversations with Samuel Beckett and Bram van Velde, a. a. O.

Personenregister

Weitere Titel von Ranga Yogeshwar bei Kiepenheuer & Witsch

Ach so! Warum der Apfel vom Baum fällt und weitere Rätsel des Alltags. Taschenbuch. Verfügbar auch als E-Book

Wir fragen uns, ob wir schlecht schlafen weil gerade Vollmond ist oder, beim Blick in den Spiegel, woher die grauen Haare kommen. Ausgehend von ganz einfachen Fragen erklärt Ranga Yogeshwar auf gewohnt unterhaltsame und verständliche Weise Rätsel des Alltags – und schreckt dabei auch vor Selbstversuchen nicht zurück!

Sonst noch Fragen? Warum Frauen kalte Füße haben und andere Rätsel des Alltags. Taschenbuch. Verfügbar auch als E-Book

Warum funkeln Sterne? Wieso bekommt man eine Gänsehaut? Und was passiert beim Niesen? In diesem Buch beantwortet Ranga Yogeshwar 108 spannende und unterhaltsame Fragen aus allen Bereichen unseres Lebens – darunter, warum Frauen so oft kalte Füße haben.

Leseproben und mehr unter www.kiwi-verlag.de

KiWi